D1692646

LA LEGENDE
DE LA TOISON D'OR

ROMAN

Bernard SIMONAY

N° ISBN : 979-10-93926-23-0

CYCLE LA PREMIÈRE PYRAMIDE (également disponible en poche chez Folio)
La jeunesse de Djoser, 1996
La Cité sacrée d'Imhotep, 1997
La Lumière d'Horus, 1998

ROMANS
La Porte de Bronze, 1994, Prix Julia Verlanger 1994 (disponible en poche chez Folio)
La Lande Maudite, 1996
Antilia, 1999
La Fille du Diable, 2000
Le Roman de la Belle et la Bête, 2000
Le Secret interdit, 2001
Moïse le pharaon rebelle, 2002
La Légende de la Toison d'or, 2005
Le Carrefour des Ombres, 2009

Pour en savoir plus, vous pouvez consulter le site officiel de Bernard SIMONAY :
www.bernardsimonay.fr

AVANT-PROPOS

La conquête de la Toison d'or est l'une des légendes les plus riches de la mythologie grecque. Elle a inspiré plusieurs auteurs de l'époque grecque classique, puis de l'époque romaine. Le plus important fut sans conteste Apollonios de Rhodes (295-215 avant J.-C.) qui, le premier, traita le sujet en totalité dans *les Argonautiques*.

La légende prend sans doute ses racines dans une tentative de conquête de la Colchide, terre située à l'est du Pont-Euxin, l'actuelle mer Noire, dont les torrents regorgeaient d'or. Encore à notre époque, les chercheurs d'or utilisent une boîte tapissée d'une peau de mouton dont la laine retient les paillettes, plus lourdes que la boue. Cette méthode a pu être employée dans l'Antiquité et il est possible d'y voir une explication de la mystérieuse Toison d'or.

J'ai eu envie de redonner vie à cette épopée fantastique. Les sources nombreuses et souvent contradictoires m'ont amené à faire des choix dans les différentes versions des événements. Comme les auteurs anciens, j'ai pris également la liberté d'aménager certains épisodes à ma manière. De même, l'aventure des Argonautes étant de nature légendaire, je n'ai pas cherché à la situer dans le temps.

En revanche, le lecteur curieux trouvera, en fin d'ouvrage, des précisions sur les dieux grecs et des informations sur les liens existant entre l'histoire et les différentes légendes abordées dans le récit.

Alors, fermons les yeux et imaginons la Grèce à l'époque de Jason et des Argonautes... Le fracas des vagues dans les criques où se baignent les Néréides, le bruissement mystérieux du vent dans les grands chênes de Dodone, les petits villages de pierre blanche, le parfum de l'olivier, du thym, du romarin...

PROLOGUE

Au cours de sa longue vie, jamais Khallista, l'ourse noire, n'avait entendu un bruit semblable. Cela ressemblait un peu aux vagissements poussés par les oursons dont elle avait élevé plusieurs générations, mais c'était différent. Elle huma longuement l'air matinal. Il lui tardait de retourner à la caverne familiale, où l'attendaient ses deux derniers-nés. Elle venait de tuer un daim qu'elle avait dévoré tranquillement, sous le regard intéressé des charognards, loups, renards et vautours qui attendaient patiemment qu'elle leur abandonne sa proie. Khallista était la reine de la montagne et personne ne se serait risqué à remettre sa suprématie en question.

Un seul être lui faisait peur : l'homme. Il chassait toujours en meute et utilisait des objets pointus qu'il projetait au loin. Elle avait toujours réussi à lui échapper. Avec l'âge, elle avait compris qu'il valait mieux éviter de l'affronter. Trop de jeunes ours téméraires avaient payé leur audace de leur vie.

L'odeur de l'homme flottait dans l'air ce matin-là. Pourtant, Khallista ne put résister à l'envie de s'approcher, comme si une force supérieure l'attirait. Dissimulée par l'épaisseur de la végétation, elle s'avança au plus près, intriguée. À peu de distance, un homme peinait en gravissant la montagne. Sa forte odeur, portée par la brise fraîche, empestait. Khallista l'aurait volontiers attaqué, mais il tenait en main un de ces longs objets pointus qui l'effrayaient tant. Elle ne bougea pas. L'homme transportait quelque chose de blanc. C'était de cette chose inconnue que provenaient les cris aigus. Enfin parvenu au sommet, une vaste plate-forme rocheuse, couverte d'une végétation rase, depuis laquelle on découvrait tout le pays alentour, l'homme déposa le paquet vagissant à même la roche. Puis, sans lui accorder un dernier regard, quitta les lieux précipitamment.

Les cris avaient repris de plus belle. Lorsqu'elle fut certaine que l'homme avait disparu, Khallista s'approcha avec circonspection du paquet. L'odeur humaine était encore présente, mais différente, chargée d'effluves inconnus. D'un léger coup de patte, l'ourse déroula l'étoffe rugueuse, qui révéla un petit d'homme, une femelle. Une sensation étrange envahit tout à coup Khallista. Elle aurait dû s'enfuir, ou peut-être dévorer cet être bizarre. Mais elle ne pouvait s'y résoudre. Les ours n'aiment pas la chair humaine. Et il y avait autre chose. Elle flaira longuement le bébé qui s'était tu et la contemplait avec des yeux curieux. La fillette n'éprouvait apparemment aucune frayeur. Au contraire, elle se mit à quatre pattes et vint à elle en gazouillant. Intriguée et amusée, Khallista s'étendit sur le côté. Sans hésitation, le bébé s'installa contre son flanc généreux et se dirigea, comme les oursons, vers les mamelles gonflées. Stupéfaite, Khallista la laissa faire. Cette petite humaine avait faim. L'instinct maternel de l'ourse prit le dessus et elle sut qu'elle allait adopter la petite créature.

Elle eut toutes les peines du monde à ramener le nourrisson jusqu'à sa caverne. Les deux oursons accueillirent la fillette avec des grognements de joie.

Ainsi commença l'une des plus extraordinaires aventures jamais contées.

1

La légende de la Toison d'or

Au temps mystérieux où, derrière les arbres, se cachaient des satyres et des dryades, où, au fond des eaux, vivaient des naïades et des ondines, où des filles nues aux longs cheveux, les Néréides, animaient le mouvement des vagues, la demeure des dieux du ciel se situait au sommet de la plus haute montagne de Thessalie, le mont Olympe. Sur les pentes de cette montagne sauvage, recouverte d'une épaisse forêt de chênes et de hêtres, se dressait une bâtisse insolite, de marbre et de bois, qui tenait de la maison et de l'écurie. Elle était habitée par l'une des plus étranges créatures qui fût : un centaure, un homme à corps de cheval. Les centaures étaient connus pour leur cruauté et leur sauvagerie. Mais, à l'inverse des autres, celui-là était réputé par toute la Grèce pour sa douceur et sa sagesse, à tel point que les dieux eux-mêmes venaient le consulter. Au cours de sa vie, si longue que les hommes avaient fini par le croire immortel, il avait reçu pour mission d'éduquer des princes, de nobles guerriers, voire des enfants d'origine divine.

Il s'appelait Chiron.

— Rentrez immédiatement!

Bien avant les enfants, Chiron avait aperçu la brume maléfique qui montait depuis les profondeurs de la forêt, en contrebas de la demeure. Ce n'était pas l'une de ces nuées diaphanes qui coulaient sur les pentes de l'Olympe et qui reflétaient l'humeur joyeuse des dieux. C'était un brouillard de mort, dont personne ne savait l'origine, qui surgissait au moment où l'on s'y attendait le moins. Certains affirmaient qu'il s'agissait de vapeurs funestes échappées de l'Achéron, ce fleuve de l'Affliction des Enfers où vivaient des monstres terrifiants que l'on appelait les Dévoreurs d'âmes. Une chose était sûre : il valait mieux ne pas traîner dehors lorsqu'un tel fléau passait sur la montagne. Lorsque le brouillard se dissipait, on retrouvait parfois les corps déchiquetés de voyageurs égarés ou d'enfants imprudents.

Dès le premier avertissement du centaure, Jason et Atalante abandonnèrent leurs jeux et rentrèrent en courant dans la maison. En frissonnant, ils se réfugièrent près de l'âtre où brûlait un feu rassurant. Les serviteurs de Chiron, Thessalos, un nain au ventre proéminent et au visage hilare, et Eglé, une jeune et belle dryade, prirent place près d'eux.

À l'extérieur, le paysage avait déjà disparu, noyé dans une pénombre grise. Le bruissement du vent avait disparu, remplacé par une sorte de long gémissement. Mieux valait éviter de regarder au-dehors, de peur d'apercevoir un Dévoreur. Mais il ne se passa rien, sinon cette plainte étrange.

— Nous en avons pour jusqu'à demain, constata Chiron.

— Alors, nous ne pouvons plus sortir ! s'écria Atalante avec amertume.

— À moins que tu n'aies envie d'affronter le fléau…

Atalante bougonna :

— Que l'un de ces Dévoreurs s'attaque à moi. Il trouvera à qui parler !

Chiron faillit éclater de rire, devant l'intrépidité de la petite, qui n'aimait guère rester enfermée. Jason était plus sage qu'elle. Tous deux avaient huit ans et vivaient avec lui depuis leur petite enfance.

Atalante était une ravissante fillette blonde à la chevelure en bataille et à la silhouette élancée, dont les jambes se décoraient de cicatrices, de bleus et de griffures. D'une agilité surprenante, elle était déjà imbattable à la course. Jason, malgré son jeune âge, était taillé en force, et doté d'une musculature noueuse que de vigoureux jeux guerriers avaient développée. Jason était aussi calme et raisonnable que sa sœur était bouillonnante.

— Est-ce que ce sont les Dévoreurs qui ont tué nos parents? demanda le jeune garçon.

— Je l'ignore, répondit Chiron. La seule chose que je sais, c'est qu'ils habitaient Larissa, la petite cité qui s'étend au pied de l'Olympe. D'après ceux qui vous ont confiés à moi, c'étaient des paysans.

Jason hocha la tête. Il ne conservait aucun souvenir de cette époque. Chiron et Eglé avaient remplacé ce père et cette mère qu'il n'avait jamais connus.

— Voulez-vous que je vous raconte une histoire? demanda Chiron.

— Oh oui! dit Atalante. L'histoire du bélier à la Toison d'or.

C'était sa préférée.

— Alors, écoutez-moi bien. On dit qu'autrefois, en ces temps farouches où les dieux et les Titans se livraient une guerre sans merci, le seigneur de la Foudre, Zeus, passa une alliance avec les rois d'Iolcos. A l'époque, cette cité était la plus puissante de toute la Thessalie, et sa réputation s'étendait bien au-delà, de la Thrace jusqu'à la Crête, d'Ithaque jusqu'aux rives lointaines du Pont-Euxin. Ses souverains avaient prouvé leur fidélité au roi des dieux en combattant toujours à ses côtés. Aussi, pour les récompenser, il leur fit présent d'un bélier magnifique. Jamais auparavant on n'avait vu de bête semblable, car sa fourrure était d'or. Cette toison diffusait autour d'elle une magnifique luminescence dorée.

« On lui construisit un enclos où les habitants pouvaient venir le voir et le vénérer. On prétend que les malades qui le touchaient guérissaient aussitôt. On avait même vu des hommes sur le point de rejoindre le Tartare reprendre vie après avoir caressé la toison magique. Le présent de Zeus n'apportait que des bienfaits à la cité : les troupeaux étaient nombreux et sains, les récoltes abondantes et les famines avaient disparu. Le commerce florissant attirait d'innombrables voyageurs venus de terres lointaines. On trouvait sur les marchés d'Iolcos les plus fines étoffes, des tapisseries merveilleuses représentant des scènes de l'Olympe, des outils de toutes sortes, des bijoux, des épices, des fruits, des semences de toutes sortes, des esclaves, des meubles taillés dans les bois les plus rares, de l'or, de l'ivoire, de la nacre, de l'encens, de la myrrhe, tout ce que les hommes les plus riches pouvaient désirer.

« La cité entretenait une armée puissante et redoutée, qui comptait dans ses écuries plus de mille chars et trois fois plus de chevaux. Mais ses rois, avec sagesse, ne menaient aucune guerre de conquête, se contentant de la défendre contre les hordes barbares qui parfois descendaient des hautes montagnes du nord. Jamais elle ne fut inquiétée. On venait de toutes parts solliciter des conseils à la cour d'Iolcos, que ce fût pour trancher un différend ou implorer de l'aide lorsque la disette se faisait sentir. Car les greniers de la cité étaient toujours pleins. Chaque année, les habitants organisaient de somptueuses festivités afin de rendre hommage au plus grand des dieux, qui les considérait avec tant de bienveillance.

« Les rois se succédaient, mais le bélier était toujours là, aussi vigoureux qu'au premier jour, lorsque Zeus l'avait déposé sur l'agora dans une explosion de lumière. L'animal était devenu le symbole de la puissance d'Iolcos, et une légende s'était répandue dans le pays, affirmant que, si la Toison d'or venait à disparaître, la cité s'effondrerait et ses rois perdraient toute légitimité. Aussi prenait-on grand soin de lui.

« Or, un jour, un nouveau souverain monta sur le trône. Il avait nom Athamas. Son épouse s'appelait Néphélé, qui signifie "nuage". Et en vérité, elle était née d'une nuée faite par Zeus à la ressemblance de son épouse, la belle Héra, qu'un méchant roi lapithe, Ixion, avait voulu séduire. Ixion, ivre, s'était laissé abuser par ce double singulier. De leur union maudite naquit la race des centaures, dont moi, Chiron, je suis l'un des derniers représentants. Depuis cette époque, Néphélé avait erré comme une ombre dans les couloirs de l'Olympe, immortelle comme la déesse dont elle était le reflet, mais toujours inconsolable en raison de son sort misérable. Zeus avait fini par la prendre en pitié et l'avait offerte en mariage au jeune roi Athamas, qui régnait depuis peu sur Iolcos. Néphélé et Athamas eurent deux enfants : un garçon, Phryxos, et une fille, Hellé.

« Mais le souverain ne possédait pas la sagesse de ses prédécesseurs. Avec le temps, Athamas se détourna de Néphélé. Il était tombé sous le charme de la redoutable Ino, l'une des filles de Cadmos, le roi de Thèbes, son ami et allié. Ino était cruelle, ambitieuse et possédait l'art de séduire les hommes par la magie. Elle ne pouvait rêver plus grand destin que de devenir la reine de la plus puissante cité de Grèce. Elle fit tout pour captiver Athamas. Le fait qu'elle avait déjà eu de nombreux amants ne découragea pas ce dernier, subjugué et prêt à satisfaire tous ses caprices. Peut-être pour s'en débarrasser, Cadmos accepta de donner sa fille à Athamas, qui répudia sa première épouse. Néphélé resta cependant vivre au palais, car elle craignait pour ses enfants, devenus tous deux de beaux adolescents, qu'ils ne pâtissent de la méchanceté d'Ino.

« Sa nouvelle épouse ne tarda pas à donner des enfants à Athamas, dont un fils qu'elle chérissait plus que tout, et qu'elle rêvait de voir succéder un jour à son père. Mais son projet comportait un obstacle de taille : en tant qu'aîné, Phryxos était le seul héritier du trône. Ino mena une vie infernale au jeune homme et à sa sœur Hellé. Elle cherchait à discréditer Phryxos aux yeux de son père, espérant qu'il le déshériterait. Mais ses tentatives et ses pièges sournois se révélèrent vains.

« Avec le temps, Ino se rendit compte qu'elle ne parviendrait jamais à priver le jeune prince de l'amour paternel. Elle résolut d'amener Athamas à se débarrasser lui-même de son fils. Alors naquit dans son esprit tortueux une idée démoniaque. Dans un premier temps, elle rendit visite aux femmes des paysans, auxquelles elle fit croire que le rendement des champs serait multiplié par trois si elles prenaient soin de passer les grains au four avant de les semer. Mais il fallait le faire à l'insu de leurs maris, car, dans le cas contraire, la magie n'opérerait pas. Certaines s'étonnèrent un peu de cette pratique étrange, mais elles ne pouvaient remettre la parole de la reine en cause. Ainsi firent donc les paysannes. Chaque nuit, durant la période des semailles, elles firent griller les grains avant de les donner à leurs époux qui ne se rendirent compte de rien en les jetant en terre.

« Bien entendu, cette année-là, pour la première fois depuis des temps immémoriaux, la récolte fut désastreuse. Seules germèrent les quelques graines oubliées l'année précédente, et des champs arides s'étendirent à perte de vue autour d'Iolcos. L'angoisse s'abattit sur la cité, car, dans leur zèle, les femmes avaient sacrifié toutes les réserves de grains, croyant leur fortune faite. Par la faute d'Ino, la ville dut s'approvisionner auprès des cités alliées. Mais cela ne fut pas suffisant pour satisfaire la nombreuse population, et le spectre de la famine se dressa face aux Iolciens. Quelques femmes courageuses voulurent révéler la vérité au roi. La reine Ino était la seule coupable. Mais les autres, redoutant la colère de leurs maris, et surtout celle du roi, toujours aussi amoureux de sa méchante épouse, les engagèrent à renoncer à leur projet. Athamas ignora tout de ce qui s'était passé.

« Ino était en passe d'atteindre son premier objectif. Devant l'ampleur de la catastrophe, elle conseilla à son mari de consulter l'oracle de Delphes, pour connaître l'avis des dieux. Le roi acquiesça et envoya un messager. Avant que celui-ci ne quittât Iolcos, la reine le fit venir dans ses appartements, le séduisit et lui offrit une bourse pour qu'il fît seulement semblant de partir.

« — Fais comme si tu allais à Delphes, lui dit-elle, mais cache-toi dans la forêt. Arrange-toi pour t'absenter une dizaine de jours. À ton retour, tu porteras au roi le message suivant : "La décision des dieux est formelle : la famine sévira sur la ville d'Iolcos tant que Phryxos et Hellé, les enfants de Néphélé, n'auront pas été sacrifiés." Si tu me sers avec diligence, tu recevras une seconde bourse d'or. Mais si tu me trahis, la mort te semblera une délivrance à côté des souffrances que je t'infligerai par mes pouvoirs.

« Ino n'eut cependant aucun souci à se faire. L'homme, subjugué, ne demandait qu'à lui obéir. Il revint donc, dix jours plus tard, porteur de la fausse réponse divine. Effondré, Athamas commença par refuser de sacrifier ses deux enfants, qu'il aimait autant que les autres. Mais la famine était bien là, et Ino s'était arrangée pour faire connaître la volonté des dieux à l'ensemble du peuple. Des émeutes éclatèrent un peu partout. L'armée fut obligée d'intervenir pour repousser les paysans en armes qui marchaient sur la ville. De violentes batailles eurent lieu, qui firent de nombreuses victimes. La révolte s'étendit bientôt aux habitants de la ville. Ils aimaient bien le prince Phryxos et la princesse Hellé, mais la faim et la peur inspirée par les dieux étaient plus fortes. La mort dans l'âme, Athamas se résolut à immoler ses enfants.

« Cependant, Néphélé avait compris qu'il s'agissait là d'une manœuvre odieuse de sa rivale pour écarter définitivement son fils du trône. Elle se rendit compte aussi qu'il était vain de tenter de prouver quoi que ce fût contre elle. Reléguée dans l'ombre depuis tant d'années, personne n'accorderait d'attention à ses accusations. Elle n'avait d'autre alternative que d'aider ses enfants à s'enfuir. Utilisant le seul pouvoir qu'elle possédait, elle se transforma en nuée et s'introduisit dans la cellule où l'on avait enfermé Phryxos et Hellé. Ino avait pris la précaution de faire tripler la garde, mais personne ne prêta attention à cette brume qui glissait lentement sur le sol. Ce fut sous cette forme évanescente que les deux jeunes gens, métamorphosés par leur mère, s'échappèrent, sous les yeux même de leurs geôliers. Mais Néphélé ne s'arrêta pas là. Elle gagna l'enclos où vivait le bélier immortel, et l'enleva à son tour. Néphélé, Phryxos et Hellé, accompagnés du bel animal, se laissèrent porter par les vents jusqu'à la côte. Là, chacun reprit sa forme et un navire, dont le capitaine avait été soudoyé par Néphélé, embarqua les deux adolescents et l'animal. Ensuite, l'ancienne reine retourna dans l'Olympe où elle fut accueillie avec bienveillance par Zeus et Héra. Iolcos avait cessé de plaire aux dieux, et Néphélé avait été l'instrument de leur châtiment.

« Plus encore que la disparition de Phryxos et d'Hellé, celle du bélier à la Toison d'or frappa les imaginations. Athamas devint le roi qui avait failli, celui qui n'avait pas su garder l'animal magique, et qui avait privé le peuple du sacrifice qui, seul, aurait permis le retour de l'abondance. Une révolte éclata. L'armée même se rangea aux côtés des habitants, estimant que le souverain n'avait plus aucune légitimité. Athamas et Ino furent massacrés, et peut-être dévorés, par la populace mourant de faim. Dès lors, la grandeur et la richesse d'Iolcos ne furent plus qu'un souvenir.

« Pour Phryxos et Hellé, un long périple commença, qui devait les conduire, vers l'Orient, en direction de la lointaine Colchide. Malheureusement, en traversant le bras de mer qui mène vers le Pont-Euxin, leur navire fut pris dans une violente tempête et Hellé fut emportée par une lame. Depuis, les marins ont donné son nom à cette mer qui relie les deux détroits. On l'appelle Hellespont, la mer d'Hellé.

« Phryxos arriva seul en Colchide, où il fut accueilli par un roi nommé Arthaxès. Celui-ci le reçut en tant que prince héritier d'Iolcos, dont la réputation avait atteint cette contrée lointaine, située dans de hautes montagnes éternellement baignées par les brumes. La ville d'Aea, capitale de la Colchide, se dressait sur un vaste plateau cerné par une chaîne de sommets enneigés. Elle avait été construite par Héphaïstos en l'honneur d'Hélios, le dieu Soleil, après que celui-ci l'eut délivré des griffes des Géants. Tous les rois d'Aea se prétendaient descendants d'Hélios. Arthaxès, fasciné par le bélier à la Toison d'or, songea à tuer Phryxos pour s'emparer de l'animal. Mais il risquait, par un tel crime, d'offenser les dieux, qui attachent beaucoup d'importance aux lois de l'hospitalité. Il commença donc par se concilier les bonnes grâces divines en offrant l'une de ses filles, Chalciopé, en mariage à son invité. Phryxos accepta, mais il ignorait que son épouse était une grande prêtresse de la sombre Hécate tricéphale, déesse de la Lune et de la Nuit, et qu'elle possédait l'art de la magie. A la demande de son père, elle fabriqua un philtre destiné à ôter toute volonté à son mari. Aussi, lorsqu'elle lui suggéra d'offrir le bélier d'or en sacrifice au dieu de la guerre, Arès, il n'eut pas la force de refuser. Elle ajouta : " — Ne crois-tu pas cependant qu'il serait généreux de faire présent de sa peau à mon père. Il t'a bien reçu et t'a pris pour gendre…"

« Phryxos ne songea pas un instant à discuter ce sacrilège. Et le bélier, qu'on croyait immortel parce qu'il ne vieillissait pas, périt sous le couteau du sacrificateur. Puis on brûla sa chair et ses os afin que son odeur réjouisse Arès, et sa Toison d'or revint à Arthaxès. Celui-ci éprouvait de l'orgueil à posséder la fourrure de l'animal magique auquel Iolcos avait dû sa puissance pendant si longtemps. Hélas, il perdit très vite l'appétit et le sommeil, car il redoutait plus que tout qu'on lui dérobât la précieuse Toison d'or, devenue le symbole de son règne. Chalciopé, ayant compris l'origine de ses tourments, lui proposa de la placer en un lieu sûr, surveillé par un gardien si féroce qu'aucun homme jamais ne pourrait s'en emparer. Tout d'abord, Arthaxès refusa. Il désirait que la Toison d'or restât dans son palais d'Aea. Il montait la garde lui-même devant la salle où elle était conservée. Mais, épuisé, il finit par accepter la proposition de sa fille. Chalciopé et Arthaxès se rendirent alors dans les hautes montagnes situées aux confins du royaume de Colchide, un endroit sombre, balayé par les vents, noyé dans des brumes perpétuelles rampant sur le sol glacial. Là, au cœur d'une sylve ténébreuse appelée la forêt d'Arès, s'ouvrait une caverne profonde, près de laquelle se dressaient deux hêtres géants. Chalciopé fit tendre la Toison d'or entre leurs troncs. Puis elle prononça des incantations magiques à l'adresse d'Hécate, et frappa le sol par trois fois devant l'entrée de la caverne. Aussitôt surgit des profondeurs de la terre la plus terrifiante créature qui se pût imaginer. Elle veille encore aujourd'hui sur la Toison d'or. Personne ne sait exactement à quoi elle ressemble, car tous ceux qui l'ont vue ont péri.

« Le temps passa. Phryxos mourut, tué, dit-on, par Arthaxès. Depuis, son âme erre dans la forêt d'Arès, recherchant désespérément l'entrée des Enfers où elle pourrait enfin trouver le repos. Après Arthaxès, d'autres rois montèrent sur le trône d'Aea, qui voulurent reprendre la Toison d'or à son terrible gardien. Aucun d'eux n'y parvint. Nombreux aussi furent les voleurs audacieux qui tentèrent de tromper la surveillance du monstre. La légende prétend que les alentours de la caverne sont jonchés de leurs ossements.

« À Iolcos, les rois se succédèrent. Certains furent de véritables tyrans, d'autres régnèrent avec sagesse. Plusieurs souverains, fort désireux d'assurer leur légitimité, envoyèrent de vaillants héros à la conquête de la Toison. Pas un seul ne revint. La plupart succombaient aux dangers du voyage. Les plus résistants, qui parvenaient jusqu'à l'entrée de la forêt d'Arès, étaient immanquablement dévorés par la créature ténébreuse.

« Aujourd'hui, les Iolciens ont un peu oubliée la Toison d'or. Depuis bien longtemps, aucun guerrier courageux ne s'est lancé à sa recherche, et le peuple s'est résigné face au déclin de sa cité. Pourtant, certains croient encore qu'un jour, un héros fameux partira à la conquête de la Toison et la ramènera dans la capitale de la Thessalie. Ce héros deviendra le roi légitime d'Iolcos, et la prospérité reviendra.

Son récit achevé, Chiron laissa passer un long silence. Il vit les yeux de Jason briller. Avec un enthousiasme inhabituel, le jeune garçon s'exclama :

— Alors, je serai ce héros. Je ramènerai la Toison d'or de Colchide.

Chiron éclata de rire.

— Ne crois-tu pas que tu es encore un peu jeune?

— C'est vrai! Mais un jour, je serai grand.

2

La légende d'Atalante

Dix ans plus tard...

Jason et Atalante avaient à présent dix-huit ans.

Jason était devenu une force de la nature, un colosse à l'intelligence vive et à la mémoire prodigieuse. Il était combatif, courageux, obstiné dans l'effort et d'un naturel loyal et fidèle. Il possédait toutes les qualités d'un meneur d'hommes. Il s'était montré un brillant élève dans le maniement des armes : arc, épée ou javelot. Il excellait également dans le domaine des mathématiques. En revanche, Il avait eu beaucoup plus de mal à comprendre l'utilité de l'écriture, science, disait-il, réservée aux faibles et aux vieillards. Chiron avait passé des heures à lui expliquer que, au contraire, la puissance des signes sacrés était bien supérieure à celle de la lame, car les idées qu'ils évoquaient pouvaient toucher d'innombrables personnes, dans des pays éloignés, et cela même bien après que celui qui les avait tracés eut disparu. Jason n'avait jamais été très convaincu et il n'avait étudié cette matière qu'avec réticence. Mais enfin, il savait lire.

Atalante partageait les sentiments de Jason. C'était une sauvageonne à la beauté farouche, à la chevelure blonde toujours en bataille. Sa silhouette aux proportions parfaites aurait fait pâlir de jalousie les déesses de l'Olympe elles-mêmes si elle avait fait preuve de coquetterie, mais Atalante n'y attachait aucune importance. Lorsque Chiron, pour la faire enrager, évoquait devant elle les devoirs d'une femme mariée, elle rétorquait d'un ton ferme :

— Eh bien, que mon mari essaie de m'enfermer dans le gynécée, et il aura affaire à moi!

Un jour, elle avait déclaré :

— Si un jour je me marie, ce sera avec l'homme qui aura réussi à me vaincre à la course.

— Alors, tu n'es pas près de trouver un époux, ma belle, avait répondu Chiron. Personne ici ne t'a jamais battue.

En effet, avec le temps, la jeune fille avait atteint une rapidité prodigieuse. Les paysans du village voisin l'avaient surnommée la Belle au pied léger. Le vieux centaure se disait souvent qu'Artémis, la divinité vierge de la forêt, jumelle d'Apollon, devait lui ressembler. Souvent, des satyres joueurs de flûte, aux pieds de bouc, venaient rôder près du lac où Atalante et Jason aimaient se baigner. Nombreux étaient ceux qui avaient tenté d'obtenir les faveurs de la jeune fille. Mal leur en avait pris. Maniant le bâton avec une adresse étonnante, elle leur avait flanqué chaque fois de sévères corrections qui les avaient dissuadés de recommencer, au grand amusement de Jason. Lui, au contraire, ne s'était pas privé de répondre aux appels des jeunes dryades ou des ondines qui peuplaient les pentes de la montagne sacrée.

Ils ne redoutaient plus, ni l'un ni l'autre, le brouillard des « Dévoreurs d'âmes ». Ils avaient compris depuis longtemps que c'était une invention de Chiron pour leur éviter de se perdre dans la forêt. Mais les dangers n'en étaient pas moins réels. Lorsqu'elle avait eu onze ans, Atalante s'était engagée seule dans la forêt pour chasser. Tout à coup, elle s'était trouvée face à deux centaures. Sans doute auraient-ils voulu la capturer pour leur repas du soir. Mais la fillette, au lieu de fuir, avait saisi son arc et avait fait face. Les centaures, qui ne s'attendaient pas à une telle réaction, avaient pris chacun une flèche précise en plein cœur. Depuis, Atalante était connue dans la région comme une redoutable chasseresse et les hommes évitaient de la contrarier.

Chiron invita les deux jeunes gens à s'asseoir confortablement sur l'herbe du promontoire dominé, beaucoup plus haut, par le mont Olympe, perdu dans les brumes. Puis il commença à parler.

— Aujourd'hui, vous venez d'avoir dix-huit ans, l'âge de votre majorité. Il est temps pour moi de vous raconter deux histoires que vous ignorez.

Jason et Atalante se réjouirent. Bien qu'ils ne fussent plus des enfants, les récits du vieux centaure les ravissaient.

— Ecoutez bien! La première est celle d'un roi nommé Iasos, dont l'épouse, Clyméné, lui avait donné un seul enfant. Les dieux ne lui avaient pas permis d'en avoir d'autres. Cet enfant était une fille. Or le roi Iasos avait toujours rêvé d'avoir un garçon. Furieux, il décida d'abandonner le bébé au sommet d'une montagne presque aussi haute que l'Olympe, le mont Parthénion. N'osant tuer sa fille lui-même, il espérait que les bêtes sauvages s'en chargeraient. La petite fille aurait dû périr, mais la déesse Artémis la prit en pitié et envoya une ourse nommée Khallista pour la sauver. L'animal, qui venait d'avoir des petits, la réchauffa et lui offrit son lait. La fillette fut élevée avec les oursons. Comme elle était d'une nature très résistante, elle survécut et devint très forte. Plus tard, lorsqu'elle eut quatre ans, elle fut adoptée quelque temps par des chasseurs qui l'avait trouvée errant dans la forêt. Ne pouvant se charger d'elle, ils décidèrent de l'apporter à un centaure qui vivait sur les pentes du mont Olympe.

Les yeux d'Atalante s'agrandirent.

— Ce... centaure, c'était toi?

— Il y a quatorze ans de cela, des chasseurs t'ont amenée à moi et j'ai décidé de t'élever. Près de moi vivait déjà un petit garçon du nom de Jason, qui avait le même âge que toi.

— Mais... j'ai toujours cru que Jason était mon frère! s'exclama-t-elle. Tu nous as dit que nous étions des orphelins nés de paysans de Larissa.

— Je ne pouvais pas encore vous révéler la vérité.

Jason prit la main d'Atalante avec affection.

— Cela ne change rien, dit-il. Pour moi, tu seras toujours ma sœur.

Mais une colère sourde avait envahi Atalante à propos de sa naissance.

— Si j'ai été abandonnée, comment sais-tu qui était mon père? demanda-t-elle.

— Après t'avoir recueillie, les chasseurs t'ont ramenée à Arcadia, la cité de ton père. Les habitants savaient que le roi Iasos avait exposé sa fille sur le mont Parthénion. Ils ont renseigné tes sauveurs. Mais Iasos a été informé de leur présence et il les a chassés.

— Et ma mère?

— Que pouvait-elle faire d'autre que d'accepter ton sort?

— Elle aurait dû me protéger! s'emporta Atalante, au bord des larmes.

— En tant que femme, elle n'avait pas le droit de contester les décisions de son mari.

— Les filles n'ont donc aucune valeur en Arcadie? demanda-t-elle.

Chiron soupira.

— En Arcadie, en Thessalie, dans toute la Grèce… et ailleurs. Partout les femmes sont considérées comme des êtres inférieurs.

— Inférieurs? explosa Atalante. Eh bien, je leur prouverai ce que vaut une femme! J'accomplirai des exploits que nul homme n'a accompli auparavant!

Le centaure leva la main pour endiguer son flot de protestations.

— Calme-toi, ma belle. Je te connais assez pour savoir que tu en es capable. Mais pour vaincre les obstacles qui se dresseront sur ta route, tu dois d'abord apprendre à maîtriser la force qui bouillonne en toi. Et puis, dis-toi que les femmes disposent d'armes que les hommes n'ont pas.

Atalante poussa un grognement, puis se tourna vers son compagnon.

— Et Jason? Ses parents l'ont abandonné, lui aussi?

— Pas exactement. Ils ont fait croire à sa mort afin de le sauver.

— Comment ça? s'étonna le jeune homme.

Le centaure laissa passer un silence puis ajouta :

— Le cas de Jason est différent. En vérité, il est l'héritier du trône d'Iolcos, la ville du bélier à la Toison d'or.

3

L'héritier d'Iolcos

Devant le regard stupéfait des deux jeunes gens, Chiron poursuivit :

— Ton père s'appelle Æson et ta mère Polymédé. Æson fut un roi juste et sage. Malgré l'absence de la Toison d'or, il avait réussi à maintenir une certaine prospérité à Iolcos. Son peuple l'aimait et le respectait. Malheureusement, son frère, Pélias, était jaloux de lui. Écarté de la cité par leur père en raison de sa brutalité, il n'avait qu'un but : s'emparer du trône d'Iolcos. Il parcourut la Thessalie, fit sa cour à de nombreux rois et à des chefs de tribus afin de rassembler une armée de mercenaires. Puis il prépara un plan d'attaque de la cité. Il réussit à soudoyer plusieurs capitaines de ton père. Une nuit de cauchemar, ils ouvrirent les portes de la ville à Pélias. La population fut surprise en plein sommeil. Ce fut une nuit infernale, au cours de laquelle la cité fut pillée, ses habitants massacrés ou soumis aux hordes de Pélias. La garde royale d'Æson résista avec un courage digne d'éloges, mais elle succomba sous le nombre. Voyant que tout était perdu, tes parents décidèrent de te soustraire à la vindicte de Pélias. Ils craignaient qu'il te fasse mettre à mort s'il te trouvait. Ils implorèrent l'aide d'Héra. Celle-ci, par l'intermédiaire de sa grande prêtresse, leur suggéra de faire croire à Pélias que tu avais été tué par un mercenaire. Lorsque ton oncle pénétra dans le palais, Æson lui présenta le corps d'un enfant déjà mort, qu'un guerrier fidèle avait ramené des ruines de la cité. Pendant ce temps, une nourrice de confiance, déguisée en mendiante, te faisait quitter la ville livrée au chaos, enveloppé dans un vieux sac de toile. Personne ne fit attention à elle. Elle t'amena jusqu'ici. Quelle ne fut pas ma surprise lorsqu'elle ouvrit le sac! Dans un courrier rédigé à la hâte, tes parents me suppliaient de te recueillir et de t'élever comme si tu avais été mon propre fils. J'acceptai.

— Alors, je ne suis pas un fils de paysan... murmura Jason, vivement ému.

— Je t'ai raconté cette fable afin de te préserver. Si je t'avais dit la vérité plus tôt, tu aurais couru à Iolcos pour tuer Pélias et reprendre le trône.

— Sais-tu ce que sont devenus mes parents?

— Non, hélas. Depuis cette époque, ils n'ont pas donné de leurs nouvelles.

— Pélias les a sans doute tués, dit amèrement le jeune homme.

— Rien ne le prouve. Il n'est pas stupide. Il n'aurait pas pris le risque de mécontenter les dieux par un acte aussi grave. Æson et Polymédé sont peut-être encore vivants.

— Dans ce cas, pourquoi ne se sont-ils pas manifestés pendant tout ce temps?

— Pour te protéger. Révéler ton existence t'aurait mis en danger.

Jason fit quelques pas nerveux. Enfin, il déclara :

— Je suis sûr que les dieux ne m'ont pas épargné pour rien. Ils désirent que je combatte Pélias pour reconquérir mon trône. Iolcos me revient de droit!

Chiron leva les mains.

— Tout beau, Jason. Tu es l'héritier d'Æson, c'est vrai. Mais lui-même n'était pas le roi légitime. Il n'y en a plus depuis que la Toison d'or a été emportée par Phryxos.

— Mon père était un bon souverain, s'obstina Jason.

— Rien ne prouve que tu seras aussi juste que lui. Tu revendiques ce titre parce que tu crois qu'il te revient. Mais n'y a-t-il pas dans ton attitude une forme d'égoïsme? Pélias a tenu le même raisonnement. Il s'est emparé du royaume par la violence et il règne par la force.

— Je ne suis pas Pélias, riposta le jeune homme.

— Écoute-moi, poursuivit Chiron avec patience. Tu as l'impression que ce trône t'appartient. Sache cependant qu'un roi ne règne pas pour lui-même, mais pour ses sujets. Sa vie même leur appartient. Sais-tu qu'il existe des peuples qui, au bout d'un certain nombre d'années de règne, sacrifient leur souverain?

Jason le regarda avec des yeux ébahis.

— Il ne doit pas se trouver beaucoup de candidats pour gouverner...

— Détrompe-toi. Le roi est persuadé qu'un tel sacrifice fait de lui un dieu.

Jason avala difficilement sa salive.

— Rassure-toi, précisa Chiron. Ce n'est pas ainsi que ça se passe à Iolcos. Peut-être ses habitants te voudraient-ils pour souverain s'ils connaissaient la vérité. Mais souviens-toi qu'un titre de roi n'est pas un droit. Il se mérite. Je t'ai donné l'enseignement suffisant pour faire de toi un bon roi, tu as le sens de la justice, la loyauté, le courage, le dévouement aux autres. Mais où est ton armée? Crois-tu que Pélias te cédera facilement la place?

Jason serra les poings.

— Alors, que dois-je faire?

— Ce que ton cœur te dictera. Je ne peux prendre de décision à ta place.

Le jeune homme réfléchit. Il avait déjà éprouvé l'envie de parcourir le monde. Mais, dans son esprit, la demeure de Chiron restait le havre de paix vers lequel il reviendrait. Il semblait pourtant que son destin l'éloignait des forêts du mont Olympe. Après un long moment, il déclara :

— J'irai à Iolcos.

— Tu ne seras pas seul, Jason, intervint Atalante. Je t'accompagnerai.

Chiron se tourna vers elle.

— Ne désires-tu pas retrouver tes parents? s'enquit le vieux centaure.

La jeune fille haussa les épaules.

— Je n'ai aucun désir de connaître ceux qui m'ont abandonnée à la naissance. Mon père, c'est toi, Chiron.

Elle vint à lui et se blottit dans ses bras. Jason les rejoignit et se serra, lui aussi, contre le centaure.

— Jamais nous ne pourrons te remercier de tout ce que tu as fait pour nous, dit le jeune homme.

— Vous le pouvez. Un destin exceptionnel vous attend l'un et l'autre. Sachez vous en montrer dignes.

4

La vieille femme du gué

Le lendemain, après des adieux difficiles, Jason et Atalante quittaient Chiron. Comme pour les encourager, Hélios avait écarté les nuages, et un soleil magnifique illuminait la forêt. Plus haut, l'Olympe s'était décoiffé de son auréole de brumes. Des parfums de terre, de feuilles et de fleurs embaumaient l'atmosphère. Une brise légère fit frémir les frondaisons d'où s'élevèrent quelques gémissements plaintifs et des trilles de flûtes. Dryades et satyres pleuraient leur départ.

Tous deux étaient richement vêtus. Les habits, tissés dans les étoffes les plus précieuses, avaient été confectionnés par les nymphes de l'Olympe en prévision de leur voyage. Jason portait une tunique pourpre brodée d'or serrée par une large ceinture de cuir, à laquelle pendaient deux fourreaux contenant un glaive de bronze et un poignard. Atalante était vêtue d'une chlamyde courte dévoilant ses jambes longues et fines. Retenue sur l'épaule gauche par une broche, elle laissait le bras droit libre pour le combat. Leurs vêtures se complétaient de grands manteaux de laine colorée. Atalante portait un grand arc, passé en travers de sa poitrine, et un carquois rempli de flèches. Elle avait glissé un poignard à même la peau, sous la chlamyde. Son équipement se complétait d'un javelot à pointe de métal dont elle ne se séparait jamais. Si Jason portait des sandales, Atalante allait pieds nus, comme à son habitude.

Tandis qu'ils se dirigeaient vers le sud, Atalante jeta un coup d'œil à la cime de la montagne, que masquaient des brumes épaisses.

— Crois-tu que le royaume des dieux soit vraiment situé là-haut? demanda-t-elle.

Jason haussa les épaules.

— Je ne sais pas.

— Nous sommes montés jusqu'au sommet l'année dernière, et nous n'avons rien trouvé.

— Parce que les dieux n'ont pas voulu nous laisser entrer. Il faut être immortel pour pouvoir pénétrer dans l'Olympe.

Jason redoutait un peu de tomber sur une bande de pillards. Il ne craignait pas de se battre, mais qu'auraient-ils pu faire contre une bande nombreuse? Fort heureusement, les maraudeurs évitaient de s'aventurer sur les pentes de l'Olympe, de peur de s'attirer la colère des dieux. Ils sévissaient plutôt sur les rares pistes reliant les grandes cités. Les jeunes gens ne rencontrèrent que des paysans. Certains, méfiants, s'enfuyaient. D'autres leur offraient l'hospitalité pour la nuit.

À mesure qu'ils approchaient d'Iolcos, le relief s'apaisa et de larges plaines remplacèrent la montagne et les forêts.

Trois jours après leur départ, ils arrivèrent en vue d'un fleuve gonflé par des pluies récentes. Le passage à gué était rendu dangereux par le courant puissant qui charriait des branches d'arbres. Sur la rive, une vieille femme voûtée par les ans scrutait anxieusement les eaux. Lorsqu'elle vit Jason et Atalante, elle s'adressa au garçon :

— Beau jeune homme, dit-elle, me voici bien embarrassée. Je me suis laissée surprendre de ce côté-ci du fleuve en allant rendre visite à ma sœur, il y a deux jours. Depuis, les eaux n'ont cessé de monter et je ne peux plus regagner ma maison, sur l'autre rive. Auriez-vous la gentillesse de m'aider?

Jason observa la vieille avec circonspection. Chiron l'avait mis en garde contre trois sorcières usant de charmes funestes pour tromper les jeunes hommes. On les appelait les trois

Grées. Mais Chiron avait précisé qu'elles étaient aveugles et ne possédaient qu'un seul œil pour elles trois. Cette paysanne ne paraissait pas bien dangereuse. Il lui sourit.

— N'aie crainte, vieille femme, dit-il. Je vais te porter sur mon dos.

Aidé par Atalante, il la chargea sur ses reins et s'avança dans le fleuve. Aussitôt, des centaines de mains semblèrent s'agripper à ses mollets pour le faire tomber. Il avait toutes les peines du monde à progresser. Au milieu du cours d'eau, chaque pas lui coûta un effort surhumain. Embarrassé par le poids de la vieille paysanne, il dut lutter de toutes ses forces pour éviter de basculer dans les flots furieux. Atalante l'assistait de son mieux, écartant les branches mortes entraînées par le courant, mais elle avait fort à faire pour ne pas être emportée elle-même.

Enfin, après une traversée difficile, ils parvinrent sur l'autre rive. Jason déposa sa passagère.

— Grand merci à toi, dit la vieille femme.

— Je suis heureux d'avoir pu te rendre service, répondit-il en reprenant son souffle.

— Tes efforts seront récompensés, Jason.

— Mais… comment connais-tu mon nom?

— Je sais tout de toi. Tu es Jason, fils d'Æson.

Soudain, devant les yeux stupéfaits des jeunes gens, la vieille paysanne se redressa et, tandis qu'une lumière d'or inondait le fleuve et la rive, elle se métamorphosa en une femme magnifique, au visage d'une beauté surnaturelle.

— Je suis Héra, épouse et sœur de Zeus, le seigneur de la Foudre.

Impressionnés, Jason et Atalante s'inclinèrent devant elle. La déesse poursuivit :

— Je t'apparais aujourd'hui parce qu'un destin extraordinaire t'est réservé. Va à Iolcos et réclame le trône à l'usurpateur Pélias. Atalante t'accompagnera.

— Pardonne-moi, ô grande déesse, mais Pélias ne tentera-t-il pas de nous tuer?

— Pélias ne pourra rien contre vous. Vous êtes sous ma protection.

L'instant d'après, Héra s'évanouit et la lumière d'or s'estompa. Abasourdis, les deux jeunes gens se relevèrent, doutant un peu de ce qu'ils venaient de voir. Il était rare qu'une divinité se manifestât aux mortels.

— Peut-être avons-nous rêvé… suggéra Atalante.

— Je ne pense pas. Hâtons-nous. Nous devons être à Iolcos avant la nuit.

Ils se mirent en route. Ce fut alors que Jason s'aperçut qu'il avait perdu une sandale en traversant le fleuve.

5

Pélias l'usurpateur

Le palais d'Iolcos, situé sur une colline dominant le port et la ville, avait été l'une des plus belles constructions des temps anciens. Dans le parc aujourd'hui à l'abandon, chaque divinité possédait autrefois son propre temple, avec les logements attenants pour les officiants, les prêtres ou les prêtresses. Les appartements royaux étaient bâtis dans le marbre le plus fin, et comportaient plusieurs dizaines de chambres richement meublées. Sur les flancs de la colline s'étiraient les innombrables demeures des serviteurs et des esclaves, les casernements des gardes royaux ainsi que les écuries abritant les milliers de chevaux. Des fêtes somptueuses étaient données dans les jardins, où l'on accueillait les souverains venus de terres lointaines.

Mais le temps avait passé, et depuis la disparition de la Toison d'or, le palais avait perdu de sa splendeur. De nombreuses salles n'étaient plus utilisées et la végétation les envahissait peu à peu. Les massifs jadis entretenus par une armée de jardiniers retournaient à l'état sauvage, envahis par des ronces noires. Les fontaines restaient sèches et les vasques ne s'emplissaient plus que lors des averses. Dans les écuries, presque toutes les stalles étaient vides. Même les fortifications s'effritaient, servant de refuge à des nuées de choucas et de mouettes criardes. Nul ne semblait se soucier de relever les pans de murs effondrés. En de nombreux endroits subsistaient les traces des combats terribles qui s'étaient déroulés là à différentes époques.

Seul le cœur du palais vivait encore. Depuis la terrasse aux dalles disjointes, le roi Pélias contemplait le port où régnait une certaine activité malgré la nuit tombante. Déjà, des torches avaient été allumées dans les rues principales et sur l'agora.

Le monarque poussa un profond soupir. Son dos le faisait souffrir et une mauvaise maladie déformait ses articulations. Près de lui se tenait Paphos, son confident, compagnon de tous les combats, et le seul à qui il pût faire part de son amertume.

— Les dieux ont abandonné cette cité, Paphos. Ce n'est pourtant pas faute de leur avoir fait des sacrifices. Mais ils restent sourds.

— Tu es le maître d'une cité puissante, ô mon roi! dit la voix grave de Paphos.

— Et qu'est-ce que cela m'apporte? s'irrita Pélias. J'ai ravi ce trône à mon frère il y a dix-huit ans. J'étais jaloux de sa gloire, de l'amour que lui portait le peuple. Je voulais être roi, moi aussi. J'ai réuni une armée puissante et je l'ai lancée sur Iolcos. J'ai chassé Æson et j'ai pris sa place. Depuis, je règne sans partage sur la cité. Pourtant, je n'en tire plus aucun plaisir. Le peuple aimait mon frère. Moi, je laisserai le souvenir d'un tyran. Mes ennemis me redoutent, mais mes armées seraient-elles assez puissantes pour mener une campagne guerrière?

Il eut un geste las pour désigner le palais et le parc obscurcis et mal entretenus.

— Iolcos n'est plus que l'ombre d'elle-même. Son royaume s'effondre, les récoltes sont chaque année plus mauvaises, les troupeaux diminuent et les famines se succèdent. Combien de révoltes ai-je dû réprimer dans le sang…

Il serra les poings et ajouta :

— Jamais Æson n'a eu à faire face à de telles difficultés. À son époque, les moissons étaient meilleures et les bêtes plus nombreuses. J'ai fait de lui un homme sans fortune, un simple citoyen, mais j'ai parfois l'impression qu'il est encore le roi. Je me demande pourquoi je ne l'ai pas tué.

— Tu as agi sagement, seigneur. Le meurtre de ton frère aurait attiré la colère des dieux sur toi et sur la cité. Et puis, l'époque d'Æson était peut-être plus riche que la nôtre, mais elle n'avait pourtant rien de comparable avec les temps anciens. Lui aussi a dû surmonter des périodes difficiles. Il en est ainsi depuis que Phryxos a volé le bélier sacré.

— Je sais. Mes prédécesseurs ont envoyé nombre de guerriers valeureux pour tenter de la reprendre. Aucun d'eux n'est revenu. D'ailleurs, cette histoire est si ancienne que l'on peut douter même que cette maudite Toison d'or ait jamais existé.

Après un silence, Pélias ajouta :

— Le cœur des hommes est-il donc si bizarre? Le pouvoir ne m'amuse plus. Tous tremblent devant moi. J'aimais cela autrefois. Aujourd'hui, je m'ennuie. Parfois, il m'arrive même de songer à abdiquer. Pourtant, lorsque me vient une telle pensée, je la repousse avec violence. J'ai fini par détester ce pouvoir qui me tient prisonnier, mais pour rien au monde je ne l'abandonnerais. Comment expliquer cela?

— Je ne connais pas la réponse, seigneur. Mais puisque les dieux se sont exprimés, peut-être devrais-tu les écouter. Tu es riche. Tes troupeaux sont nombreux et prospères. Tu possèdes plusieurs domaines. Peut-être devrais-tu profiter de la venue de cet étranger pour abdiquer.

Pélias se tourna vivement vers Paphos.

— Et remettre mon royaume entre les mains d'un inconnu? Jamais!

— Les oracles sont pourtant formels, seigneur! Un homme viendra, qui te réclamera le trône. Tu le reconnaîtras au fait qu'il sera chaussé d'une seule sandale.

— Un mendiant… peuh!

— Non, seigneur, un prince.

— Je refuse! Je suis le roi et je le resterai jusqu'à ma mort.

— Dans ce cas, il te faudra affronter cet inconnu.

— Eh bien, je l'affronterai! Son armée sera-t-elle puissante?

— Il sera seul.

Pélias eut un rire nerveux.

— Alors, pourquoi m'ennuies-tu? Il me suffira de le tuer.

— Tu ne pourras pas faire cela, seigneur. Cet homme est protégé par les dieux. Les prédictions concordent toutes : si tu refuses de lui céder Iolcos, il sera cause de ta mort.

Pélias laissa tout à coup exploser sa colère.

— Il sera cause de ma mort? Et qui est-il, cet individu assez fou pour prétendre me chasser de mon trône sans armée?

— Nous n'avons pu deviner de qui il s'agissait, seigneur. Mais une chose est sûre : ses prétentions au trône sont légitimes.

— Eh bien, qu'il vienne! Je saurai bien lui faire comprendre qui est le maître d'Iolcos.

6

L'homme chaussé d'une seule sandale

Jason et Atalante arrivèrent en fin d'après-midi à Iolcos. Une muraille haute comme quatre hommes faisait le tour de la cité. Comme ils s'approchaient de la monumentale porte d'entrée, côté nord, une odeur pestilentielle les saisit à la gorge.

— Regarde! dit Atalante.

De part et d'autre des lourds vantaux de bois cloutés de bronze, les restes de suppliciés pendaient à de gros crochets de métal scellés dans la muraille. Certains avaient la tête brûlée, d'autres n'avaient plus ni bras ni jambes. Des nuées de charognards tournoyaient autour, arrachant de larges lambeaux de chair aux cadavres. La puanteur ne semblait pas gêner les soldats qui les arrêtèrent à l'entrée.

— Qui êtes-vous? demanda un capitaine au visage sévère, les mains passées dans le ceinturon qui serrait sa tunique noire.

— Jason et Atalante, fils et fille de Chiron, répondit le jeune homme.

Ils étaient convenus de ne pas révéler leur véritable identité, afin de ne pas attirer l'attention.

— D'où venez-vous?

— De Larissa.

— Et pour quelle raison venez-vous à Iolcos?

— On dit que l'on peut trouver ici toutes sortes de merveilles.

Le capitaine se détendit.

— On ne vous a pas menti. En tout cas, vous trouverez au moins des sandales neuves, ajouta-t-il en regardant les pieds de Jason.

Les autres soldats s'esclaffèrent.

— Dis-moi, qu'on fait ces gens pour mériter un tel sort? demanda le jeune homme.

— Ici, c'est comme ça qu'on traite les voleurs. On les pend par les pieds au-dessus d'un feu. Quant à ceux qui ont les membres tranchés, ce sont d'anciens prétendants de l'une des filles du roi Pélias. Mal leur en a pris. Il leur impose une épreuve terrible. Et ceux qui échouent sont exécutés.

Jason n'osa en demander plus, mais il comprit que Chiron n'avait pas menti. Son oncle était bien un odieux tyran.

On les laissa passer sans encombre. Pour Jason et Atalante, qui n'étaient jamais allés plus loin que la petite ville de Larissa, Iolcos multipliait les sujets d'émerveillement. Les ruelles, assez larges pour laisser passer les chars à bœufs, étaient encombrées d'une foule affairée. Des odeurs étonnantes s'échappaient des échoppes, parfois alléchantes, parfois fortes ou nauséabondes suivant que l'on passait devant l'étal d'un boulanger, d'un boucher ou d'un tanneur. Des relents de fruits pourris, d'urine et d'excréments sourdaient des rigoles où se déversaient les eaux usées. Des enfants couraient en tous sens, interpellaient les passants pour quémander un peu de nourriture ou une piécette. Poules et poussins, chèvres et chevreaux, mouflons et porcs à la peau noire erraient dans les rues.

Le premier souci de Jason et d'Atalante fut de trouver une auberge où passer la nuit. Chiron les avait dotés d'une somme confortable qui devait leur permettre de vivre pendant un certain temps. On leur indiqua, non loin de l'agora, un établissement où se retrouvaient les étrangers venus faire commerce à Iolcos. Tiraillés par la faim, ils s'attablèrent chez Apollonios, l'aubergiste, qui leur servit une belle pièce de mouton aromatisée au thym et une bouillie d'orge à l'huile d'olive, le tout accompagné d'un vin léger à la robe ambrée.

D'où ils étaient, ils avaient vue sur l'agora, la place principale de la cité, une vaste esplanade où les habitants avaient coutume de se réunir. On y assistait aux exécutions, comme en témoignait le sinistre échafaud dressé dans un angle, et zébré de coulures de sang. Nombre de visiteurs étrangers déambulaient, émerveillés, par la profusion de marchandises : épices les plus rares, esclaves de toutes origines, courtisanes proposant leurs charmes, bijoux. Des montreurs d'animaux, des acrobates, des jongleurs distrayaient les passants, tandis que, sur une estrade, des lutteurs relevaient les défis des spectateurs. Des petits groupes de soldats patrouillaient, des buveurs sortaient des tavernes en chantant quelque chanson paillarde. Parfois passait un notable suivi de sa cour.

Jason et Atalante avaient constaté que la finesse de leurs vêtements n'avait rien à envier à celle des habitants d'Iolcos. Ainsi vêtus, ils pouvaient passer pour un couple de princes venus d'un pays lointain. L'aubergiste ne s'y était pas trompé qui s'était courbé à leur arrivée.

Cependant, Jason contemplait la foule d'un air sombre. Sa démarche lui paraissait insensée. Pour quelle raison Pélias lui offrirait-il tout à coup le trône, alors qu'il l'avait ravi à son père voilà près de vingt ans? Le roi disposait d'une armée puissante et omniprésente. Il lui suffisait d'un ordre pour le faire mettre à mort.

Atalante posa sa main sur la sienne.

— Garde confiance, Jason. N'oublie pas que tu es protégé par Héra.

— C'est vrai.

Mais un autre sujet le taraudait. Il ne connaissait pas cette ville. Même si son père en avait été le souverain, il ignorait tout de ses habitants, de leurs coutumes, de leurs soucis. En admettant que Pélias redoute assez la puissance des dieux pour lui céder le trône, était-il vraiment digne de devenir roi? Il secoua la tête. Tout cela lui paraissait insensé. Atalante lui donna un coup ferme sur le bras.

— Tu ne dois pas douter, Jason. Sinon, la déesse t'abandonnera. Allons dormir. Demain, tes idées seront plus claires.

Il acquiesça et la regarda avec un sourire mitigé. Atalante ne doutait jamais de rien. Mais le souvenir des malheureux exposés aux portes de la ville n'encourageait pas Jason à demander une audience à Pélias.

Cependant, l'arrivée de ce jeune homme à l'allure princière, chaussé d'une unique sandale, avait intrigué le capitaine posté à l'entrée de la ville. Dès le lendemain, à l'aube, il se rendit au palais pour en rendre compte à son supérieur, le général Nysos. Celui-ci demanda aussitôt à rencontrer le roi. Pélias pâlit.

— Un homme chaussé d'une seule sandale, dis-tu?

— Il dit s'appeler Jason, fils de Chiron. Il vient de Larissa.

— Où est-il? demanda sèchement Pélias.

— Il loge à l'auberge d'Apollonios en compagnie de sa sœur.

— Qu'on les amène immédiatement!

7

La proposition de Pélias

Lorsque Nysos eut quitté la salle du trône, Pélias se tourna vers Paphos.

— Crois-tu qu'il s'agisse de l'homme annoncé par les oracles?

— Sans aucun doute, seigneur. Les signes sont là. Il ne portait qu'une seule sandale en arrivant, et il a l'allure d'un prince.

— Un prince? Mais qui peut-il être pour prétendre avoir des droits sur le trône?

— Nous l'ignorons.

Pélias s'emporta.

— Eh bien, qu'il ose seulement m'en parler, et je lui ferai griller les membres un à un!

— Tu n'en feras rien, seigneur.

— Comment oses-tu?

— Pardonne-moi, seigneur, mais ordonner la mort de cet homme déchaînerait la colère des dieux sur toi et sur Iolcos. Je dois t'en prévenir.

Pélias serra les poings et se mit à hurler :

— À t'en croire, je n'ai pas d'autre choix que de lui céder ma place!

Paphos éleva les mains pour calmer le souverain.

— Il y a peut-être une autre solution, seigneur.

— Laquelle?

— Propose de lui céder le trône…

— Tu te moques de moi? cria Pélias.

— … mais à une condition, poursuivit le conseiller, habitué aux explosions de fureur de son maître.

— Quelle condition?

— S'il veut devenir le roi légitime d'Iolcos, il doit en posséder tous les attributs. Or seul un homme en possession de la Toison d'or peut prétendre au trône. Demande-lui d'aller la chercher en Colchide, et de ramener également l'âme de Phryxos, qui erre encore dans la forêt d'Arès.

Pélias se gratta la barbe en faisant la moue. L'idée lui plaisait.

— Jamais aucun homme n'a réussi à accomplir un tel exploit!

— Justement. Il est plus que probable, s'il accepte, qu'il périra au cours du voyage. Mais tu ne seras pas responsable de sa mort. De plus, lorsque le peuple sera au courant de l'expédition, il reprendra espoir et ne songera plus à se révolter.

La colère de Pélias tomba. Son visage gonflé par les excès s'étira en un sourire satisfait.

— C'est une excellente idée! Tu es un homme précieux, Paphos.

Au matin, Jason et Atalante déambulaient sur le port, observant avec fascination les navires alignés le long des quais. Le jeune homme avait pris sa décision.

— Je vais demander à rencontrer Pélias. Héra me protège. Je n'ai donc rien à craindre.

— Tu n'auras même pas à solliciter une audience, répondit la jeune fille en mettant la main sur son poignard. J'ai l'impression que c'est nous que l'on vient chercher.

Jason se retourna. Le général Nysos venait à eux, escortés par une douzaine de gardes.

— Es-tu bien Jason, fils de Chiron? demanda-t-il.

— C'est exact.

— Le roi Pélias veut te voir. Suis-moi!

Quelques instants plus tard, Jason et Atalante, encadrés par les soldats, pénétraient dans la forteresse qu'était devenu le palais au fil des siècles. Pas très rassurés, ils ne remarquèrent pas les dalles disjointes, les herbes folles envahissant le parc.

Bientôt, ils se trouvèrent face au roi. Jason remarqua le visage bouffi du monarque. Il nota la vague ressemblance qui existait entre eux. Il avait peine à croire que Pélias était son oncle. Celui-ci l'observa longuement en silence, en se frottant la barbe. Comme il ne se décidait pas à parler, Jason rompit le silence avec fermeté.

— Tu as demandé à me rencontrer, seigneur.

— Je sais qui tu es, répondit Pélias d'une voix sourde. Tu ressembles à mon frère Æson, que j'ai évincé voici bientôt vingt ans. J'avais du mal à croire au massacre de son fils à l'époque. Mais je comprends tout à présent. Mon frère a simulé ta mort. Et il t'a éloigné d'Iolcos, espérant que tu reviendrais plus tard le venger.

Jason pâlit. Pélias n'avait pas été long à deviner la vérité. Il décida de jouer le tout pour le tout.

— En effet, je suis bien le fils d'Æson et de Polymédé. Qu'as-tu fait à mes parents?

Le roi éluda sa question.

— Je me demandai qui pouvait être cet inconnu prétendant avoir des droits sur la cité.

— J'en ai, en effet. Tu as chassé mon père de son trône. Tu dois me le rendre.

Pélias éclata de rire.

— Et tu oses venir me le réclamer ainsi, avec une femme pour seul compagnon d'armes? Serais-tu fou?

— La déesse Héra me protège. Si tu me tues, tu devras affronter sa colère.

Le rire de Pélias se figea.

— Qu'est-ce qui te permet de croire qu'elle te protège?

— Elle m'est apparue il y a trois jours. Elle m'a dit de venir à Iolcos et d'exiger la restitution du trône. Je lui ai obéi. J'ai foi en elle.

La tranquille assurance de son interlocuteur désarçonna Pélias. Ce maudit Jason ne tremblait pas devant lui, comme les autres. Agressif, il demanda :

— Je pourrais te faire abattre par mes gardes à l'instant pour ton insolence!

— Libre à toi. Mais je doute que tu me survivrais très longtemps.

Le roi préféra détourner la conversation.

— Et qui est cette ravissante jeune femme qui t'accompagne?

— Mon nom est Atalante, seigneur, répondit-elle en relevant la tête avec orgueil.

— Qui est ton père?

— Le roi Iasos d'Arcadia.

— Une princesse arcadienne! Sois donc la bienvenue dans mon palais.

Atalante toisa le monarque avec méfiance. S'il lui prenait fantaisie de porter la main sur elle, il s'en repentirait, tout roi qu'il était.

— Et ton père te laisse ainsi voyager seule, sans escorte?

— Je n'ai besoin de personne pour me défendre, répliqua la jeune fille d'un ton sec. Je sais me battre.

— Une femme guerrière? Je croyais que seules les Amazones l'étaient.

— Je suis chasseresse, et disciple d'Artémis. Je n'appartiens à personne.

— Bien, bien.

Pélias soupira. Il ne voulait pas risquer de mécontenter une autre divinité. Il revint vers Jason. Après avoir longuement réfléchi, il déclara :

— J'ai entendu ta demande, mon neveu. Tu estimes que le trône te revient de droit. Je pourrais te rétorquer qu'il est mien parce que je m'y suis installé de force. À la vérité, ni toi, ni moi, ni ton père n'avons de droit sur Iolcos. Les dieux ne reconnaîtront pour roi légitime que l'homme qui sera en possession de la Toison d'or.

— Je sais. Le centaure Chiron m'a conté la légende.

— Tu sais donc que même si j'acceptais d'abdiquer en ta faveur, ton règne ne serait pas plus légitime que le mien. Voilà pourquoi je veux te proposer ceci : je suis prêt à financer une expédition destinée à reprendre aux Colchidiens cette Toison d'or qui de tous temps a appartenu à Iolcos. Accepterais-tu de diriger cette expédition?

Jason hésita un court instant. L'argument de Pélias était imparable. En outre, depuis que Chiron lui avait conté la légende, l'envie de partir à la recherche de cette mystérieuse Toison, s'était précisée en lui. Grâce à la proposition du roi, cette aventure devenait possible. Bien sûr, tous les valeureux guerriers qui l'avaient tentée n'étaient jamais revenus. Mais lui, Jason, était protégé par la déesse Héra. Il triompherait.

— Alors? insista Pélias.

— J'accepte, seigneur! Je partirai à la recherche de la Toison d'or.

8

Jason tente de recruter un équipage

Pélias se redressa.

— Je savais que nous nous entendrions, mon neveu. À partir de cet instant, tu peux te considérer comme mon hôte.

Jason se garda bien de révéler le fond de sa pensée. Il avait parfaitement compris les intentions du roi. Pélias escomptait bien qu'il trouverait la mort au cours de son voyage, comme tant d'autres avant lui. Ainsi, il ne pourrait être accusé d'avoir tué son neveu. Mais le jeune homme se promit de tout faire pour le décevoir.

Il restait toutefois entre eux un sujet difficile, que Jason n'était pas décidé à oublier. Il fixa Pélias dans les yeux et demanda une nouvelle fois :

— Qu'est-il arrivé à mes parents?

Le sourire du roi s'élargit.

— Mais ils sont ici, dans l'enceinte du palais. Tu pourras les voir quand tu le souhaiteras.

Une vive émotion s'empara de Jason.

— Ils ne sont pas morts?

— Bien sûr que non. Ils ont même eu un autre fils.

Pélias fit appeler les parents de Jason. Puis, ravi de son effet, il se retira et ordonna à ses gardes d'en faire autant. Par discrétion, Atalante voulut s'écarter elle aussi, mais Jason la retint.

— Tu es comme ma sœur, Atalante. Je veux que tu partages cet instant avec moi.

Il vit venir à lui un homme et une femme encore jeunes, suivis d'un garçon de cinq ou six ans. Il les contempla avec émotion. Puis son père lui ouvrit les bras et il s'y précipita.

— Mon fils! Les dieux sont généreux. Ils t'ont préservé.

Polymédé ne put retenir ses larmes. Jamais elle n'avait oublié le bébé confié à une nourrice dévouée en cette nuit d'horreur. Face à elle se trouvait désormais un gaillard qui dépassait son père - pourtant de taille respectable - d'une bonne tête.

— Voici ton frère, Promachos. Il est né douze ans après ton… départ.

Ils avaient mille choses à se dire et leur entretien dura jusqu'à la fin de la journée. Enfin, Jason parla de son départ prochain. Le visage d'Æson s'assombrit.

— Tu es courageux, Jason. Tu as osé affronter seul un roi tout-puissant qui aurait pu te faire massacrer sur un simple caprice. Il t'a épargné, mais ne t'y trompe pas. Pélias te hait, comme il me hait encore. S'il ne m'a pas tué, c'est par crainte des dieux. Ta mère et moi vivons comme des prisonniers. Certes, notre logis est décent et nous avons nos propres esclaves, mais il nous est interdit de nous déplacer sans escorte. Nous n'avons même pas le plaisir de bavarder avec certains vieux amis d'autrefois. Pélias a trop peur que je tente de fomenter un complot contre lui.

— Sois sans crainte, père. Je ne me fais aucune illusion.

Æson insista :

— Mais ce projet est insensé. Le voyage pour la Colchide est parsemé de dangers de toutes sortes. Même avec la protection d'Héra, tu as peu de chances de réussir. Car d'autres divinités se dresseront devant elle.

— Je ne décevrai pas la déesse, père.

Le vieil homme soupira :

— C'est bien, mon fils. À peine retrouvé, je dois te perdre. Ainsi le veulent les dieux sans doute. Mais ne nous plaignons pas trop. Ta mère et moi aurons eu la joie de te tenir dans nos bras.

Jason serra son père contre lui.

— Je ne suis pas encore parti. Je dois d'abord constituer un équipage. Cela va me demander un peu de temps.

Pélias avait retrouvé sa belle humeur. La nouvelle du retour de Jason s'était répandue en ville à la vitesse du vent. Le bruit courait qu'il allait partir à la recherche de la Toison d'or, symbole de la puissance des anciens souverains d'Iolcos. Cette perspective avait suffi pour calmer les esprits échauffés par la famine et les mauvais traitements infligés par l'armée omniprésente. Dans les tavernes, les conversations allaient bon train, et chacun d'évoquer les dangers du voyage vers la mystérieuse Colchide. On admirait aussi le courage de ce jeune homme qui avait osé se présenter seul devant Pélias pour exiger le trône. Bientôt, l'information se propagea dans les autres cités, colportée par les navires marchands et par les caravanes.

Depuis que Jason avait donné son accord, Pélias le traitait comme un hôte de marque, au grand déplaisir de son fils aîné, Acaste. Âgé d'une vingtaine d'années, c'était un être cauteleux, aux yeux aussi faux que ceux de son père. Jason se méfia de lui dès la première fois qu'il le vit. Acaste le considérait comme un rival dangereux. En tant que fils de Pélias, il devait hériter du trône d'Iolcos. Ce cousin surgi de nulle part constituait un obstacle à éliminer. Mais Jason savait qu'il ne tenterait rien contre lui avant son départ. Tout comme son père, Acaste était persuadé de l'échec de l'expédition.

L'épouse de Pélias, le reine Polycasté, lui avait également donné trois filles. L'aînée, Alceste, avait dix-sept ans. C'était une fille ravissante, au caractère agréable, qui, à l'inverse de son frère, se lia très vite d'amitié avec Jason et Atalante.

Jason s'attela immédiatement à la tâche. Pélias l'accompagna au port et lui proposa de choisir parmi ses navires.

— Prends celui qui te semblera le meilleur, mon neveu. Il est à toi.

Jason hésitait. Il n'avait aucune notion de navigation. Mais il se garda bien d'en parler à son oncle. Il lui fallait seulement recruter des hommes compétents pour constituer un équipage.

Malheureusement, au bout de quelques jours, il se sentit envahi par le découragement. Malgré l'annonce de son expédition prochaine, pas un seul navigateur d'Iolcos n'avait accepté de le suivre. On l'écoutait poliment, tout en lorgnant discrètement les jambes longues et fines d'Atalante, qui le suivait comme son ombre. Aucune femme d'Iolcos ne se serait permis de se promener ainsi dans les rues. Cependant, on se contentait de l'observer, car son regard déterminé décourageait les plus audacieux. De plus, on s'imaginait qu'elle était la compagne de Jason, que le roi avait pris sous sa protection. Mieux valait ne pas le provoquer si l'on ne voulait pas finir embroché sur les sinistres crochets qui ornaient l'entrée de la cité.

Jason avait visité une à une les tavernes du port pour engager des marins. Il avait fait savoir qu'il était à la recherche d'hommes désireux de se couvrir de gloire en l'accompagnant. Sans résultat. Les sommes confortables puisées dans la cassette donnée par Pélias pour financer l'expédition ne suffirent pas à décider les Iolciens. Un vieil homme lui dit un jour :

— Je crois que tu es fou, mon garçon. Pas un seul marin sensé n'acceptera de te suivre. Tu es jeune, inexpérimenté, et tous savent que tu n'as jamais commandé de navire. Comment pourraient-ils avoir confiance en toi pour affronter les dangers auxquels tu vas devoir faire face? Car tu n'as aucune idée de ce qui t'attend. Dans le meilleur des cas, tu devras combattre les hordes de pirates venus de Thrace, de Chalcidique ou d'Éolie. Mais ce n'est rien à côté des périls effroyables de la mer. As-tu jamais entendu parler des Cyanées, ces rochers bleus aussi grands que des îles, qui se déplacent et broient les navires? Et des oiseaux au bec d'airain et aux plumes tranchantes comme des lames de poignard, des géants à six bras? Et si tu leur échappes, tu ne pourras fuir les filles de la Terre, les trois femmes à corps d'oiseau qui attirent les navigateurs avec leurs chants. On dit que l'île où elles vivent est couverte de collines terrifiantes, jonchées d'ossements de leurs victimes.

Ces récits n'étaient pas faits pour rassurer Jason, qui se demandait parfois s'il n'avait pas présumé de ses forces.

— Si personne ne veut faire partie de mon équipage, comment vais-je pouvoir me rendre en Colchide?

Atalante lui posa la main sur l'épaule.

— Garde confiance. Héra ne t'abandonnera pas.

La nuit suivante, en effet, Jason fit un rêve insolite. Il se trouvait dans une forêt immense, peuplée de grands chênes. Le vent soufflant dans les branches faisait entendre des bruits mystérieux, ressemblant à s'y méprendre à une voix humaine. Tout à coup, la voix se précisa, devint celle d'une femme. Près d'un tronc massif et noueux apparut la silhouette diaphane d'une déesse coiffée d'un casque.

— Écoute-moi, Jason. Je suis Athéna, fille de Zeus. Tu dois te rendre à Dodone, là où poussent les chênes sacrés de mon père.

La silhouette se fondit ensuite dans la pénombre glauque de la forêt. Jason s'éveilla en sursaut. Il connaissait le nom de Dodone. C'était une région située à l'ouest de la Thessalie, dont les arbres étaient depuis toujours dédiés au maître de la foudre, qui faisait connaître sa volonté dans les murmures du vent.

Dès le lendemain, Jason et Atalante quittaient Iolcos pour Dodone, à six jours de marche vers l'ouest.

9

Les chênes de Dodone

Les pistes qui sillonnaient l'intérieur des terres n'étant pas très sûres, Jason et Atalante s'étaient joints à une caravane de marchands. Celle-ci disposait d'une milice armée suffisante pour dissuader les bandes de pillards. Le voyage de l'aller se déroula sans difficultés. On aperçut bien quelques silhouettes inquiétantes le troisième jour, mais celles-ci disparurent derrière une crête dès que les miliciens eurent saisi leurs armes.

Dodone était une ville modeste, dont le roi, Philoctète, tenait à recevoir Jason. Lorsqu'il apprit que le jeune homme était arrivé, il le fit chercher par un capitaine pour lui offrir l'hospitalité.

— Sois le bienvenu, Jason. J'ai entendu parler de ton projet de reprendre la Toison d'or aux Colchidiens. Je m'estime honoré de te rencontrer. Nos liens d'amitié avec Iolcos ont toujours été solides. Nombre d'hommes de Dodone sont partis autrefois pour tenter de reconquérir le bélier sacré.

Le soir même, Jason et Atalante assistèrent à une fête donnée en leur honneur. Les hommes les plus importants de la ville y étaient conviés. Certains s'étonnèrent, parfois s'offusquèrent, de voir une femme au sein de cette assemblée exclusivement masculine, mais le regard fier d'Atalante les dissuada de la provoquer.

Dès que les convives eurent pris place sur les lits, les esclaves apportèrent les tables basses sur lesquelles étaient disposés des plats de mouton et de chevreau grillé, des rôtis, des ragoûts, des bouillies, des salades et des fruits, tandis que des jeunes servantes remplissaient les gobelets d'un vin couleur de rubis.

Le repas fut gai et animé. Philoctète était un hôte accueillant et accordait de l'importance aux plaisirs de la vie. Pour lui, chaque repas devait être une fête, comme d'ailleurs chaque moment de la journée.

— Dodone n'est pas aussi puissante qu'Iolcos, dit-il. Mais nous ne connaissons pas la guerre. Le sanctuaire de Zeus nous en préserve. Nos ennemis redoutent sa colère et évitent de s'attaquer à nous.

Parmi les invités se trouvait un homme fort beau, au regard noir et profond. Atalante, fascinée, ne cessait de l'observer à la dérobée. Il y avait sur le visage de l'inconnu une douceur qu'elle n'avait encore jamais rencontrée. Alors que les autres se montraient vulgaires et grossiers envers les petites esclaves qui les servaient, lui au contraire les remerciait avec respect.

Philoctète le présenta :

— Mes amis, je me réjouis de compter parmi nous le poète des dieux, Orphée. Nulle autre voix ne peut être comparée à la sienne, et sa lyre lui a été offerte par le grand Apollon en personne.

Il s'adressa à l'intéressé :

— Prince Orphée, nous feras-tu l'honneur de chanter pour nous?

Avec un sourire, Orphée acquiesça. Il prit sa lyre et une mélodie envoûtante s'éleva dans la salle. Aussitôt, l'assistance fut parcourue d'un long frémissement. Le roi n'avait pas menti. Jamais on n'avait entendu de voix plus belle, plus captivante. Les paroles étaient magnifiques, soutenues par des arpèges d'une pureté cristalline. Les esclaves s'étaient immobilisés, figés par la beauté de la mélodie et des poèmes. La nature elle-même semblait retenir son souffle. Lorsque l'écho de la dernière note se fut éteint, personne n'osa rompre le silence. Il appartenait encore au chant d'Orphée. Femmes et hommes avaient les yeux brillants de larmes. Puis Philoctète s'éclaircit la voix pour ordonner aux esclaves de se remettre au travail et l'on applaudit longuement le poète.

Le lendemain, à l'aube, au moment où Jason et Atalante allaient se mettre en route en direction de la forêt, ils virent Orphée venir à eux.

— Que les dieux te protègent, Jason. Et toi aussi, Atalante. Le roi Philoctète m'a parlé de votre projet de partir à la conquête de la Toison d'or. Il m'a dit aussi que tu cherchais à constituer un équipage. Si tu l'acceptes, j'aimerais me ranger sous ta bannière. Sois rassuré, si je joue de la lyre, je sais aussi manier l'arc et le glaive. Je souhaiterais partager tes aventures, afin de les chanter ensuite.

Un instant étonné, Jason lui ouvrit les bras.

— Alors, sois le bienvenu, Orphée. Jamais je n'aurais espéré recruter un homme de ta valeur.

— Et moi, je crois qu'il y en aura d'autres, car cette expédition a de quoi tenter les plus valeureux héros. Mais pourquoi es-tu venu à Dodone?

Jason évoqua son rêve. Orphée proposa de les accompagner jusqu'au chêne sacré. Tous trois se dirigèrent vers la montagne boisée qui dominait la cité. Ils trouvèrent rapidement le sanctuaire de Zeus, où une vieille femme maigre et aveugle recevait les voyageurs venus se recueillir ou chercher une réponse à leurs questions. Ses yeux entièrement blancs lui donnaient l'aspect d'un spectre. Avant même qu'il ait parlé, elle s'avança sans hésitation vers Jason, posa ses mains décharnées, aux ongles crochus, sur son visage. Le jeune homme frémit.

— Je te connais, dit-elle d'une voix profonde, curieusement puissante pour un être aussi faible. Tu es Jason, fils d'Æson, ancien roi d'Iolcos. Je savais que tu allais venir. Le souffle de Zeus a fait parler les arbres. Écoute bien ce qu'il a dit : tu dois te rendre près de son grand chêne sacré. Un homme t'y attendra.

Ensuite, la vieille aveugle poussa un grognement à peine aimable, puis rentra dans sa tanière sans laisser à Jason le temps de poser la moindre question. Ainsi, il aurait voulu lui demander où se trouvait ce grand chêne. Mais à peine l'eut-elle quitté que la réponse surgit en lui, comme s'il était déjà venu en ces lieux. Obéissant à son intuition, il s'enfonça dans la forêt, suivis de ses compagnons. Une harde de biches s'enfuit à leur approche. Il régnait dans cette forêt une atmosphère surnaturelle ; en cet endroit plus qu'ailleurs la présence du souverain des dieux se faisait sentir. Un vent puissant soufflait avec intensité, entremêlant les branches, soulevant de puissantes odeurs d'humus et de champignons. On avait parfois l'impression d'entendre une voix profonde, aux consonances humaines. À plusieurs reprises, Jason crut reconnaître son prénom.

Bientôt, ils arrivèrent à l'endroit aperçu en songe. Devant eux se dressait un arbre d'une taille extraordinaire, haut comme quarante hommes. Ils n'auraient pu, à eux trois, faire le tour de son tronc en se donnant la main. Aucun autre arbre n'avait poussé à proximité. Il était isolé au milieu d'une vaste clairière dominée par son ombre.

— Le roi des chênes, murmura Jason. C'est lui que j'ai vu dans mon rêve.

Un homme d'une trentaine d'années se tenait près de l'arbre vénérable. Il s'avança vers eux.

— Seigneur, es-tu Jason, fils d'Æson?

— Je le suis. Et toi, qui es-tu?

— Mon nom est Argos. J'attendais ta venue. Je suis constructeur de navire. Il y a quelques jours, un songe m'a suggéré de venir à Dodone pour te rencontrer. J'en ignore la raison.

Une brusque saute de vent lui coupa la parole. Aussitôt, la lumière diminua. En quelques instants, une masse énorme de nuages noirs envahit le ciel. Des éclairs illuminèrent la forêt tandis qu'une pluie battante commençait à tomber. Les quatre compagnons, impressionnés, s'agenouillèrent. Il ne faisait aucun doute qu'il s'agissait là d'une manifestation de Zeus. Tout à coup, un craquement sinistre retentit et la foudre s'abattit sur le chêne. Ils craignirent que l'arbre entier ne s'embrasât, mais seule une grosse branche se détacha du tronc et tomba devant eux. Puis, comme par magie, la pluie cessa et la masse nuageuse s'éloigna, emportée par l'ouragan. Ils se relevèrent, s'avancèrent vers la branche. Stupéfaits, ils virent la pièce de bois perdre son écorce et changer de forme, comme si des dizaines de couteaux invisibles la sculptaient. La forme d'un buste apparut dans ce qui évoquait désormais la figure de proue d'un navire. Le visage se précisa et prit les traits de la déesse Héra. Les yeux, en particulier, semblaient étonnamment vivants.

Soudain, une épaisse écharpe de brume coula des profondeurs de la forêt et glissa silencieusement jusqu'au chêne. Arrivée près de l'effigie d'Héra, elle se dressa en une colonne mouvante, puis une femme ressemblant à s'y méprendre à la déesse se matérialisa. Jason crut à une nouvelle apparition de sa protectrice, mais l'inconnue le détrompa.

— Je suis Néphélé, la nuée au reflet d'Héra. Autrefois, mon fils Phryxos et sa sœur Hellé parvinrent, avec mon aide, à s'enfuir d'Iolcos, emportant avec eux le bélier à la Toison d'or offert par Zeus aux habitants de cette ville. C'est à toi, Jason, qu'il appartient de ramener la Toison à Iolcos.

Elle se tourna vers le nouveau venu.

— Toi, Argos, qui a appris l'art de la navigation de la déesse Athéna, tu construiras un navire et tu lui donneras ton nom, qui signifie « rapide ».

Elle montra ensuite la sculpture.

— Ceci en sera la figure de proue. Tu ne la placeras pas à l'avant, mais à l'arrière, afin qu'Héra puisse veiller sur l'équipage.

— Pardonne-moi, ô Néphélé, répondit Jason. Je désire plus que tout rapporter la Toison d'or, mais je n'ai pas d'équipage. Aucun marin d'Iolcos ne veut s'engager dans cette aventure.

La déesse-nuée eut un léger sourire.

— Je vois déjà trois compagnons à tes côtés. D'autres viendront, et tu auras près de toi l'équipage le plus extraordinaire qui se puisse imaginer, car il ne sera composé que de héros. Seuls des hommes au courage exceptionnel seront assez forts pour triompher des épreuves terrifiantes qui vous attendent. Mais l'ennemi le plus redoutable que vous devrez combattre est la déesse Hécate, la reine des magiciennes, que Zeus lui-même craint. Tu devras la défier seul, Jason.

— Comment pourrai-je vaincre une divinité si puissante? s'inquiéta-t-il.

— Tu possèdes en toi une arme dont tu ignores l'existence. Cependant, méfie-toi, car cette arme peut être à double tranchant.

— Quelle arme?

— Tu le découvriras en temps utile.

Jason n'osa insister. Tout à coup, Néphélé fit apparaître deux superbes trépieds de bronze.

— Garde précieusement ces objets, ajouta-t-elle. Ils sont un présent d'Héra, et furent fabriqués par Héphaïstos. Un jour lointain, ils te sauveront la vie. À présent, repartez sans tarder pour Iolcos.

Sur cette dernière énigme, Néphélé se transforma de nouveau en nuage et se dissipa. Ils crurent un instant avoir rêvé. Mais la sculpture à la ressemblance d'Héra et les trépieds démentaient cette impression.

10

Héraclès

Dès le lendemain, Jason et ses compagnons quittèrent Dodone et reprirent la piste en compagnie d'une douzaine de marchands qui n'avaient pas eu la patience d'attendre la formation d'une nouvelle caravane. On avait chargé la figure de proue sur un chariot tiré par deux bœufs.

Le voyage ne comporta aucun incident notable jusqu'au quatrième jour. Mais, lorsqu'ils traversèrent la plaine où, à l'aller, ils avaient aperçu les silhouettes menaçantes, celles-ci surgirent de nouveau. Une horde vociférante dévala la colline dans leur direction. En comptant les esclaves, la petite troupe ne comportait pas plus d'une trentaine de personnes, dont quelques femmes terrifiées. Jason estima que les pillards étaient plus de cent. Il pesta. Ils n'allaient tout de même pas périr ici, sous les coups de bandits de grand chemin! Tout à coup, il avisa une éminence rocheuse à peu de distance.

— Vite! Il faut nous abriter là-bas! Courez!

Les marchands ne se le firent pas dire deux fois. Quelques instants plus tard, le petit groupe avait pris position au sommet d'un tertre cerné par une couronne de rochers. Atalante, Orphée et Argos saisirent leurs arcs et décochèrent flèche sur flèche. Chacune d'elle faisait mouche. Mais cela ne découragea pas les assaillants pour autant. Parvenus au pied du monticule, les pillards lancèrent l'assaut malgré les traits incessants décochés par les archers. Bientôt, on se battit au corps à corps. Dominant la meute des agresseurs d'une tête, Jason frappait avec rage et détermination. Les attaquants comprirent que ce jeune géant ne serait pas facile à vaincre. Mais le nombre parlait en leur faveur. Déjà, deux marchands avaient été tués, et l'épaule d'Atalante était couverte de sang.

— Nous ne pourrons pas tenir longtemps! souffla-t-elle à Jason. Ils grouillent comme des fourmis.

Tout à coup, un rugissement terrible se fit entendre, qui pétrifia les assaillants. Jason aperçut, au loin, une silhouette colossale brandissant une massue. Les pillards se tournèrent vers ce nouvel ennemi. Quelques-uns se ruèrent sur lui. Mal leur en prit. Leurs coups semblaient n'avoir aucun effet sur le géant, protégé par une épaisse fourrure de fauve dont les pattes retombaient de chaque côté de son torse. Il était coiffé d'une tête de lion. La massue tournoyait, fracassant crânes et membres avec des craquements sinistres. Des rigoles écarlates se mirent à ruisseler sur le sol rocailleux. En quelques instants, l'inconnu avait mis à lui seul plusieurs dizaines de bandits hors de combat. Les survivants, comprenant qu'ils n'avaient aucune chance face à un tel démon, détalèrent sans demander leur reste. Un rire tonitruant éclata. Enjambant les corps des malandrins qu'il venait de tuer, Jason s'avança au-devant du colosse.

— Qui que tu sois, sois remercié, compagnon. Sans toi, nous n'aurions peut-être pas vu le soleil se lever demain matin.

— Et c'eût été dommage, surtout pour cette ravissante demoiselle, répondit l'inconnu en regardant Atalante.

Le jeune homme se présenta :

— Mon nom est Jason, fils d'Æson.

Le géant écarta les bras et un nouveau rire le secoua.

— Par Zeus mon père, voilà une belle coïncidence. C'est justement toi que je voulais rencontrer.

Puis il leva les bras en apercevant Orphée.

— Oh! Mais qui vois-je? Le prince des poètes en personne, sans doute l'homme le plus important de toute la Grèce, avant les rois eux-mêmes!

Les deux hommes tombèrent dans les bras l'un de l'autre, visiblement ravis de ces retrouvailles. Orphée se tourna ensuite vers Jason.

— Je te présente Héraclès l'archer, fils de Zeus et de la plus belle des mortelles, Alcmène aux yeux de turquoise.

— J'ai entendu parler de toi, Héraclès. Pourquoi voulais-tu me rencontrer? demanda Jason.

— J'ai ouï dire que tu recherchais un équipage pour partir à la conquête de la Toison d'or. Je me suis dit : Héraclès, mon ami, voilà une aventure à ta mesure! Aussi, Jason, si tu m'acceptes, je suis ton homme.

— Par les dieux, je ne pouvais rêver guerrier plus puissant. Sois le bienvenu parmi les Argonautes.

Un éphèbe d'une vingtaine d'années se tenait en retrait du géant.

— Voici Hylas, mon écuyer, clama l'archer. C'est un bon compagnon et il sait préparer la cuisine. Mais méfiez-vous, garçons, ce bougre préfère les hommes aux femmes. J'essaie pourtant de lui en vanter les charmes, il ne démord pas de ses bizarres inclinations. Sans doute se prend-il pour Ganymède.

Amusé par sa propre remarque, il éclata une nouvelle fois de son rire sonore. Un coup de tonnerre éclata dans le lointain. Héraclès faillit s'étouffer de joie.

— Ho, ho! Mon père n'aime pas que je me moque de Ganymède, l'échanson des dieux.

Il se tourna ensuite vers le ciel et hurla :

— Ne te fâche pas, père! C'était une plaisanterie.

Mais apparemment, les colères du roi des dieux ne le troublaient guère. Héraclès ôta la fourrure de lion qui lui couvrait les épaules et la secoua pour en faire tomber les flèches qui s'étaient prises dans la crinière. Intrigué, Jason s'approcha.

— C'est étrange, dit-il. Aucune flèche n'a réussi à entamer le cuir de ce lion.

Héraclès hocha la tête.

— Ce monstre dévastait la région de Némée. Toutes mes flèches se sont brisées sur lui. Pour le tuer, j'ai dû le capturer et l'étouffer dans mes bras. Lorsque j'ai voulu le dépecer, j'y ai brisé trois poignards. La seule manière d'y parvenir fut d'utiliser ses propres griffes. Depuis, il me sert de cuirasse.

Jason échangea un regard ravi avec Atalante. L'équipage des Argonautes commençait à prendre forme.

11

L'Argo

La construction de l'*Argo* démarra immédiatement après le retour de Jason à Iolcos. Pélias, satisfait de recevoir deux personnages aussi importants qu'Orphée et Héraclès, leur réserva un excellent accueil.

Dans un premier temps, Argos sélectionna des arbres dans la forêt d'Iolcos. Des esclaves furent réquisitionnés pour les couper. Malgré leur nombre, ils ne purent en abattre autant qu'Héraclès, à qui trois coups de hache précis suffisaient pour faire une entaille à la base. Ensuite, enroulant une corde autour du tronc, il tirait et l'arbre s'écroulait à grand fracas. Il laissait aux esclaves le soin de le débiter, puis il plaçait, seul, les énormes billes de bois sur les chariots. Ceux-ci les ramenaient au chantier, installé sur le port. En attendant d'être fixée à l'arrière, ainsi que l'avait indiqué Néphélé, la figure de proue avait été mise en bonne place, afin que son regard pût surveiller l'avancement des travaux.

Couchant sur des papyrus rapportés de la lointaine Égypte le rêve que lui avait inspiré la déesse Athéna, Argos expliqua son projet à Jason.

— Le navire sera long et effilé, afin de mieux fendre les vagues. Il y aura vingt-cinq bancs de nage de chaque côté. Nous aurons ainsi de la place pour cinquante rameurs. À l'arrière, derrière la figure de proue, je construirai une vaste cabine pour entreposer les vivres, les armes et le butin. Au milieu se dressera un mât avec une voile carrée. Elle nous sera utile… à condition, bien sûr, qu'Éole, le dieu des vents, se montre bienveillant.

Tout comme les badauds qui avaient fait du port leur lieu de promenade, Pélias suivait la construction du navire avec attention. La figure de proue aux yeux étrangement vivants l'intriguait. Par moments, il lui semblait qu'elle tournait son regard dans sa direction. Cela le mettait mal à l'aise. Si Jason bénéficiait vraiment de la protection d'Héra, il était capable de réussir là où tous les autres avaient échoué. Cette perspective ne le réjouissait pas du tout. Il n'avait aucunement l'intention de céder le trône à son jeune rival.

Mais il suffisait de quelque récit tragique narré par les navigateurs qui faisaient escale à Iolcos pour le rassurer. Tant de navires disparaissaient dans les eaux familières de la mer d'Égée, ainsi nommée en raison de la déesse à tête de chèvre des Thraces... Rejoindre la Colchide serait très difficile. De plus, Héra aurait fort à faire là-bas pour contrer la puissance de la noire Hécate, divinité des ténèbres. Non, même avec de la chance et l'aide des dieux, Jason n'avait aucune chance de revenir.

La nouvelle de l'expédition s'était répandue dans toute la Grèce. Si Jason n'avait pas trouvé de marins assez courageux à Iolcos même, il comprit très vite qu'il n'avait guère de souci à se faire pour constituer son équipage. Ainsi que l'avait prédit Néphélé, plusieurs héros se présentèrent à lui dans les mois qui suivirent. Jason trouva très vite un pilote en la personne de Typhis, un homme originaire d'Athènes, qui avait navigué sur toutes les mers connues. Il avait même doublé le dangereux détroit qui séparait la mer du Milieu du grand océan inconnu situé vers l'ouest.

— Qui sait où se situent les limites du monde? dit-il à Jason. Les dieux eux-mêmes l'ignorent peut-être. Car là-bas, dans les brumes de ces pays lointains, les peuples n'ont jamais entendu parler d'eux. Ils vénèrent leurs propres idoles. J'ai longé les côtes quelques jours au-delà de ce détroit. J'ai réussi à parler avec les habitants. Ils ne connaissent aucune autre terre en allant vers l'ouest. Certaines légendes très anciennes affirment qu'ils existent pourtant d'autres îles, très loin vers le couchant, mais pour s'y rendre, il faudrait naviguer de jour et de nuit pendant des mois. Autant dire qu'un tel voyage est impossible! Cette immensité m'a fait peur, je n'ai pas honte de l'avouer. J'ai fait demi-tour car je craignais de ne pouvoir retrouver mon chemin.

Typhis avait dépassé les cinquante ans, âge auquel peu de marins parvenaient. Il aurait pu goûter un repos bien mérité, mais il n'y songeait pas.

— J'aime trop la mer, se justifia-t-il. À terre, je me sens comme un albatros, embarrassé de mes membres. Dès que je suis trop longtemps sans monter sur un navire, je m'ennuie à mourir. Ce voyage sera peut-être le dernier que je ferai, mais, de toute façon, je sais que mon destin est de mourir en mer.

Tandis que la construction de l'*Argo* se poursuivait, de nouveaux héros se présentaient presque chaque jour. Parmi eux se trouvaient trois grands guerriers, les deux frères Pélée et Télamon, et leur ami Eurytion. Pélée et Télamon avaient dû fuir leur pays parce qu'ils avaient tué leur plus jeune frère, Phocos, au cours d'une joute amicale. Phocos, meilleur lutteur qu'eux, leur avait lancé un défi. Il avait affirmé qu'il était capable de les vaincre en les affrontant tous les deux en même temps. Le combat qui avait suivi, pour fraternel qu'il était, n'en avait pas été moins violent, et le jeune Phocos avait succombé. Pélée et Télamon en avaient conçu une peine terrible. Leur père, désespéré, les avait chassés du royaume. Les deux jeunes gens avaient trouvé refuge à la cour du roi de Phtie, Actor, dont le fils, Eurytion, s'était lié d'amitié avec eux. Au cours d'une cérémonie rituelle, Pélée et Télamon avaient été purifiés de leur crime. Cependant, ils ne parvenaient pas à trouver le repos. Aussi voulaient-ils consacrer leur vie à une entreprise exceptionnelle, espérant accomplir des exploits en hommage à leur frère décédé. Ils avaient eu connaissance du projet de Jason et avaient aussitôt décidé de se joindre à lui. Eurytion les avait accompagnés.

Tous trois arrivèrent donc à Iolcos, précédés par la réputation de chasseur de Pélée. À ce que l'on disait, il n'avait pas son pareil dans toute la Grèce. Acaste, qui se flattait d'être le meilleur chasseur de la cité, décida de lui lancer un défi. Sûr de la victoire de son fils, Pélias organisa une expédition dans les collines situées à l'ouest de la capitale.

Mais Pélée possédait une épée magique forgée par Dédale, le fameux mécanicien athénien. Tandis qu'Acaste traquait ses proies à l'aide de son arc, Pélée les affrontait au corps à corps, poursuivant les cerfs, les ours et les sangliers pour leur livrer combat avec sa seule épée. Il se fit ce jour-là un véritable massacre parmi les animaux de la forêt. Les esclaves qui suivaient les chasseurs eurent fort à faire pour emmener les victimes.

Le soir venu, on ne comptait pas moins de deux cents bêtes abattues par les deux hommes. On forma deux tas, l'un pour Pélée, l'autre pour Acaste, et il apparut très vite que ce dernier était bien plus important que l'autre. Le fils du roi, planté fièrement devant ses trophées, jetait des regards de mépris à son adversaire, estimant ainsi avoir établi sa supériorité. Cependant, Pélée ne s'approcha pas du petit tas. Devant la cour réunie au grand complet, il demanda :

— Comment peut-on être sûr que tous ces animaux ont bien été tués par mon adversaire?

— Parce que je les ai abattus avec mon arc, s'insurgea l'autre. Mes esclaves sont témoins.

— Moi, répliqua doucement Pélée, je pense qu'il vaudrait mieux demander aux animaux eux-mêmes. Ils nous diront par qui ils ont été tués.

Acaste éclata de rire, imité par son père et par la cour. Pélée ne se démonta pas pour autant. Il s'approcha d'un cerf et lui ouvrit la bouche.

— Dis-moi, compagnon, qui est le chasseur qui t'a ôté la vie?

Intrigué par ce manège insolite, le roi et sa cour s'approchèrent. On constata alors que le cerf n'avait plus de langue.

— Qu'est-ce que cela signifie? s'exclama Pélias.

— J'ai pris la précaution de trancher la langue de tous les animaux que j'ai abattus, et je les ai gardées dans ma gibecière, répondit Pélée. Il sera ainsi facile de savoir combien chacun en a tués.

Acaste poussa un terrible juron. Ce maudit Pélée s'était joué de lui. En effet, après vérification, on constata que près des trois quarts des animaux prétendument abattus par Acaste l'avaient été par Pélée.

Alliant la force à l'intelligence, Pélée était une excellente recrue. À sa suite, on vit arriver les Dioscures, les puissants jumeaux Castor et Pollux. Tous deux, officiellement, étaient fils du roi Tyndare et de la reine Léda à la beauté légendaire. Une rumeur assurait cependant qu'elle avait été aimée par Zeus et que Pollux, le plus fort des jumeaux, était le fils du dieu de la foudre.

Ces redoutables combattants avaient pour adversaires, depuis toujours, un autre couple de jumeaux célèbres, Idas et Lyncée à l'œil perçant, fils du roi Apharé et de sa demi-sœur, la douce Aréné. Comme Pollux, Idas avait un père divin, le grand Poséidon, maître des mers. Un différend avait opposé autrefois les quatre hommes. Lyncée devait épouser Phœbé, prêtresse d'Athéna, tandis que son frère devait prendre pour femme Hilarea, prêtresse d'Artémis. Mais les Dioscures avaient enlevé les deux fiancées et les avaient épousées, provoquant la colère de Lyncée et d'Idas. Il s'était ensuivi de violents combats, dont personne n'était sorti vainqueur. Cette rivalité aurait continué longtemps sans la venue d'un voyageur qui avait fait part aux jumeaux batailleurs du projet de Jason. Aussitôt intéressés, ils avaient décidé de conclure une trêve pour s'embarquer à bord de l'*Argo*.

Ensuite arriva Méléagre l'immortel.

12

Méléagre l'immortel

Méléagre était un jeune homme d'une grande beauté, qui déclencha aussitôt un intérêt très vif parmi les jeunes filles d'Iolcos. Cependant, elles furent très vite désappointées, car, dès qu'il vit Atalante, il n'eut plus d'yeux que pour elle.

— Sois le bienvenu, Méléagre, lui dit Jason en l'accueillant à bras ouverts.

Le nouveau venu dégageait une grande sympathie. Il avait des yeux moqueurs et paraissait s'amuser de tout. Dès son arrivée, il fit une proposition étonnante à Jason.

— J'aimerais te montrer de quoi je suis capable! Prends ton arc et tire une flèche sur moi.

Déconcerté, Jason répondit :

— Mais je ne peux pas faire une chose pareille. Tu n'es pas mon ennemi.

— Moi, je vais le faire, intervint Atalante, qui trouvait Méléagre un peu fanfaron.

Le jeune homme éclata d'un rire clair, puis ôta sa tunique en déclarant :

— Vise le cœur!

Atalante secoua la tête en levant les yeux au ciel. Elle n'avait pas l'intention de le toucher au cœur. Mais une flèche plantée dans l'épaule serait une bonne leçon. Elle recula d'une cinquantaine de pas, ajusta son tir et décocha un trait précis qui vint se planter au-dessus du pectoral gauche. Méléagre poussa un léger cri. Puis, d'un geste sûr, il arracha la flèche. Stupéfait, Jason et les autres virent alors sa blessure se refermer d'elle-même comme par magie.

— Ça alors! s'écria Atalante, revenue vers eux.

— Je suis immortel, s'exclama joyeusement Méléagre. Toutes les blessures que l'on m'inflige guérissent instantanément, même les plus graves comme les brûlures.

Il fixa Atalante dans les yeux.

— Pourquoi as-tu raté ta cible?

Furieuse, Atalante répliqua :

— Je ne l'ai pas ratée! Si j'avais voulu te toucher au cœur, je l'aurais fait. Mais je n'ai pas voulu, de peur de te blesser gravement.

— Tu viens pourtant de le faire. Éros, lui, n'a pas hésité à me frapper en plein cœur.

Atalante récupéra sa flèche avec une moue de dédain et s'éloigna, aussitôt suivi par Méléagre. Jason les regarda s'éloigner, amusé. Puis il demanda à Orphée, resté près de lui :

— D'où lui vient cette particularité?

— Méléagre est le fils du roi Oenée et de son épouse Althée, expliqua le poète. On dit que lorsqu'il eut sept jours, les Moires[1] apparurent dans sa chambre. Elles désignèrent à la jeune mère une branche qui brûlait dans l'âtre et déclarèrent : « Ton fils vivra tant que ce tison ne sera pas consumé! » Puis elles disparurent comme elles étaient venues. Effrayée, Althée prit un seau d'eau et inonda l'âtre pour arrêter la combustion de la branche. Puis elle l'enferma dans un coffre qu'elle ferma à clé. Elle jeta ensuite la clé dans l'immensité la mer. Ainsi, depuis ce jour, Méléagre est censé être immortel.

Méléagre n'avait pas été long à déclarer sa flamme à Atalante. Cependant, même s'il l'amusait beaucoup, elle ne se

---

[1] Les Moires : appelées Parques par les Romains, ces divinités étaient liées au destin de chaque être humain. Elles étaient trois. Clotho, dévidait le fil de la vie, Lachésis assignait à chacun son destin, et Atropos, l'impitoyable, tranchait le fil.

laissa pas convaincre par son exubérance. Elle lui répondit, comme aux autres, qu'elle n'épouserait que l'homme capable de la battre à la course. Excellent coureur, jamais vaincu dans le royaume de son père, Méléagre releva aussitôt le défi.

On organisa donc une course dans l'arène d'Iolcos. Il fallait accomplir quatre tours de piste. Pélias donna le départ, espérant secrètement que le nouveau venu rabaisserait l'arrogance d'Atalante, qu'il n'aimait guère. Dès que les deux coureurs s'élancèrent, les spectateurs constatèrent que la réputation du jeune homme était fondée. Il était très résistant, et vif comme le lion en train de charger. Mais Atalante était encore plus rapide. À chaque tour, malgré les efforts désespérés de son adversaire, elle prenait de l'avantage. Elle franchit la ligne d'arrivée avec plus de dix longueurs d'avance sur lui, sous les applaudissements de la foule et une grimace du roi.

Malgré son échec, Méléagre continua à faire une cour assidue à Atalante, qui ne l'écoutait guère. Mais, comme elle adoptait la même attitude avec tous, il fit contre mauvaise fortune bon cœur.

Après Méléagre, on vit arriver un autre fils de Poséidon, Erginos, et un marin, Ancée. Tous deux connaissaient, comme Typhis, l'art du pilotage. Suivirent les devins, Idmon et Amphiaros. Deux futurs Argonautes attirèrent l'attention lorsqu'ils se présentèrent. Contrairement aux autres, ils ne débarquèrent pas d'un bateau mais arrivèrent par les airs, car tous deux étaient pourvus d'une paire d'ailes. Ils avaient noms Calaïs et Zétès, et ils étaient les fils du vent du nord, Borée. Les filles d'Iolcos furent sensibles à ces nouveaux venus, car ils étaient aussi beaux que Méléagre, et, contrairement à lui, ils ne tombèrent pas amoureux d'Atalante. Orphée conta leur histoire à Jason.

— Depuis toujours, expliqua-t-il, Borée aimait une mortelle, Orithye. Il avait tout fait pour tenter de fléchir son père, Érechtée, le roi d'Athènes, qui reprochait à Borée la froideur de son souffle, et refusait obstinément de lui donner sa fille. Orithye, quant à elle, était attirée par cet être étrange, ce séducteur divin aux yeux d'un bleu métallique qui apparaissait chaque nuit dans ses rêves. Un beau jour, Borée, désespéré, passa outre l'accord d'Érechtée et enleva Orithye. Il l'emmena dans son lointain royaume, situé au-delà des montagnes du Nord, et il l'épousa. Quatre enfants naquirent de leur union, dont les jumeaux Calaïs et Zétès, capables de voler.

Calaïs et Zétès ne furent pas les derniers à rejoindre Jason. Vinrent Périclyménos, qui avait reçu le don de se métamorphoser, Polyphème, un géant placide presque aussi grand qu'Héraclès, Échéion, qui fut choisi par Jason comme héraut, Boutès le séducteur, si charmant que l'on murmurait que la déesse Aphrodite elle-même l'avait remarqué. Bientôt, une cinquantaine de guerriers renommés furent réunis à Iolcos. Les Argonautes étaient presque au complet. Restait à achever le navire. Mais l'*Argo* prenait vite forme, tous les membres de l'expédition participant aux travaux.

Un jour, on annonça l'arrivée du roi d'un royaume voisin, Admète de Phères. Alceste, la fille aînée de Pélias, confia son émotion à Atalante, avec laquelle elle s'était liée d'amitié. Le jeune roi avait rendu visite à son père deux ans plus tôt. Elle lui avait trouvé si belle allure qu'elle en était tombée amoureuse. Avec la complicité de sa nourrice, elle avait réussi à le rencontrer seule à seul juste avant qu'il ne reparte.

— Il m'aime, lui aussi, dit-elle.

La jeune fille soupira.

— Malheureusement, mon père est trop possessif avec moi. Il espère me garder toujours près de lui. C'est pour cette raison qu'il a imposé à mes prétendants une épreuve horrible qui a déjà coûté la vie à tant de jeunes hommes. Il a décrété que seul serait digne de m'épouser l'homme capable d'atteler au même joug un lion et un sanglier, et de leur faire labourer un champ. Lorsqu'il l'a appris, Admète a voulu la subir. Je l'ai persuadé de n'en rien faire, car je sais qu'aucun homme ne pourra réussir sans l'aide des dieux. Il a fini par se rendre à mes raisons, mais il m'a juré de revenir et de tout faire pour que je sois à lui. J'ai grande joie à le revoir aujourd'hui, mais je redoute qu'il ne veuille relever le défi. Je crains pour sa vie.

13

Admète et Alceste

Les craintes d'Alceste se révélèrent vite fondées. Dès son arrivée, le roi Admète de Phères se présenta devant Pélias et lui fit part de son désir de tenter l'épreuve imposée pour obtenir la main de la jeune fille. Admète était un homme de belle allure, au visage franc et loyal. Il inspira aussitôt de la sympathie à Jason, qui assistait à l'entrevue. Lorsqu'il eut entendu sa demande, Pélias se montra réservé :

— Les rois de Phères ont toujours été les alliés d'Iolcos, dit-il. Je n'ai pas envie que l'actuel souverain perde la vie en s'imposant une épreuve si difficile. Es-tu bien certain de vouloir la tenter?

— Plus que jamais, seigneur Pélias! Sans Alceste, la vie me semblera un fardeau trop lourd à porter.

— Sais-tu bien qu'en cas d'échec, et si tu n'as pas été tué au cours de l'épreuve, tu seras mis à mort par mes archers, et ton corps sera démembré.

— J'accepte cette condition.

L'assurance du jeune roi agaça quelque peu Pélias. Pour qui se prenait cet arrogant? Il grogna :

— C'est bien. J'allais finir par croire qu'il n'y avait plus d'hommes courageux en Thessalie. Tu subiras donc l'épreuve dès demain. À présent, sois le bienvenu à Iolcos.

Le soir, à la fête donnée par le roi en l'honneur des derniers Argonautes arrivés, Admète retrouva discrètement Alceste dans le parc.

— Mon bien-aimé, dit-elle, je t'en conjure, abandonne ce projet. Personne n'a jamais accompli un tel exploit. Les os de tous ceux qui l'ont tenté blanchissent sur les murailles d'Iolcos. Jamais je ne pourrais supporter de te voir subir le même sort. Si tu es tué, je me donnerai la mort.

Admète lui prit les mains avec passion.

— Alors, sèche tes larmes et laisse-moi une chance de prendre ton père en défaut.

— Mais aucun mortel ne peut réussir…

— C'est vrai, et je suis un simple mortel. Cependant, je voudrais que tu me gardes ta confiance.

Il avait l'air si sûr de lui que la jeune fille eut envie de le croire. Mais cette nuit-là, elle ne put trouver le sommeil.

Le lendemain, suivant les exigences de Pélias, Admète quitta Iolcos afin de capturer un lion et un sanglier. Héraclès, ayant eu vent de l'histoire, voulut à toutes forces lui venir en aide. Pélias aurait voulu le lui interdire, mais… il était plus prudent de ne pas s'opposer à la volonté du géant.

Les deux compères revinrent le surlendemain, suivis par deux animaux d'une taille surprenante, qui semblaient totalement soumis au jeune roi. Plus tard, Héraclès confia son dépit à Jason :

— Je n'ai même pas eu à les assommer. Ils se sont couchés devant lui en gémissant comme des chiots après leur mère. Je me demande quelle sorcellerie il y a derrière tout ça.

Pélias cacha mal sa déconvenue. Peu d'hommes avaient réussi à prendre vivants semblables bêtes féroces. Et les deux monstres rapportés par Admète étaient de loin les plus puissants qu'il eût jamais vus. Il commença à redouter de perdre sa fille. Mais c'était une chose de les capturer, c'en était une autre de leur faire labourer un champ.

Deux jours plus tard eut lieu la seconde épreuve. Personne ne l'avait passée avec succès. Les rares fois où un chasseur particulièrement habile avait réussi à capturer un lion et un sanglier, il avait été mis en pièces en tentant de leur passer le joug. Ou bien le lion se jetait sur le sanglier pour le dévorer et cet échec entraînait immédiatement la mise à mort du concurrent, abattu d'une volée de flèches.

Installé sur la grande estrade que l'on avait dressée en lisière du champ afin que la cour pût profiter du spectacle, Pélias se rassurait. Cette terre était inculte, les pierres étaient abondantes et si ce maudit Admète parvenait à atteler les deux bêtes ensemble, jamais il ne réussirait à leur faire labourer un sol aussi ingrat.

Jason et les Argonautes, inquiets pour le jeune roi, s'étaient rendus sur place, bien décidés à intercéder en sa faveur au cas où il échouerait. Mais Admète semblait sûr de lui. On le vit parler avec douceur aux animaux.

— Mais qu'est-ce qu'il leur dit? grommela Pélias, de mauvaise humeur.

Près de lui, Alceste tenait la main de sa mère en tremblant. Polycasté, qui aimait beaucoup sa fille, mais d'une manière moins exclusive que son père, n'osait pas regarder. Elle détestait ces épreuves stupides et cruelles. Mais elle n'avait pas assez de force pour s'opposer à la volonté de son mari.

La foule retenait son souffle. Pélias, avait levé le bras, prêt, à la moindre erreur du jeune roi, à donner l'ordre de le cribler de flèches à ses archers, postés en surplomb du champ, sur un rocher.

Mais Admète ne s'en émut pas. Il commença par passer le joug au lion. Celui-ci se rebella un peu, mais il suffit que son maître posât la main sur sa crinière pour qu'il se calmât. Puis ce fut le tour de l'énorme sanglier, qui se coucha sans résistance. Quelques instants plus tard, les deux animaux étaient attelés à la charrue. Pélias fit entendre un grognement de rage. Cet homme était un sorcier! Domptés par la seule parole du jeune homme, le lion et le sanglier se mirent en marche d'un pas égal, creusant dans le sol rocailleux un sillon d'une rectitude parfaite. Sans faiblir, l'étrange attelage parcourut ainsi les deux tours du champ imposés par l'épreuve. Lorsqu'Admète eut terminé, une formidable ovation s'éleva de la tribune. Le roi, faisant contre mauvaise fortune bon cœur, baissa lentement le bras. Sur le promontoire rocheux, les archers baissèrent leurs arcs. Puis, les yeux brillants, Pélias pressa Alceste, plus morte que vive, sur sa poitrine et lui dit :

— Je crois que tu as trouvé un mari, ma fille.

— Sois rassuré, mon père. J'aime Admète. C'est un roi juste et plein de noblesse.

Pélias ne répondit pas.

Lorsqu'Alceste retrouva Admète, elle demanda :

— À chaque instant, j'ai cru te voir mourir. Comment as-tu réussir à accomplir un tel prodige?

— Je t'expliquerai tout cette nuit, si tu me retrouves au temple d'Apollon.

— J'y serai.

Plus tard dans la nuit, Alceste quitta le gynécée et se rendit au temple du dieu guérisseur, situé dans le fond du parc. Parce qu'il était préférable de se concilier les bonnes grâces de la divinité, il était relativement bien entretenu, mais, malgré tout, des lézardes zébraient les murs, et une végétation abondante cernait les alentours. Lorsqu'elle arriva, Admète l'attendait déjà. Ils s'embrassèrent longuement, puis pénétrèrent dans le temple plongé dans la pénombre.

Le jeune roi avait apporté des coupes de vin et des fruits qu'il déposa sur l'autel. Puis il prit Alceste par la main et expliqua :

— Jamais je n'aurais pu réussir une telle épreuve tout seul. Apollon m'a apporté son aide. Il estimait qu'il avait une dette envers moi.

— Comment ça?

— C'est une histoire compliquée. Autrefois, son fils, Asclépios, a réussi à rendre la vie à un mort. Hadès, qui s'était ainsi vu privé d'une âme, a demandé réparation à Zeus. Celui-ci n'a pas voulu le mécontenter et il a foudroyé Asclépios et le ressuscité. La disparition de son fils a rendu Apollon fou de douleur et il s'est vengé en tuant les Cyclopes, qui étaient les armuriers de Zeus. Le seigneur de la Foudre a voulu le bannir pour toujours dans le Tartare, mais Leto, la mère d'Apollon, est intervenue en sa faveur. Elle a réussi à faire revenir Zeus sur sa décision, et Apollon n'a été condamné qu'à une année d'esclavage. Il fut décidé qu'il purgerait sa peine au royaume de Phères. C'est ainsi qu'un jour, je vis arriver un homme d'une taille exceptionnelle et d'une rare beauté. Il émanait de lui une sorte de lumière. J'ai tout de suite compris qu'il s'agissait d'un dieu. Il se présenta et me raconta son histoire. Zeus l'avait condamné à devenir mon esclave. Bien sûr, je n'ai pu me résoudre à le traiter comme tel. Il a gardé mes troupeaux pendant une année, mais je l'ai reçu chaque jour à ma table comme un hôte de marque. C'est un dieu courtois et généreux, d'une compagnie agréable, et je garde d'excellents souvenirs de son séjour. Au bout d'un an, sa peine achevée, il est reparti pour l'Olympe. Mais, avant de me quitter, il a juré sur le Styx de m'accorder son aide si un jour j'en avais besoin. J'ai aussitôt pensé à l'épreuve qu'imposait Pélias à tes prétendants et je lui en ai parlé. Il m'a confirmé qu'il m'assisterait et que je triompherais. Et c'est ce qu'il a fait. Voilà pourquoi je voulais lui faire des offrandes ce soir.

Alceste éclata d'un rire joyeux, puis se jeta dans ses bras.

— N'en parle jamais à mon père, dit-elle. Il dirait que tu as triché.

Admète de Phères devait épouser Alceste sans plus tarder. Dès le lendemain, Pélias, la mort dans l'âme, organisa les noces. Malgré sa jalousie, il reconnaissait que le jeune roi ne manquait pas de courage. De plus, c'était un compagnon agréable et il semblait très amoureux de sa fille. Pélias ne savait s'il devait s'en réjouir ou s'en contrarier. Il lui coûtait de voir sa fille préférée aimer un autre homme que lui. Mais fallait-il pour cela lui souhaiter d'être tombée sur un mauvais mari?

Tandis que le roi d'Iolcos gardait sombre figure, toute la ville pavoisait et festoyait. Malgré la tristesse du souverain, le repas de noces qui suivit fut joyeux et copieusement arrosé. Puis Admète dut attendre que les femmes du gynécée aient préparé son épouse avant de la rejoindre dans la chambre nuptiale. Dévoré d'impatience, le jeune roi quitta l'assemblée dès que la nourrice d'Alceste lui eut fait savoir que sa maîtresse était prête. Il gagna en courant l'aile du palais, où Pélias avait fait préparer un appartement pour les jeunes mariés.

Mais, lorsqu'il pénétra dans la chambre, une surprise épouvantable l'attendait. À la lueur des lampes à huile et des torches, il distingua, sur le lit nuptial, à la place de sa femme, une masse grouillante de serpents.

14

La colère d'Artémis

Quel spectacle horrible! Quelqu'un lui avait certainement fait une farce! Alceste était cachée quelque part, et elle devait bien se moquer de lui. Mais pourquoi avait-elle fait cela? Avec la complicité de qui? Ce n'était pas très drôle.

Il appela son épouse en hurlant, puis se mit à courir dans tout le palais à sa recherche. Mais elle demeura introuvable. Fou de douleur, il finit par comprendre que, pour une raison incompréhensible, elle s'était métamorphosée en un nid de serpents. Affolé, il revint dans la salle du trône, où il fit part aux autres de ce qui s'était passé.

— Les dieux se sont vengés! s'exclama Pélias, furieux. Jamais je n'aurais dû consentir à cette union!

Æson l'apostropha :

— Tout doux, mon frère! Ne crois-tu pas que tu portes la responsabilité de cette vengeance à cause de cette épreuve cruelle qui a déjà coûté la vie à tant de jeunes hommes? C'est toi que les dieux ont voulu frapper par l'intermédiaire de ta fille!

Mais Atalante, disciple de la déesse de la chasse, avait une petite idée de ce qui avait pu se passer. Elle prit Admète par le bras et l'entraîna hors de la salle, tandis qu'une vive discussion opposait les deux frères.

— Dis-moi, n'aurais-tu pas oublié d'offrir à Artémis les sacrifices que lui doit tout jeune marié lorsqu'il s'apprête à prendre la virginité de sa femme? demanda-t-elle à Admète.

Il se frappa le front, épouvanté.

— Par tous les dieux, tu as raison! J'ai oublié Artémis! Jamais elle ne me pardonnera.

— Il n'est peut-être pas trop tard. Viens!

Elle l'entraîna vers le temple de la déesse de la chasse, situé tout près de celui d'Apollon. Au-dehors, la nuit avait pris une teinte rouge. Ils en comprirent très vite la cause. Dans un ciel où couraient des nuages pressés par un vent violent, la lune, visible par intermittence, avait pris la couleur du sang. Il sembla à Admète qu'une main glacée lui broyait le cœur.

— Oh, gémit-il, elle est très en colère!

Parvenu au temple, il se jeta à plat ventre, implora le pardon de la déesse, offrit en sacrifice deux somptueux béliers issus de ses troupeaux, qui furent aussitôt amenés par ses guerriers. Le sacrifice accompli, Admète et Atalante coururent jusqu'à la chambre. Mais Alceste n'avait pas retrouvé sa forme humaine. Les serpents surgis de sa métamorphose commençaient à se répandre un peu partout, faisant fuir les esclaves épouvantés. Pélias avait donné l'ordre aux gardes de ne tuer aucun des reptiles, de peur de blesser sa fille. Une atmosphère de folie s'emparait peu à peu du palais.

Admète, désespéré, revint au temple, toujours accompagné d'Atalante. Il se tordit les mains en gémissant :

— Que puis-je faire? Que puis-je faire? Si Alceste ne retrouve pas sa forme humaine, j'irai me jeter du haut de la falaise d'Iolcos.

Atalante le prit par les épaules et le secoua.

— Arrête de pleurer! Il reste encore une solution. Va implorer l'aide d'Apollon. Alceste m'a dit qu'il a déjà fait preuve d'amitié envers toi. Lui seul peut intercéder auprès de sa sœur.

Aussitôt, une lueur d'espoir s'alluma dans les yeux du jeune marié. Suivi d'Atalante, il se précipita dans le temple du dieu guérisseur et se prosterna devant son autel.

— Grand dieu! Par pitié, aide-moi! J'ai offensé ta divine sœur et elle refuse de me pardonner. Je sais que tu m'as déjà apporté ton aide, mais elle n'aura servi à rien si je perds la femme que j'aime.

Il avait à peine terminé qu'une lumière intense illumina l'intérieur du temple. Puis une silhouette magnifique se matérialisa : Apollon. Le dieu guérisseur le releva et lui sourit.

— Artémis est très susceptible en ce qui concerne la virginité des jeunes filles. Mais elle ignore quel hôte généreux tu as été pendant cette année d'esclavage imposée par Zeus. Je vais tenter de fléchir sa colère. Accorde-moi quelques instants.

D'un coup, Admète sentit une bouffée de joie l'envahir. Apollon était très puissant. Il allait réussir. Le dieu se rendit dans le temple consacré à Artémis, suivi par Admète et Atalante. Sur l'autel reposait un thronos [1] de marbre où était assise une statue à la ressemblance de la déesse vierge. Tout autour se dressaient des sculptures d'animaux, cerf, sanglier, chevreuil, lièvre, ours, lynx. Apollon inclina la tête devant l'effigie.

— Ô ma sœur bien-aimée, dit doucement Apollon, je te conjure d'accorder ton pardon à l'homme qui t'a offensé ce soir. C'est lui dont je t'ai parlé, grâce à qui mon année d'exil sur Terre a été douce. Il ne mérite pas un tel châtiment.

L'instant d'après, la statue de marbre se mit à luire d'un éclat doré identique à celui du dieu guérisseur, et une femme d'une grande beauté apparut, qui toisa Admète, le regard lourd de reproches. Puis elle se leva, s'approcha, et posa sa main sur l'épaule du jeune roi.

— Tu as en mon frère le plus ardent des défenseurs. Je vais donc revenir sur la punition que je t'ai infligée. Et pour te

---

[1] Thronos : Siège de marbre ou de bois massif, comportant un dossier et des accoudoirs. Dans les temples, il accueillait les divinités. Dans les demeures, il revenait au maître de maison.

récompenser d'avoir offert ton aide à Apollon, je vais faire plus. Lorsque sera venu pour toi le moment de rejoindre le royaume des morts, tu pourras prolonger ta vie si une personne que tu aimes s'offre à prendre ta place.

Admète, trop heureux à la perspective de revoir très vite Alceste, remercia la déesse ainsi que son bienfaiteur. Puis les divinités disparurent et la lumière d'or qui baignait le temple d'Artémis s'estompa. Un peu inquiet, Admète courut vers la chambre nuptiale, toujours suivi d'Atalante. Les serpents échappés dans les couloirs avaient disparu comme par enchantement. Tremblant de la tête aux pieds, il hésitait à franchir le seuil, redoutant de tomber une nouvelle fois sur les reptiles. Atalante l'encouragea à entrer, puis se retira.

Enfin, Admète se décida et pénétra dans la chambre. Il crut que son cœur allait éclater lorsqu'il vit que sa jeune femme l'attendait, allongée sur le lit, comme si rien ne s'était passé. Elle était vêtue d'une étoffe si légère qu'elle ne dissimulait rien de son corps magnifique. Il s'avança jusqu'au lit, vivement ému. Alceste lui tendit les bras.

À en croire le visage radieux du jeune marié le lendemain matin, cette nuit de noces avait été une réussite totale. Dès son réveil, il convoqua le capitaine de sa garde afin qu'il se rende à Phères pour y quérir les plus belles bêtes de ses troupeaux. Il désirait faire un autre sacrifice aux deux divinités. Toutefois, le second présent de la déesse Artémis le laissait perplexe. Il s'en ouvrit à Jason.

— Est-ce une nouvelle épreuve qu'elle m'impose? Comment pourrais-je accepter de voir mourir un être que j'aime à ma place. C'est impossible. Les dieux ont parfois des idées étranges.

Admète avait tenu à ce que les sacrifices fussent pratiqués à Iolcos. Il resta ainsi un peu plus longtemps qu'il ne l'avait prévu dans la capitale de la Thessalie. Durant ce séjour, l'amitié le rapprocha de Jason et de ses compagnons, et particulièrement d'Atalante, dont les conseils lui avaient été si précieux.

— J'aurais aimé avoir une sœur qui te ressemblât, lui dit-il un jour.

Voir les Argonautes préparer leur expédition fit naître en lui l'idée d'y participer. Il avait toujours rêvé d'accomplir de grands exploits et de naviguer au-delà de son petit royaume. Mais il lui coûtait trop de laisser son épouse seule. De son côté, celle-ci, à qui la finesse ne manquait pas, comprit très vite les envies inavouées de son mari.

— Il n'ose m'en parler, confia-t-elle à Atalante. Mais je sais qu'il en souffre.

— Alors, parle-lui, toi, répondit Atalante.

— Mais je ne veux pas le voir partir si loin, et pour si longtemps. Et s'il ne revenait pas...

— Il n'y a qu'une manière de remédier à cela. Viens avec nous.

— M'embarquer sur l'*Argo?* Mais je suis une femme. Ils ne voudront jamais.

— Moi aussi, je suis une femme. Ce n'est pas une raison pour obéir aveuglément aux hommes. C'est à toi de décider si tu as envie de nous suivre ou non.

Alceste la regarda avec admiration. Personne ne semblait capable de dicter sa conduite à la jeune chasseresse.

— J'aimerais te ressembler, dit-elle soudain. Bien sûr, j'ai envie de venir, mais je ne sais pas me battre. A Iolcos, les femmes ne manient pas les armes.

— Eh bien, il faut apprendre. Si tu veux, je peux t'aider. J'aimerais beaucoup que tu viennes. Sinon, je serai la seule femme de l'expédition.

Dans les jours qui suivirent, Atalante prit la formation d'Alceste en main. Chaque matin, les deux jeunes femmes s'éloignaient de la ville afin de ne pas attirer l'attention des autres. En quelques semaines, Alceste devint, elle aussi, une redoutable combattante. La princesse apprit ainsi à tirer à l'arc, à manier le glaive, la lance et le poignard. Atalante lui enseigna aussi le lancer des « pointes », sortes de disques de bronze hérissés de lames triples auxquelles il fallait imprimer un mouvement giratoire très rapide. Elle s'y montra particulièrement adroite.

Mais le plus dur restait à faire : convaincre Admète d'accompagner les Argonautes. Alceste profita d'une nuit où de grands moments de tendresse les avaient réunis. Fine mouche, elle sentait bien que son mari brûlait de lui faire part de son envie de suivre ses amis. Elle décida de faire comme si cela était un fait acquis. D'un air faussement innocent, elle demanda :

— Quand partons-nous sur l'*Argo?*

Soufflé, Admète ne sut que répondre. Il se tourna vers elle. Jamais elle n'avait été plus belle. En lui se livrait une terrible bataille. Partir, c'était l'abandonner pendant plusieurs années. Rester, c'était dire adieu à ses rêves de voyage et d'aventure.

— Que… que veux-tu dire?

— Tu passes tant de temps en compagnie de Jason… Je croyais que tu l'avais convaincu de nous emmener.

La tranquille assurance de son épouse le désarçonnait. Il répondit :

— Il est vrai que Jason me l'a proposé, mais je ne lui ai pas encore donné de réponse. Mais qu'entends-tu par : quand partons-nous? Envisagerais-tu de venir avec moi?

— Bien sûr! Il n'est pas question que je reste ici à t'attendre.

— C'est impossible! Tu ne te rends pas compte! Le voyage va durer sans doute plusieurs années, et les dangers que les Argonautes vont affronter sont terrifiants.

— Tant pis! Crois-tu que je vivrai pendant ces années d'absence? Ma vie se réduira à trembler chaque jour en attendant ton retour. Je ne t'ai pas épousé pour cela! Tandis que si je t'accompagne, peu importe que nous mourions. Nous serons ensemble.

Un grand froid envahit Admète. Le présent étrange de la déesse Artémis lui revint en mémoire. Il sentait qu'Alceste l'aimait assez pour offrir de périr à sa place le moment venu. Mais il eut beau opposer toutes sortes d'arguments, rien n'y fit.

Alceste avait décidé qu'ils partiraient tous deux à bord de l'*Argo* et il n'y avait pas à revenir là-dessus.

— Mais enfin, objecta-t-il, tu ignores tout du combat. Que feras-tu si nous sommes attaqués?

— Eh bien, je me battrai!

— Tu te battras? riposta-t-il avec ironie. Et avec quoi?

— Un glaive, une lance, un arc.

— Tu n'en as jamais touché de ta vie.

Pour toute réponse, elle se leva — spectacle d'autant plus charmant qu'elle ne portait rien sur elle -, et alla fouiller dans un coffre. Elle en sortit quelques pointes et déclara :

— J'ai ceci également.

Elle en choisit une et se tourna vers le mur opposé, sur lequel un cordon retenait une tenture. À la manière dont Alceste manipulait l'arme, Admète commença à se poser des questions. La jeune femme déclara :

— Si je fais choir cette tenture avec une seule pointe, nous partons avec Jason. Si j'échoue, nous restons.

C'était on ne peut plus clair. Admète apprit ainsi une chose très importante sur son épouse : elle savait ce qu'elle voulait et il était inutile de tenter de la faire changer d'avis. Émerveillé, il la vit ajuster son tir. Puis la pointe jaillit de sa main fine. L'arme fit entendre un léger sifflement. L'instant d'après, le cordon était tranché net et la lourde tenture tomba au sol. Admète ne put masquer son admiration face à l'assurance et l'adresse dont Alceste avait fait preuve. Beaucoup d'hommes lui auraient envié la précision de son geste. La jeune femme eut un léger sourire.

— Je crois que tu vas pouvoir donner une réponse positive à Jason. Nous partons avec les Argonautes.

15

Le départ

Quelques jours plus tard, l'*Argo* quittait Iolcos. La plus grande partie de la population de la cité s'était rassemblée sur le port pour assister au départ. Cet équipage de héros portait l'espoir de retrouver la protection et la bienveillance du roi des dieux et la prospérité d'autrefois.

Jason n'avait fait aucune difficulté devant la candidature d'Alceste, vigoureusement appuyée par Atalante. Cependant, certains Argonautes avaient protesté, arguant que la place d'une femme n'était pas sur un navire. Mais, avec patience, Jason avait su leur faire entendre raison.

— Vous avez bien accepté Atalante. Pourquoi pas Alceste? Vous avez pu constater qu'elle sait combattre.

— Atalante, c'est différent. Elle court plus vite qu'aucun d'entre nous. Elle ne se plaint jamais ct clle est courageuse.

— Alceste manie les pointes bien mieux que vous! Et je suis persuadé que, sur le plan du courage, elle n'a rien à vous envier. Elle a sa place parmi nous.

D'autres Argonautes, comme Orphée et Héraclès, avaient au contraire soutenu la candidature de la jeune femme. Les opposants, en minorité, avaient fini par baisser pavillon.

Ainsi Alceste fut-elle acceptée. Dans la foule, et surtout parmi les membres de la cour royale, on n'osait commenter le fait que le seul représentant de la cité d'Iolcos parmi les Argonautes était une femme. Aucun homme de la ville ne s'était montré assez brave pour proposer ses services à Jason. Acaste avait un moment hésité. Mais, Toison d'or ou pas, il était l'héritier de Pélias et ne voulait pas risquer de perdre son futur trône pour courir une aventure aussi dangereuse et incertaine.

Jason eut du mal à quitter ses parents. À peine venait-il de découvrir sa famille qu'il devait lui dire adieu. Mais il avait choisi son destin.

Le roi Pélias affichait un visage douloureux. Alceste était la personne qu'il aimait le plus au monde et la voir partir lui déchirait le cœur. Il avait tenté de la dissuader de se lancer dans l'aventure, sans succès. Depuis toujours, elle avait fait preuve d'un caractère volontaire, à l'inverse de ses deux sœurs, Évadné et Amphinomé, jeunes écervelées uniquement préoccupées de leurs petites personnes. Ce maudit Admète ne s'y était pas trompé. Alceste ferait une excellente reine.

Longtemps, le roi resta à contempler l'*Argo* s'éloigner sur les flots. Lorsqu'il eut disparu à l'horizon de la baie d'Iolcos, Pélias se tourna vers son confident, les yeux rougis par les larmes et la lumière du couchant.

— Ils ne reviendront jamais, souffla-t-il, la gorge nouée.

Paphos en fut bouleversé. Ce tyran cruel et calculateur, qu'il servait avec dévotion autant par peur que par intérêt depuis si longtemps, était donc capable de sentiments humains…

Pendant les quatre mois qu'avait duré la construction de l'*Argo,* Jason avait eu l'occasion de se familiariser avec le commandement. L'enseignement empreint de sagesse de Chiron lui avait permis de se faire apprécier de ces hommes qui s'étaient spontanément rangés sous sa bannière. Constitué de personnalités aussi puissantes, l'équipage de l'*Argo* ne ressemblait à aucun autre. Chacun de ses membres était un prince ou un homme d'importance, peu habitué à recevoir des ordres. De plus, des querelles anciennes opposaient certains Argonautes, comme Castor et Pollux à Lyncée et Idas. S'ils avaient décidé d'oublier pour un temps leurs différends, ceux-ci pouvaient toujours resurgir.

Mais le vieux centaure avait enseigné au jeune prince l'art d'écouter les autres, puis de s'imposer avec bon sens. Malgré son jeune âge, il bénéficiait d'une autorité naturelle, et même des hommes comme Héraclès lui obéissaient sans discuter.

À bord, chacun était logé à la même enseigne, y compris Jason qui assurait comme les autres sa part de travail à la rame. Seuls Orphée et Typhis étaient dispensés de cette corvée. Le premier donnait la cadence de nage à l'aide d'un tambourin en peau de chèvre tandis que le second pilotait.

Des nuées de goélands et d'albatros accompagnaient le navire filant vers l'orient. Comme tous les autres navires, l'*Argo* ne naviguait que de jour. On se contentait en général de longer les côtes. On ne se risquait pas en haute mer sans être sûr de trouver une île où passer la nuit. Les pilotes compétents comme Typhis étaient très recherchés. Certains marins venus de la lointaine Phénicie prétendaient qu'il était possible de se repérer la nuit grâce à la position des étoiles, mais comment les croire? Ce n'étaient que des marchands qui adoraient un dieu cruel du nom de Baal. Chacun savait que les cieux étaient habités par les êtres surnaturels que Zeus y avait placés : Callisto et son fils Arcas, devenus la grande et la petite Ourses, Orion le chasseur, le héros Persée, vainqueur de la terrible Méduse, son épouse, la belle Andromède, les Hyades, qui avaient élevé le dieu du vin, Dionysos, et tant d'autres. Cependant, il n'y avait pas que des héros sans taches parmi ces habitants du ciel. Comment être sûr qu'ils ne réserveraient pas un tour à leur façon aux marins? Il valait mieux faire confiance à Hélios, le soleil.

Les escales nocturnes permettaient non seulement de s'abriter des monstres qui rôdaient la nuit sous les flots noirs, mais aussi de nouer des liens d'amitié avec les autochtones… ou bien de piller leurs villages s'ils se montraient inhospitaliers. Par précaution, les petites agglomérations étaient rarement situées en bord de mer, dans des endroits facilement défendables, à flanc de montagne ou dans une vallée protégée par un étranglement naturel. Seules les puissantes cités osaient s'installer sur la côte et possédaient des ports.

Les premiers jours de navigation se déroulèrent sans histoire. Les petites localités qui bordaient la péninsule d'Iolcos avaient entendu parler des Argonautes et leur réservèrent un accueil chaleureux. Puis, après avoir quitté la baie, ce furent les Sporades, en direction de l'orient, de petites îles qui offrirent, elles aussi, l'hospitalité aux navigateurs. Parfois, ils restaient plusieurs jours sur place, le temps de faire provision d'eau douce, de chasser du gibier... ou de séduire quelque belle indigène.

Les premières difficultés surgirent lorsque l'*Argo* quitta la plus orientale des Sporades. L'escale suivante était l'île d'Héphaïstos, Lemnos, mais elle se situait à une bonne journée de navigation, si l'on ne traînait pas en route. Avant le départ, sur les recommandations de Typhis, Jason fit un sacrifice à Alcyoné, la déesse qui avait le don d'apaiser les tempêtes, et dont Orphée conta l'histoire à l'équipage.

— Alcyoné était la fille d'Éole, dit-il. Elle avait épousé Céyx, un fils de Lucifer, celui qui conduit la lumière et les astres dans leur course. Céyx et Alcyoné étaient très amoureux l'un de l'autre. Lorsqu'il leur arrivait de se séparer, ils en étaient tous deux très malheureux, ne vivant plus jusqu'au retour de l'autre. Hélas, leur amour déplut au seigneur de la foudre, car ils avaient pris l'habitude de s'appeler mutuellement Héra et Zeus. Ils voulaient ainsi illustrer l'amour qui unissait les dieux, mais Zeus en prit ombrage. Un jour que Céyx était parti consulter un oracle, son bateau fut frappé par un éclair et coula. Cependant, son ombre plana sur les eaux pour retrouver Alcyoné. Lui parlant dans ses rêves comme savent le faire les morts, il lui apprit qu'il s'était noyé. De désespoir, Alcyoné se jeta dans les flots. Alors, Zeus, pris de remords, les transforma tous deux en oiseaux. Certains disent des mouettes, dont le cri plaintif est le reflet de la douleur d'Alcyoné, d'autres parlent d'un oiseau que l'on ne voit jamais, l'alcyon. Cependant, jamais plus ils ne furent séparés, et Alcyoné acquit la réputation de calmer les flots en furie. C'est pourquoi les marins ont pris l'habitude de lui offrir des sacrifices lorsqu'ils doivent accomplir une longue traversée entre deux îles. »

Peut-être avec la protection d'Alcyoné, la traversée se déroula sans incident. Mais, vers la fin de l'après-midi, aucune terre n'était encore en vue. L'équipage commençait à s'inquiéter lorsque Typhis aperçut, au loin, un navire de pêcheur.

— Ce n'est qu'une petite embarcation, s'écria-t-il. Il doit y avoir une île toute proche.

L'*Argo* mit le cap sur la barque, qui tenta de s'échapper. Mais elle ne pouvait rivaliser avec la puissance des rameurs. Bientôt, elle fut rattrapée. À son bord se trouvaient trois hommes, dont un vieillard à la barbe blanche.

— N'aie crainte, vieil homme, dit Jason. Nous ne te voulons aucun mal. Nous nous rendons à Lemnos. Sommes-nous sur la bonne route?

— Lemnos? Serais-tu fou, seigneur? N'as-tu pas entendu dire que cette île est maudite? Aucun marin sensé n'oserait aborder ses côtes. Il règne là-bas le plus terrible des fléaux.

— Comment sais-tu cela?

— Parce que jusqu'à l'année passée, j'étais encore le roi de cette île. Mon nom est Thoas. Vois ce à quoi j'en suis réduit aujourd'hui.

— Me diras-tu ce qui s'est passé?

— Une terrible malédiction a frappé Lemnos, seigneur. Je n'ose même pas en parler, de peur qu'elle ne s'étende jusqu'à la petite île où j'ai trouvé refuge. Si tu m'en crois, passe ton chemin. Les femmes lemniennes ont été transformées en des créatures monstrueuses, dont l'odeur épouvantable ferait fuir les dieux eux-mêmes.

— Il faut pourtant que nous fassions provision d'eau et de vivres.

— Alors, que tous les dieux de l'Olympe te protègent, seigneur.

16

L'île de Lemnos

Héraclès poussa un rugissement de satisfaction.

— Eh bien, je crois que nous allons avoir bientôt l'occasion de nous dégourdir les muscles! Cette traversée trop tranquille commençait à me peser.

Les autres acquiescèrent avec enthousiasme.

Vers la fin de la journée enfin, alors qu'un soleil rouge se posait sur l'horizon, une côte montagneuse fut en vue. Lorsque l'*Argo* s'échoua sur la plage, on n'y voyait déjà presque plus. Profitant des dernières lueurs du jour, on tira le navire sur le sable, puis on alluma des feux, tandis que Calaïs et Zétès effectuaient une reconnaissance aérienne autour du campement.

— Il va falloir nous méfier, dirent-ils au retour. Il y a une ville au loin, vers l'est. Elle est protégée par des tours de guet. Il est probable que ses habitants ont vu notre navire. Mais nous n'avons vu personne. Il semblerait que la ville se replie sur elle-même à la tombée de la nuit. Il faut nous tenir sur nos gardes. Si le vieux Thoas a dit vrai, il est à craindre que des créatures abominables rôdent sur l'île après le coucher du soleil.

Par précaution, ils établirent des tours de veille. Après un repas frugal de fruits séchés et de poisson fumé, ils tentèrent de prendre un peu de repos. Mais chacun gardait son glaive, sa lance ou son arc à portée de main, prêt à réagir en cas d'attaque.

Pourtant, contrairement à ce qu'ils redoutaient, la nuit fut calme. Aucun monstre ne se manifesta. Héraclès allait s'en plaindre lorsque Boutès, qui avait pris le dernier tour de garde, donna l'alerte.

— Aux armes, compagnons!

Jason bondit sur ses pieds. Trop tard! Ils s'étaient laissé piéger. La plage sur laquelle ils s'étaient installés était cernée par une troupe de guerriers portant des cuirasses épaisses et des casques qui dissimulaient leurs traits. De longues lances étaient pointées en direction des navigateurs. L'armée indigène s'immobilisa à distance des Argonautes. Pourtant, elle ne paraissait pas décidée à charger. Les guerriers masqués se contentaient de les regarder sans prononcer le moindre mot.

— Ils sont au moins dix fois plus nombreux que nous! remarqua Orphée.

— Cela n'est pas pour me déplaire! clama Héraclès. Qu'attendons-nous pour combattre?

Jason leva la main pour le calmer.

— Attends, compagnon. Le cuir du lion de Némée te protège, mais il n'en est pas de même pour nous. Nous ne sommes pas venus sur cette île pour la piller, mais pour nous approvisionner en eau et en gibier. Nous devons éviter de livrer bataille.

— C'est curieux, dit Atalante. Pourquoi n'attaquent-ils pas? Le nombre parle pourtant en leur faveur.

— Peut-être veulent-ils seulement parlementer. Je vais aller les voir.

Suivi par le héraut Échéion, il se dirigea vers ceux qui semblaient commander l'armée adverse. Parvenu à quelques pas, il posa son glaive sur le sable et dit :

— Que la paix soit avec vous, habitants de Lemnos. Nous ne sommes pas vos ennemis. Nous sommes seulement venus nous ravitailler. Nous repartirons dès que ce sera fait.

— Il n'en est pas question! s'écria une voix de fausset dans les rangs adverses.

Mais un guerrier magnifiquement vêtu, probablement le capitaine, leva le bras pour imposer le silence.

— Êtes-vous de Thrace? demanda-t-il d'une voix claire, qui ne pouvait appartenir qu'à une femme.

— Non. Je suis Jason, fils d'Æson, ancien roi d'Iolcos. Je viens de Thessalie.

L'atmosphère parut se détendre quelque peu. Après un court silence, la voix reprit :

— C'est bien. Vous pouvez rester sur cette plage et chasser dans les environs. La forêt située sur le plateau est giboyeuse. Mais il vous est formellement interdit de vous diriger vers notre cité de Myrina.

— Nous ferons selon tes désirs, répondit Jason. Nous repartirons sitôt après avoir fait le plein d'eau et de viande. Mais me sera-t-il permis de contempler le visage de mon interlocuteur?

Le guerrier hésita, puis ôta le casque qui couvrait entièrement son visage. Une jeune femme aux longs cheveux noirs et aux yeux verts en amande apparut, que Jason trouva très belle. Apparemment, elle n'avait rien à voir avec la créature à l'odeur nauséabonde évoquée par Thoas.

— Qui es-tu? demanda-t-il.

— Je suis Hypsipylé, la reine de Lemnos.

— Que les dieux étendent leurs bienfaits sur ton île, Hypsipylé. Hier, nous avons croisé une barque de pêcheurs. L'un d'eux nous a dit qu'une terrible malédiction avait frappé Lemnos. Je constate qu'il n'en est rien. C'était peut-être un dément. Il m'a dit s'appeler Thoas et avoir régné sur cette île jusqu'à l'année dernière.

Dès qu'il eut prononcé ce nom, Jason vit le visage de la reine pâlir.

— Thoas est mon père, dit-elle enfin d'une voix altérée. Et il ne t'a pas trompé. Une terrible malédiction a bien frappé Lemnos. Aussi, ne reste pas trop longtemps sur cette île.

— Si mes compagnons et moi pouvons t'apporter notre aide pour lutter contre ce fléau, ce sera un honneur. Tous ces hommes que tu vois sont de grands héros grecs. Nous sommes en route pour la Colchide où nous allons rechercher la Toison d'or.

— Je connais la légende. Par le passé, d'autres marins ont mené une telle quête. D'après les anciennes, aucun n'est revenu.

— Les anciennes, as-tu dit? N'y aurait-il donc pas d'hommes âgés?

La reine hésita, puis précisa :

— Il n'y a plus aucun homme sur Lemnos. Ils sont tous morts. Tous les guerriers que tu vois là sont des femmes.

Avec un bel ensemble, les soldats ôtèrent leurs casques et des visages féminins apparurent, farouches et déterminés. Jason pâlit.

— Voilà donc la malédiction qui a frappé votre royaume...

Hypsipylé hocha la tête, puis ajouta :

— C'est pourquoi il ne faut pas vous attarder. Si vous restez à proximité de la plage, il ne vous arrivera rien. Alors, prenez votre eau et partez au plus vite. Mais souvenez-vous! Ne tentez jamais de venir jusqu'à Myrina.

Jason acquiesça. Tout à coup, Hypsipylé se figea. Elle venait d'apercevoir Atalante et Alceste.

— Vous acceptez donc des femmes à votre bord? s'étonna-t-elle.

— Alceste est l'épouse du roi Admète de Phères. Ils ne supportaient pas l'idée d'être séparés. Ils préfèrent partager ensemble les risques de notre expédition. Et voici ma sœur, Atalante.

Hypsipylé salua les deux jeunes femmes.

— J'admire votre courage, dit-elle. Ne craignez-vous donc pas de voyager ainsi en compagnie de tous ces hommes? demanda-t-elle.

— Pourquoi le craindrions-nous? répondit Atalante. Nous n'avons rien à redouter de nos compagnons Argonautes. Ils nous respectent.

L'argument sembla surprendre la reine, mais elle n'ajouta rien et donna l'ordre à sa troupe de quitter la plage.

Le reste de la journée fut consacré à une traque mémorable. La reine n'avait pas menti : la forêt qui surplombait la plage était giboyeuse. Ils eurent tôt fait d'abattre trois sangliers et de capturer quelques chèvres sauvages qui leur fourniraient du lait sur le navire. On dénicha aussi quelques douzaines d'œufs. Le soir, ils firent un grand festin sur la plage.

— Nous repartirons demain, déclara Jason. Notre prochaine étape sera l'île de Samothrace.

Lorsqu'ils s'endormirent ce soir-là, ils étaient loin de se douter qu'ils n'allaient pas quitter Lemnos de sitôt.

17

La malédiction de Lemnos

Le lendemain, après une bonne nuit de sommeil, les Argonautes se préparaient à embarquer lorsqu'ils virent arriver une délégation d'une douzaine de Lemniennes commandées par la reine Hypsipylé. Près d'elle, une femme âgée marchait avec difficulté. Cette fois, elles ne portaient ni cuirasses ni casques.

— Sois la bienvenue, reine Hypsipylé, dit Jason en allant à sa rencontre. Nous nous préparons à repartir, ainsi que nous te l'avons promis.

— Sois remercié d'avoir tenu ta parole, Jason. Mais, avant que tu ne quittes Lemnos, j'aimerais te parler.

— Je t'écoute.

Le jeune homme n'avait pas vraiment envie de partir aussi vite. À présent qu'elle avait abandonné ses vêtements guerriers, Hypsipylé était encore plus belle et plus désirable. Il ne parvenait pas à détacher son regard de ses yeux verts. La reine paraissait embarrassée. Elle se tourna vers la vieille femme, qui l'encouragea d'un regard.

— Eh bien, voilà, dit-elle enfin. Voici ma nourrice, Polyxo. Elle affirme que votre présence sur l'île est une bénédiction pour nous. Vous savez déjà qu'il n'y a plus aucun homme sur Lemnos. Polyxo nous a dit que, sans hommes, notre peuple allait disparaître. Elle a ajouté que les dieux nous ont envoyé un bateau chargé de héros jeunes et vigoureux, avec lesquels nous avons la possibilité d'engendrer une race puissante. Polyxo pense que nous devrions vous ouvrir les portes de notre cité et nos demeures, afin que renaisse le peuple de Lemnos.

Hypsipylé avala sa salive.

— Nous souhaiterions donc que vous retardiez votre départ pour partager nos nuits. Vous serez accueillis comme des rois.

Un long frémissement parcourut l'échine des Argonautes. Électrisés par la demande de la reine, ils commençaient à regarder les indigènes différemment... et à les trouver particulièrement jolies. Mais Jason restait méfiant. Il laissa passer un silence, puis déclara :

— Loin de moi l'idée de refuser une pareille offre, reine Hypsipylé, mais si tous les hommes de Lemnos ont péri à cause du terrible fléau qui a frappé l'île, ne devons-nous pas craindre qu'il nous touche également?

La jeune femme secoua la tête.

— La malédiction ne concerne que les hommes lâches et sans honneur, dit-elle. Ainsi étaient nos maris. C'est la raison pour laquelle ils ont péri.

— Seul ton père, Thoas, a survécu, poursuivit Jason. Pourquoi n'est-il pas resté?

Hypsipylé hésita.

— J'ai eu peur que le fléau ne l'atteigne à son tour. Il ne ressemblait pas aux autres, mais... sa vie était malgré tout en danger. C'est moi qui lui ai demandé de partir.

— Il a inventé une histoire de créatures terrifiantes, dégageant une puanteur insoutenable. Je constate qu'il a dit cela pour nous dissuader de venir, dans le but de vous protéger. Hier encore, tu désirais nous voir partir au plus vite. Pourquoi avoir changé d'avis?

Hypsipylé désigna les deux filles, Alceste et Atalante.

— Parce que vous respectez vos compagnes. Nous en avons conclu que vous nous respecteriez, nous aussi.

Jason se tourna vers les Argonautes pour solliciter leur avis. Il n'eut même pas à poser la question. Héraclès prit la parole pour les autres et déclara d'une voix forte :

— Nous restons! Et nous allons vous faire de beaux enfants!

Une ovation lui répondit.

Le jour même, les Argonautes étaient reçus à Myrina, la capitale de l'île. C'était une petite cité agréable, installée à distance de la côte, à l'abri d'une barre rocheuse qui la rendait invisible de la mer. Les dernières préventions de Jason contre les Lemniennes tombèrent rapidement. Hypsipylé et ses compagnes n'avaient rien des créatures décrites par le vieux Thoas. La plupart étaient jeunes et belles, la peau dorée par le soleil. Le palais n'était pas aussi vaste que celui d'Iolcos, mais il était accueillant. Dès le premier soir, les Lemniennes organisèrent une fête afin de faire connaissance avec les navigateurs.

Dans les premiers temps de leur séjour, Jason ne put se défaire d'une certaine méfiance envers son hôtesse, malgré les attentions qu'elle avait pour lui. Il redoutait un guet-apens. À plusieurs reprises, il tenta de savoir ce qu'étaient réellement devenus les hommes de Lemnos. Lorsqu'il évoquait le sujet, la jeune femme se fermait et il préférait ne pas insister.

— Pourquoi tiens-tu tellement à savoir? demanda-t-elle.

— Parce que je suis responsable de mes compagnons.

— Je ne pense pas qu'ils aient eu à se plaindre de la manière dont ils ont été traités, il me semble.

— Jusqu'à présent, non. Mais que nous réserve la suite? insista Jason.

— Rien, si vous continuez à vous conduire en hommes d'honneur.

Deux mois plus tard, les relations entre les Lemniennes et les Argonautes s'étaient révélées excellentes. Cependant, Jason restait vigilant. Une nuit, il revint à la charge. La reine, agacée, finit par répondre.

— Tu veux vraiment savoir pourquoi il n'y a plus d'hommes sur Lemnos?

— Oui!

— Il n'y en a plus parce que nous les avons tous tués!

18

Les trois sphères d'or

Jason blêmit.
— Est-ce là le sort que vous nous réservez?
Hypsipylé secoua la tête.
— Non.
Un silence lourd s'installa entre eux. Hypsipylé reprit d'une voix sourde.
— C'est nous qui avons inventé cette histoire de malédiction. Mais elle n'existe pas. La vérité, c'est que les hommes de cette île étaient tous, jusqu'au dernier, des êtres violents et méchants. Ils nous traitaient comme des esclaves, nous frappaient sans raison, pour leur seul plaisir. Ils ne travaillaient pas, nous laissant la charge de l'entretien de la ville, de l'élevage, de la culture du blé et de la vigne, de la chasse et surtout de la pêche. Parce que nous passions nos journées à trier le poisson et à l'écailler, ils nous insultaient en disant que nous sentions mauvais. Leur seule occupation consistait à partir, de temps à autre, en expédition, pour piller quelque malheureux village isolé. Ils en ramenaient des filles dont ils abusaient avant d'en faire de nouvelles esclaves. Parfois, ils les battaient à mort après s'être enivrés. Mon père n'avait aucune autorité sur eux. Il laissait faire, par lâcheté, car il savait qu'il aurait été assassiné s'il avait tenté d'intervenir. Moi-même, j'étais vouée à épouser le chef de ces scélérats. J'ai voulu convaincre mon père de refuser ce mariage, mais en vain.

Elle se tut un instant, puis poursuivit :

— J'étais prête à tout. Jamais je n'aurais supporté les mauvais traitements de ce monstre. Avant mon mariage, je réunis les femmes de Myrina et je les exhortais à se révolter. La seule solution consistait à se débarrasser pour toujours de nos tortionnaires. Elles étaient toutes à bout. Elles acceptèrent aussitôt. Profitant des festivités de mes noces, nous avons glissé un puissant somnifère dans le vin de ces brutes. Puis, lorsqu'ils ont été ivres morts, nous les avons tous tués avec leurs propres armes.

Elle éclata en sanglots.

— Ce fut un carnage épouvantable. J'ai moi-même massacré mon fiancé. Mais je l'ai fait sans remords, parce qu'il avait promis de partager la nuit de noces avec trois de ses prisonnières thraces. Au matin, il ne restait pas un homme vivant à Lemnos, sauf mon père, que j'ai épargné. Mais je lui ai demandé de fuir. Certaines de mes compagnes ne lui avaient pas pardonné sa faiblesse et menaçaient de le tuer. Ensuite… nous avons jeté les corps dans un gouffre profond qui s'ouvre au nord de l'île. Pendant plusieurs mois, il s'en est dégagé une odeur épouvantable, qui a accrédité la légende selon laquelle Lemnos était peuplée d'êtres pestilentiels. Cette légende nous protège depuis car elle dissuade les pirates de faire escale sur nos côtes.

Le visage de Hypsipylé s'était fermé. Jason la prit doucement contre lui.

— Vous n'avez fait que vous défendre contre des brutes qui menaçaient vos vies, dit-il. Comme vous ne pouviez les combattre, vous avez utilisé les seules armes dont vous disposiez. Je ne crois pas que les dieux vous tiennent rigueur de cela.

— Les Furies ne sont pas venues nous harceler, mais ce massacre hante encore mes songes, reprit la reine, au bord des larmes.

— Ce qui serait étonnant, c'est que tu l'aies déjà oublié. Mais avec le temps, et avec les enfants que nous allons vous donner, le cauchemar s'estompera.

Cependant, tous les Argonautes ne profitèrent pas des faveurs des Lemniennes. Admète de Phères était trop amoureux de son épouse pour songer un seul instant à la tromper. De même, Hylas, l'écuyer d'Héraclès, resta de marbre face aux tentatives de séduction des Lemniennes, qui ne comprenaient pas son refus. Elles étaient pourtant nombreuses à être attirées par sa musculature puissante et son regard doux. Elles avaient fini par se rendre compte qu'il préférait les hommes. Elles tentèrent alors de lui expliquer qu'elles n'attendaient de lui que quelques nuits afin d'être fécondées. Sans succès. Héraclès, témoin des efforts désespérés de ses admiratrices, se tenait les côtes... et s'offrait à le remplacer.

Un autre homme ne s'intéressait pas aux Lemniennes, mais pour des raisons bien différentes d'Hylas. Méléagre n'avait pas renoncé à séduire Atalante. Hélas, celle-ci ne lui accordait aucune attention. Elle passait son temps à courir les forêts de l'île pour chasser. Cela n'empêchait pas son amoureux transi de lui rester désespérément fidèle. Un soir, il s'en ouvrit aux jumeaux Calaïs et Zétès.
— Je ne sais que faire, dit-il. Comment pourrais-je aimer une autre femme? Chaque fois que je pose les yeux sur une fille de cette île, c'est elle que je vois.
Les jumeaux ailés échangèrent un regard complice. Puis Calaïs déclara :
— Ton cas est grave. Tu devrais implorer l'aide d'Aphrodite.
Méléagre hocha la tête.
— Elle n'a pas de temple ici. Comment pourrait-elle m'entendre?
— Il faut te rendre dans son île, à Cythère, et lui faire une belle offrande, répondit Zétès.
— Cythère est de l'autre côté du monde, gémit Méléagre.

— En volant, tu peux y être en moins de deux jours.

— Mais je ne sais pas voler.

— Toi, non, mais nous, si! Veux-tu que nous t'emmenions là-bas?

Il les regarda, persuadé qu'ils se moquaient de lui. Mais ils étaient sincères.

Dès le lendemain, les fils de Borée, portant Méléagre, s'envolaient en direction de l'île d'Aphrodite.

Ils revinrent quelques jours plus tard. Ils furent accueillis avec joie par les Argonautes, car les trois compères étaient partis sans prévenir. Afin de fêter leur retour, la reine organisa des festivités le soir même au palais. Au cours du repas, Méléagre se leva et interpella Atalante :

— Es-tu toujours d'accord pour épouser celui qui te vaincra à la course?

Elle le regarda avec étonnement, puis demanda :

— Bien sûr. Mais je t'ai déjà vaincu.

— C'est vrai. Pourtant, je veux te lancer un nouveau défi.

Atalante éclata de rire, aussitôt imitée par les Argonautes, qui se souvenaient du premier échec de Méléagre. Le jeune homme insista :

— Alors?

— Eh bien, j'accepte, répondit-elle. Si tu as envie que je t'humilie une seconde fois…

Méléagre se contenta de lui adresser un large sourire et se rassit.

Le lendemain, un champ de course improvisé fut installé à l'extérieur de la ville. Les bornes étaient délimitées par deux arbres éloignés autour desquels les coureurs devaient effectuer quatre tours. La foule enthousiaste se massa autour de la piste recouverte d'herbe. Hypsipylé donna elle-même le départ. Comme la première fois, Atalante commença à distancer son adversaire. Méléagre avait fort à faire pour se maintenir derrière la jeune fille qui filait comme le vent. Mais au deuxième tour, on le vit soudain jeter un objet luisant devant Atalante. Celle-ci eut un moment d'hésitation, puis se baissa pour le prendre. Méléagre en profita pour la doubler. Elle eut vite fait de le rattraper et de le dépasser. À la fin du troisième tour, elle avait plusieurs longueurs d'avance sur lui. Il lança alors un deuxième objet semblable au premier, cette fois légèrement sur le côté gauche. Atalante l'aperçut, puis s'écarta de sa trajectoire pour le récupérer. Méléagre la doubla. Cette fois, Atalante eut un peu plus de mal à revenir en tête. Mais elle y parvint au milieu du quatrième tour, comme ils contournaient l'un des arbres. Alors qu'ils revenaient tous deux en jetant leurs dernières forces dans la course, Méléagre jeta un dernier objet sur la droite d'Atalante. Une nouvelle fois, elle ne put résister et s'éloigna pour le ramasser. Méléagre accéléra vivement et fonça vers la ligne d'arrivée, qu'il franchit en vainqueur sous les acclamations de la foule… et hors d'haleine.

Atalante était vaincue. Après avoir repris son souffle, elle se mit à crier :

— Tu as triché!

Il éclata de rire.

— Eh! Personne ne t'obligeait à les ramasser!

— C'était plus fort que moi. Je n'ai pas pu résister.

On s'approcha pour savoir de quoi il s'agissait. Atalante montra trois petites sphères d'or pur incrustées de turquoises et de lapis-lazuli. Rarement on avait contemplé plus beaux joyaux.

— D'où viennent-elles? demanda la jeune chasseresse.

— C'est un cadeau de la déesse Aphrodite. Calaïs et Zétès m'ont emmené sur son île de Cythère où je l'ai suppliée de me venir en aide pour te séduire. Elle m'est apparue et elle m'a donné ces trois sphères en me disant que je n'aurais qu'à les jeter devant toi. Nul ne peut les voir sans désirer les posséder.

— Et… elles sont à moi, à présent?

— Aphrodite te les offre en cadeau de mariage. N'oublie pas ta promesse.

Atalante secoua la tête, furieuse. Elle s'était laissée piéger. Mais le regard espiègle et ravi de Méléagre finit par la séduire. Au fond, le piège n'était pas bien méchant. Et puis, la constance de son amoureux avait fini par la troubler. Elle dut admettre que c'était un beau garçon, toujours prêt à rire et à s'amuser. De plus, il éprouvait une grande admiration pour elle.

— C'est d'accord, dit-elle enfin. J'accepte de devenir ta femme. Mais dis-toi qu'il est hors de question que tu m'enfermes dans un gynécée. J'ai bien l'intention de continuer à courir et à chasser!

— Rassure-toi, je n'ai pas l'intention de te mettre dans une cage… sinon celle-là.

Et il lui ouvrit les bras.

On célébra leur mariage dès le lendemain, et ce fut l'occasion de nouvelles réjouissances. Cette fois, Méléagre et Atalante eurent soin de ne pas oublier de faire des offrandes à Artémis, afin d'éviter la mésaventure de leur ami Admète de Phères.

Un an avait passé. Jason n'avait pas oublié l'objet de leur voyage. Lorsqu'il fut certain que la présence des Argonautes auprès des belles Lemniennes avait porté ses fruits, il songea au départ. Lui-même avait eu des jumeaux, Eunéos et Thoras, avec la reine Hypsipylé, et quantité de bébés étaient nés, dont une majorité de garçons, comme si les dieux avaient accepté d'oublier le crime des Lemniennes.

Cependant, la veille du jour fixé pour le départ, un rêve étrange visita le héros.

19

Les armes d'Héphaïstos

Au fond d'un vallon s'ouvrait une caverne profonde, éclairée par une lueur rougeoyante. Sur les parois se mouvait une ombre noire gigantesque, reflet d'une terrifiante silhouette bossue. Un grondement inquiétant montait de l'endroit. Par moments retentissaient d'assourdissants coups de marteau, accompagnés de jaillissements d'étincelles. Une sensation de chaleur baigna Jason. Il lui sembla entendre comme un appel, et il comprit qu'il devait se rendre dans ce lieu angoissant.

Il s'éveilla trempé de sueur. A ses côtés, Hypsipylé le contemplait, inquiète. Après avoir repris son souffle, il lui décrivit son rêve. Mais la reine n'eut pas l'air effrayée.

— Tu as vu l'ombre d'Héphaïstos, répondit-elle. Lemnos est son île. C'est ici qu'il est tombé lorsque Zeus l'a projeté par-dessus les murailles de l'Olympe. On dit que sa chute dura un jour entier. En touchant le sol, il se brisa les deux jambes. Bien qu'il fût un dieu, il était très mal en point quand nos ancêtres le trouvèrent. Ils le soignèrent comme ils purent, mais, depuis ce temps, il a besoin de béquilles pour marcher. Il a toujours gardé de la reconnaissance et de l'affection envers nous. Le vallon qu'il t'a montré est l'un des endroits où il aime à venir travailler lorsqu'il est las des querelles de l'Olympe ou des infidélités de sa femme, Aphrodite.

— Pourquoi veut-il me voir?

— Je l'ignore, mais tu n'as rien à craindre de lui, au contraire. On dit qu'il a mauvais caractère, et il est vrai que nous l'entendons souvent grogner, mais, sous son air bourru, c'est certainement le plus gentil des dieux. Il a un cœur d'or et il n'a jamais fait de mal à quiconque.

Le lendemain, suivant les indications d'Hypsipylé, Jason gagna les montagnes qui se dressaient dans la partie orientale de l'île. Là, il eut quelque peine à trouver le vallon entrevu dans son rêve, protégé par un fouillis végétal et des brumes dormantes qui trompaient le regard. Enfin, il parvint devant la caverne. Un peu inquiet, il entra dans les lieux. Il eut l'impression de pénétrer dans une fournaise. Il distingua une énorme silhouette, découpée en contre-jour, penchée au-dessus d'une forge immense d'où émanait une lueur rouge. Une voix caverneuse gronda :
— Te voilà enfin! Ce n'est pas trop tôt.
— Il n'est pas facile de venir jusqu'ici, s'excusa Jason.
Il n'y eut qu'un grognement pour toute réponse.
Soudain, deux créatures insolites apparurent, deux femmes mécaniques, forgées dans de l'or. Bien que leur peau eût la consistance du métal, on eût dit que celui-ci avait pris la chaleur de la vie. Leurs yeux étaient de lapis-lazuli et leurs cheveux de longs fils d'or. Leur beauté stupéfia Jason, qui comprit qu'il avait affaire à deux créations du dieu forgeron. Elles lui adressèrent un sourire qui l'émerveilla, et sa surprise fut sans borne lorsqu'il les entendit parler.
— Sois le bienvenu, Jason, dirent-elles. Nous sommes les assistantes d'Héphaïstos. À la demande de sa mère, Héra, il a forgé des armes pour toi. Elles t'aideront à accomplir ta mission.
Elles lui tendirent alors un bouclier et un glaive. Vivement ému, le jeune homme prit les armes. Le bouclier, sculpté dans l'airain, représentait une tête de bélier en or, sur un fond noir. Le glaive était forgé dans un métal inconnu, qui luisait d'un reflet argenté. La poignée comportait une tête de bélier stylisée.

Jason constata que les deux armes étaient parfaitement adaptées à sa main.

Il s'apprêtait à remercier le dieu quand il vit se déplacer dans la forge deux tables à trois pieds, sur lesquelles étaient posés des coffrets. Voyant son étonnement, les automates expliquèrent :

— Ce sont les messagères d'Héphaïstos. Elles transportent les objets fabriqués par notre maître jusqu'à l'Olympe.

Parvenues hors de la caverne, les deux tables se mirent à voler. En quelques instants, elles atteignirent la couche de nuages, soudain illuminée par une lueur surnaturelle. Remis de sa surprise, Jason s'agenouilla et déclara :

— Sois remercié, Héphaïstos, et toi aussi, Héra. Je ferai tout pour me montrer digne de votre confiance.

Pour toute réponse, il n'entendit qu'un épouvantable grondement provenant du fond de la caverne, poussé par la silhouette bossue. Devant son inquiétude, les servantes du dieu forgeron le rassurèrent :

— Cela signifie qu'il accepte tes remerciements et qu'il espère que tu feras bon usage de ces présents.

Lorsque Jason revient à Myrina, il brandit triomphalement ses nouvelles armes face à ses compagnons :

— Cette fois, nous pouvons partir à la conquête de la Toison d'or!

Deux jours plus tard, l'*Argo* était prêt à appareiller. Mais il fallait encore faire ses adieux. Chacun des Argonautes devait consoler ses compagnes et les bébés qu'il laissait derrière lui.

La reine Hypsipylé se serra longuement contre Jason.

— Bientôt, grâce à toi et à tes compagnons, une race forte et courageuse vivra sur cette île. Je sais que je n'ai pas le pouvoir de te retenir. Mais sache que vous serez toujours les bienvenus à Lemnos.

Elle sourit pour masquer sa peine, mais le jeune homme savait qu'elle aurait préféré qu'il restât pour devenir son roi.

— Où que je sois, je garderai toujours de toi et de cette île un souvenir ému, ma reine, dit-il en l'embrassant une dernière fois.

Puis il monta à bord de l'*Argo*. Sous l'impulsion d'Orphée, qui avait repris sa place de chef de nage au tambour, le navire fila rapidement vers le nord, en direction de Samothrace.

20

L'île de Perséphone

Durant le voyage, Méléagre, qui avait pris place à côté de son épouse, lui conta le voyage extraordinaire qu'il avait accompli. A la demande des jumeaux, Argos avait fabriqué une sorte de harnais de cuir qui leur avait permis de le transporter facilement dans les airs.

— La vue de là-haut est d'une indicible beauté. J'avais l'impression d'être un oiseau planant dans l'azur. Borée, le vent du nord, a aidé ses fils à me porter, ravi du bon tour qu'Aphrodite ne manquerait pas de te jouer. Nous avons survolé quantité d'îles dont je n'ai pas retenu les noms. Elles étaient aussi nombreuses que les étoiles dans le ciel. Nous avons croisés des albatros, mais aussi d'étranges oiseaux à tête humaine. Calaïs m'a expliqué qu'il s'agissait de créatures en provenance de la lointaine Égypte, qui portent les âmes des défunts vers le Nil céleste, le séjour des morts égyptiens. On les appelle les Bâs. Au sud d'Athènes, nous avons croisé Typhon, le démon aux cent têtes. Nous avons dû faire un écart jusqu'à l'île de Théra sur laquelle se dresse une montagne crachant des flammes si hautes qu'elles semblent parfois atteindre le ciel. Plus au sud, nous avons aperçu Poséidon et Amphitrite sur leur char tiré par des chevaux marins à la crinière d'or, et suivis par Triton. Enfin, nous sommes arrivés à Cythère, l'île d'Aphrodite.

« On ne peut imaginer spectacle plus idyllique que cette île remplie de fleurs aux couleurs merveilleuses et aux parfums incomparables, où les êtres sont joyeux et accueillants. Il semble que jamais rien de mal ne puisse arriver ici. Nous nous sommes rendus au temple d'Aphrodite, près de la plage où elle est née de l'écume des vagues. Je n'ai pas fait de sacrifices d'animaux sur son autel, car les habitants m'ont dit qu'elle préfère écouter les récits d'amour. J'ai mis un genou à terre et j'ai déclaré ma flamme pour toi, ton indifférence, et... ta promesse d'épouser celui qui serait capable de te vaincre à la course. Tout à coup, une lumière intense a irradié dans les vagues, et Aphrodite est apparue. Elle s'est avancée vers moi. À chacun de ses pas, des fleurs multicolores naissaient. J'étais subjugué. Elle m'a tendu les trois sphères d'or et m'a dit : « — Tu n'auras qu'à les jeter devant Atalante pendant la course. C'est tout. »

Atalante n'en voulait plus à Méléagre de s'être joué d'elle. Elle avait découvert en lui un compagnon merveilleux, qui partageait son appétit de vivre, ses parties de chasse, ses courses folles en forêt et son goût pour l'aventure. Ils avaient plaisir à être ensemble. Et elle avait découvert avec lui d'autres jeux aussi amusants que la chasse.

Le lendemain soir, l'*Argo* abordait dans l'île de Samothrace, dédiée à Perséphone, la déesse des Enfers. La population locale, qui avait entendu parler de leur expédition, leur offrit l'hospitalité. Certains Argonautes appréhendaient d'aborder cette île consacrée à une divinité aussi inquiétante, mais Orphée les rassura.

— Vous n'avez rien à craindre de Perséphone, leur dit-il. Car, contrairement à ce que vous croyez, elle est l'une des déesses de la vie.

Soucieux de s'attirer les bonnes grâces de la divinité, les Argonautes se rendirent dans son temple où ils furent reçus par ses prêtres, les Cabires. Ceux-ci proposèrent aux marins de les initier aux mystères de celle que l'on appelait aussi la Déesse-Lune.

Voici le récit qu'ils leur firent :

« Bien longtemps auparavant, à l'époque où les Dieux venaient de vaincre les Titans, la déesse de la végétation, Déméter, avait eu une fille appelée Coré. La jeune Coré possédait les mêmes pouvoirs que sa mère, et sous ses doigts, au printemps, les arbres et les plantes reprenaient vie. Mais un jour qu'elle cueillait des fleurs dans un champ, dans la région d'Éleusis, la terre s'ouvrit devant elle sur un gouffre sombre. Un char d'or tiré par quatre chevaux noirs surgit des entrailles de la terre. Il n'avait pas de conducteur. Le char fonça sur elle et, avant qu'elle ait eu le temps de s'enfuir, une main invisible la saisit et elle l'enleva avant de replonger dans le gouffre. Coré eut beau crier, personne ne vint à son secours. Épouvantée, elle vit la faille se refermer au-dessus d'elle. Soudain, l'aurige invisible se matérialisa en ôtant son casque.

— Qui es-tu? demanda-t-elle, apeurée.

— Je suis Hadès, frère aîné de Zeus, et dieu du Tartare, le royaume des morts.

— Pourquoi m'as-tu enlevée?

— Je ne me rends presque jamais à la surface, mais je peux voir ce qui s'y passe, grâce aux sources ou à certains étangs, comme à Éleusis. Dès que je t'ai vue parcourir les champs et les prés, je suis tombé amoureux de toi. J'ai demandé à mon frère la permission de t'épouser. Il m'a répondu qu'il ne pouvait ni me donner son accord ni me le refuser. J'en ai conclu que j'étais libre d'agir à ma guise. Voilà pourquoi tu es ici.

— Mais je ne veux pas t'épouser! dit-elle, affolée.

Cependant, Coré comprit qu'elle n'avait rien à redouter d'Hadès. Elle s'était représenté le dieu des Enfers comme un personnage effrayant, laid et difforme. Elle découvrait un homme de belle allure, mais au visage d'une grande tristesse. Après un moment, elle eut envie de le consoler, de devenir son amie. Il lui fit visiter son royaume, les vastes champs où les morts se retrouvaient, les cinq fleuves qui le parcouraient. Coré comprit que le Tartare était aussi vaste que le monde du dessus.

— Comment réussis-tu à te rendre invisible? demanda-t-elle.

Il lui montra son casque.

— Il me fut offert par les Cyclopes lorsque je les libérai sur l'ordre de Zeus. Il a la particularité de rendre invisible celui qui le porte.

Coré se rendit compte peu à peu que ce dieu dont on disait tant de mal chez les vivants n'était pas malfaisant. Il y avait seulement en lui une insondable mélancolie, qu'elle eut envie de dissiper. Aussi accepta-t-elle de rester un peu en sa compagnie.

Mais, à la surface, sa mère, Déméter, la cherchait partout. Elle parcourut tous les pays, sans aucun succès. Personne n'avait vu Coré. Elle demanda à Hélios, le soleil, qui voyait tout ce qui se passait sur terre, s'il savait où elle se trouvait. Mais Hélios l'ignorait. Déméter comprit que si Coré ne se trouvait pas sur terre, elle était sans doute « dessous ». Elle alla voir Zeus, qui ne put lui mentir et avoua que Coré avait été enlevée par Hadès. Déméter entra dans une colère noire et exigea qu'on lui rende sa fille. Zeus, ne voulant pas se fâcher avec son frère, refusa d'intercéder en sa faveur. Furieuse, Déméter repartit pour la terre. Là, elle sema partout la désolation, empêchant les arbres de porter des fruits, desséchant les prairies, asséchant les cours d'eau. Bientôt, le monde ne fut plus qu'une étendue aride où plus rien ne poussait. La famine s'installa et les hommes périrent par milliers. Zeus envoya son messager, Hermès, auprès de Déméter, pour tenter de la fléchir. Peut-être sa fille avait-elle choisi de rester près d'Hadès? Rien n'y fit, Déméter ne céda pas et la mort continua de ravager le monde. Comprenant qu'il ne parviendrait jamais à la faire céder, Zeus accepta d'intervenir auprès de son frère. Il décréta que Coré aurait le droit de revenir près de sa mère si elle n'avait pas encore mangé la nourriture des morts.

Dans le palais d'Hadès, Coré était tombée amoureuse de son hôte. Mais comme elle aimait aussi beaucoup sa mère, elle s'ennuyait d'elle. Avec loyauté, Hadès l'avait avertie qu'elle ne devait pas toucher à ce que mangeaient les morts, sous peine de rester à jamais prisonnière du Tartare. Il avait envoyé des ombres chercher pour elle de la nourriture terrestre. Mais chaque fruit possédait son équivalent dans les Enfers, et il était bien difficile de les distinguer. Or Ascalaphos, l'un des jardiniers d'Hadès, détestait tout le monde, et particulièrement Déméter parce qu'il était mort à la suite de la grande sécheresse qu'elle avait occasionnée. Il décida de se venger en offrant à Coré son fruit préféré, une grenade, cueillie dans les vergers infernaux. La jeune déesse, crut qu'il s'agissait de l'un des fruits rapportés de la terre par les fantômes et la mangea.

Lorsqu'Hermès, envoyé par Zeus pour reprendre Coré, se présenta au palais et annonça la décision du roi des dieux, Hadès accepta de la libérer puisqu'elle n'avait pas mangé la nourriture des morts. Mais Ascalaphos s'interposa et jura sur le Styx qu'il avait vu Coré manger une grenade poussée dans les vergers du Tartare. Il devenait alors impossible à la jeune fille de revenir dans le monde des vivants. Voyant Hermès revenir sans sa fille, Déméter conçut une colère sans précédent. Inquiet, Zeus, prit une autre décision. Il demanda à Hadès de libérer Coré, en lui promettant qu'elle viendrait passer les trois mois de l'hiver en sa compagnie. C'est pour cette raison qu'une bonne partie de la végétation meurt en automne, tout comme Coré, qui devient alors Perséphone, la reine des Enfers. Mais elle renaît au printemps, lorsque la sève redonne vie aux plantes et aux arbres. »

Cependant, si les habitants de Samothrace se montraient accueillants, les Argonautes remarquèrent qu'il régnait sur l'île un climat étrange et inquiétant. La nuit, les habitants évitaient de sortir de chez eux, pour des raisons qu'ils refusèrent d'expliquer aux navigateurs. Jason et ses compagnons se rendirent compte que les indigènes avaient peur de quelque chose. Un vieil homme leur dit un jour :

— Ce sera bientôt la pleine lune. Il vous faudra rester enfermés dans le temple où vous logent les Cabires. Malheur à vous si vous sortez.

Le vieillard roulait des yeux tellement effrayés que Jason voulut en savoir plus. Il s'en ouvrit au grand prêtre. Celui-ci hésita un long moment, puis déclara enfin :

— En effet, il se passe un étrange phénomène les nuits de pleine lune. Si tu en as le courage, je te le montrerai.

21

Les spectres de Samothrace

Au soir de la pleine lune, comme à leur habitude, les habitants se terrèrent chez eux. Le grand Cabire vint chercher Jason. Une brusque saute de vent glacial bouscula le jeune homme dès qu'il sortit du temple. Depuis le crépuscule, la température avait tellement baissé qu'il ne se serait pas étonné de voir du givre se former sur les arbres. Dans le ciel nocturne, le disque argenté de la lune inondait l'île de sa lumière pâle, masquée par instant par des nuages sombres. Ils traversèrent la cité déserte. Tous les volets étaient hermétiquement clos. Un malaise s'empara de Jason.

Le vieux prêtre se dirigea vers la plage située non loin du temple de Perséphone. Les grands arbres bordant le rivage ployaient sous un ouragan venu de nulle part. La surface de la mer se couvrait de rouleaux puissants qui venaient exploser sur la grève. Jason se demanda ce qu'ils étaient venus faire en pareil endroit. Il remarqua alors avec stupéfaction que les vagues remontaient *contre le vent*, comme si une force mystérieuse les poussait vers la plage rocailleuse.

Tout à coup, il lui sembla percevoir, au-delà des mugissements du vent, de longues plaintes quasiment humaines. À ses côtés, le prêtre se tenait parfaitement immobile, scrutant les flots bouillonnants. Soudain, il désigna le rivage du doigt. Jason vit alors des formes apparaître, rampant hors des vagues furieuses, surgissant des rochers ou du sable. Peu à peu, elles prirent l'apparence de silhouettes humaines et se mirent à glisser lentement en direction des deux hommes. Une onde de peur parcourut l'échine de Jason : il ne s'agissait pas d'êtres humains, mais de spectres. Le Cabire expliqua :

— Ce sont les âmes des marins péris en mer. Elles errent au sein des flots, car elles ne peuvent trouver la porte des Enfers. Mais si elles parviennent jusqu'ici une nuit de pleine lune, Perséphone entrouvre la terre et elles peuvent alors gagner le Tartare. Notre rôle est de les guider jusqu'à la faille.

Jason comprenait pourquoi les habitants s'enfermaient chez eux. Les spectres étaient hideux. Lorsqu'ils furent près d'eux, il remarqua leur peau décomposée, boursouflée parce qu'elle avait séjourné longtemps dans l'eau. Certains n'avaient plus de bras, ou plus de jambes, sans doute dévorés par quelque monstre marin. À tous il manquait des lambeaux de chair, emportés par les crabes ou les poissons.

— Tu n'as rien à craindre d'eux, dit le prêtre. Ils n'ont qu'un désir, trouver la paix dans le royaume d'Hadès.

Le Cabire se mit en marche, aussitôt suivi par Jason, qui devait lutter de toutes ses forces contre son envie de fuir. Mais il se dit que si le prêtre osait approcher ainsi les fantômes, il devait se montrer aussi courageux que lui. Les ombres les suivirent de leur allure irréelle, flottant doucement au-dessus du sol. La colonne contourna la petite cité, puis, par un chemin malaisé, gagna les hautes collines qui se dressaient au nord. Enfin, on arriva dans un vallon étroit, cerné de hautes roches acérées et noires se découpant sur le ciel nocturne. Le prêtre demanda à Jason de rester à l'écart. Puis il s'avança, leva les bras et entama des incantations en direction de la lune pleine. Au début, il ne se passa rien. Soudain, Jason vit la terre s'ouvrir, et un gouffre se creusa au milieu de la combe rocheuse, tandis qu'un vent glacé montait des profondeurs. Les spectres s'y enfoncèrent les uns après les autres.

Tout à coup, l'un d'eux s'approcha de Jason, la figure à moitié dévorée par les animaux marins. Il ne parla pas, mais des phrases, des idées surgirent dans l'esprit de Jason, comme par magie.

« Je sais qui tu es, Jason, fils d'Æson. Avant de périr noyé, j'avais entendu parler de ton expédition. Pour te rendre en Colchide, tu dois franchir deux détroits. Prends garde. Le premier est gardé par la flotte du roi troyen Laomédon, qui a promis au souverain de Colchide, Æétès, d'interdire à tout navire grec le passage vers l'Hellespont et le Pont-Euxin. Il dispose de nombreux navires. C'est en tentant de franchir le détroit malgré la flotte troyenne que j'ai perdu la vie. Ils ont coulé mon bateau et massacré tous mes compagnons. Ce sont eux que tu vois ce soir. »

Jason hésita. L'aspect de son interlocuteur n'était guère engageant. Mais pourquoi ce malheureux chercherait-il à lui causer du tort?

— Qui que tu sois, je te remercie de m'avoir prévenu, dit-il.

Le spectre inclina la tête et rejoignit les autres fantômes de son allure glissante. Lorsqu'ils furent tous entrés, la faille se referma sur eux. Jason frissonna. Un jour, lui aussi gagnerait le royaume souterrain. Et ce qu'il avait entrevu ne le rassurait pas.

Avant leur départ, les Cabires offrirent à chacun des Argonautes une amulette de couleur pourpre, qu'ils devaient garder sur eux tout le temps de leur voyage, afin de les protéger des tempêtes.

— Elles ne vous seront pas inutiles, car, au-delà de l'Hellespont, vous devrez affronter des dangers bien plus grands encore qu'une flotte troyenne.

22

La traversée de l'Hellespont

Lorsque l'*Argo* parvint en vue du détroit qui gardait l'entrée de l'Hellespont, Jason envoya les fils de Borée en reconnaissance. Ils revinrent très vite, porteurs de mauvaises nouvelles.

— Le fantôme du marin n'a pas menti, dirent-ils. Sans lui, nous allions nous jeter dans la gueule du loup. La flotte de Laomédon compte au moins douze galères. Il est impossible de passer. Ils arrêtent tous les navires.

— Eh bien, livrons-leur combat! s'écria Héraclès en brandissant sa massue. Nous aurons vite fait d'en venir à bout.

Mais Jason tempéra son enthousiasme.

— L'*Argo* est rapide, mais il n'est pas invulnérable, compagnon. Si leurs navires nous éperonnent, nous coulerons.

— Nous n'allons tout de même pas nous laisser impressionner par quelques Troyens! insista Héraclès.

— Il y a un moyen, intervint Lyncée. Il faut passer de nuit.

— De nuit? Mais il est impossible de naviguer de nuit, répliqua Héraclès. Nous risquons de nous échouer.

— En effet, mais c'est un risque à courir. À la lumière de la lune, je vois presque aussi bien qu'en plein jour. Les Troyens, eux, n'oseront pas s'aventurer dans l'obscurité.

Jason hésita.

— Es-tu sûr de pouvoir nous guider?

— Comme si nous naviguions au grand soleil.

Jason avait déjà eu l'occasion de vérifier l'acuité visuelle exceptionnelle de Lyncée. Il décida de lui faire confiance. De toute manière, ils n'avaient pas le choix.

— C'est bien, tu prendras la place de Typhis.

La nuit venue, l'*Argo* se dirigea vers le détroit. La lune en phase décroissante n'éclairait plus que très faiblement la mer. Les Argonautes n'étaient guère rassurés, malgré la cadence assez lente donnée par Orphée. On redoutait les rochers affleurant qui bordaient les côtes, mais aussi les monstres inconnus qui profitaient de la nuit pour remonter des profondeurs marines. Tous avaient entendu parler du Rémora, l'énorme poisson ventouse qui venait se coller sous le ventre des bateaux pour les entraîner par le fond, du crabe géant qui brisait les rames de marins, ou encore de la pieuvre géante aux cent tentacules.

À l'avant du navire, Lyncée surveillait la côte. Près de lui, Jason plissait les yeux afin de distinguer quelque chose, sans succès. Parfois, Lyncée donnait une indication pour modifier la direction suivie par le bateau.

— Je vois les navires troyens, dit-il soudain. Ils sont échoués sur la côte sud. Ils ont posté des sentinelles, mais jamais Laomédon n'ira imaginer que nous avons osé traverser de nuit.

Cependant, le bruit du tambour de nage finit par intriguer les guetteurs ennemis. Lyncée discerna quelques silhouettes qui arpentaient la grève en scrutant désespérément l'étendue sombre de la mer.

— Ils nous entendent, mais ils ne peuvent pas nous voir! exulta Lyncée.

Bientôt, l'*Argo* eut franchi le détroit et s'avança dans l'Hellespont. Lyncée décida de suivre la côte méridionale, afin de s'éloigner au maximum de la flotte troyenne. Mais sans doute l'ennemi penserait-il avoir eu affaire à un navire fantôme. Il y avait peu de chances pour qu'il se lançât à leur poursuite.

Au matin, des nappes de brume s'étiraient sur la mer, illuminées par un soleil voilé. Un son lugubre et triste semblait monter des flots, se confondant avec les appels criards des oiseaux marins.

— Qu'est-ce qu'on entend? demanda Jason, intrigué.

— Peut-être la plainte d'Hellé, répondit Orphée. C'est dans cette mer qui sépare les deux détroits que s'est noyée la sœur de Phryxos.

Dans l'après-midi, ils arrivèrent en vue d'une île, que Typhis identifia aussitôt.

— Arctonnésos, l'île aux Ours, dit-il. Nous allons devoir rester prudents. Cette île doit son nom aux Gygénéis, les fils de la terre, qui ressemblent à des ours géants pourvus de six bras.

23

Arctonnésos, l'île aux Ours

— Les Gygénéis risquent-ils nous attaquer? demanda Jason.
Typhis fit la moue.
— Je ne sais pas. Ils vivent de l'autre côté de l'île et ils obéissent à Cybèle, la déesse de la terre.
Orphée, initié aux mystères divins, prit la parole.
— Autrefois, on la connaissait sous le nom de Rhéa, dit-il. Elle fut l'épouse du titan Cronos, qui régnait jadis sur le monde. Rhéa est donc aussi la mère de tous les dieux. Un oracle avait prédit à Cronos qu'il serait détrôné par l'un de ses fils. C'est pourquoi, à chaque naissance, il dévorait l'enfant, garçon ou fille. Il en avala ainsi onze. Mais Rhéa remplaça le douzième par une pierre. Cronos ne s'aperçut de rien. Devenu grand, ce douzième fils, Zeus, se révolta contre son père et une terrible guerre les opposa. Cronos fut vaincu et Zeus le força à régurgiter ses onze frères et sœurs, parmi lesquels se trouvaient Poséidon, Hadès et Héra, qui devint son épouse. Quant à Rhéa, elle se retira dans cette île et prit le nom de Cybèle, la déesse à la hache. On l'appelle aussi la reine des Abeilles. C'est un rite étrange que le sien. Ses prêtres pratiquent la castration sur eux-mêmes dans un état de transe. Ils reproduisent ainsi le sort des abeilles mâles, délaissées par la ruche et condamnées à mort après l'accouplement avec la reine. C'est une déesse qu'il vaut mieux ne pas contrarier.
À l'orient, une montagne élevée dominait l'île aux Ours.

— Le mont Dindymon, expliqua le pilote. C'est la demeure de Cybèle. Les Gygénéis vivent au pied de ce massif.

— Nous éviterons leur territoire, promit Jason.

— Nous pouvons demander l'hospitalité aux Doliones. Ce sont les habitants de l'île. Ils sont très accueillants.

Par prudence, Jason préféra contourner l'île par l'ouest. En fin d'après-midi, les Argonautes jetèrent l'ancre, constituée d'une lourde pierre attachée à des cordages, sur une grève proche de la cité, Cyzique. Tous débarquèrent, sauf Héraclès qui resta à bord afin de donner l'alerte en cas d'attaque des géants à six bras. Jason devina qu'il l'espérait secrètement. Depuis le départ d'Iolcos, il n'avait eu aucune occasion de se battre et il se sentait un peu frustré.

Comme l'avait prédit Typhis, Jason et ses compagnons furent reçus à bras ouverts par le roi, Cyzicos. La ville était en effervescence. En effet, le souverain était sur le point de convoler en justes noces. Il leur présenta sa future épouse, une femme d'une grande beauté nommée Clité.

— Soyez les bienvenus sur Arctonnésos! s'exclama-t-il. Je veux que vous soyez des nôtres pour les réjouissances qui vont suivre. Ces jours resteront gravés dans l'histoire!

Cyzicos s'estimait grandement honoré par la visite des Argonautes. Il avait entendu parler de leur expédition et considérait qu'ils avaient déjà accompli un premier exploit en trompant la surveillance de la flotte troyenne qui gardait l'entrée de l'Hellespont. Depuis des générations, Cyzique et Troie étaient en mauvais termes.

C'était un personnage exubérant, grand chasseur et grand buveur. Après la cérémonie du mariage, les festivités, qui durèrent trois jours, furent copieusement fournies en victuailles et en vins capiteux de toutes provenances, consommés en abondance

Cyzicos, qui aimait être en bonne compagnie, n'avait pas envie de voir repartir trop vite ses nouveaux amis. Lorsque chacun fut remis des agapes, il dit à Jason :

— Il y a là-haut, sur le mont Dindymon, une horde de lions féroces qui harcèlent mes paysans et déciment mes troupeaux. Je cherche depuis longtemps à les exterminer. Vous plairait-il de vous joindre à mes chasseurs?

Bien entendu, les Argonautes répondirent avec enthousiasme à son invitation. Mais l'un d'eux, le devin Mopsos, avertit Jason.

— Prends garde! dit-il. Une vision m'a visité cette nuit. Tuer ces lions serait un sacrilège. Ils appartiennent à la déesse Cybèle. Vous risquez de provoquer sa colère.

Orphée confirma ses paroles et refusa, lui aussi, de participer à la chasse. Mais les autres ne les écoutèrent pas. On ne pouvait décliner l'invitation d'un roi aussi généreux. Cependant, Jason le mit en garde. Le souverain balaya son inquiétude en éclatant de rire.

— Cybèle est une déesse très ancienne, répondit-il. Plus personne ne croit en elle, à part ces eunuques fous qui vivent dans la montagne.

Mopsos et Orphée regardèrent avec inquiétude leurs compagnons s'éloigner. Les vapeurs du vin avaient altéré la sagesse des Argonautes.

Comme le redoutait Mopsos, il se fit un carnage sur les flancs du Dindymon. Deux jours plus tard, les chasseurs ramenaient plus d'une trentaine de cadavres de lions, de lionnes, et même de lionceaux. Doliones et Argonautes avaient massacré tous les fauves qu'ils avaient trouvés.

Revenu dans sa cité, Cyzicos rassura ses paysans.

— Vous pouvez désormais dormir tranquilles, clama-t-il. Il ne reste plus un seul lion dans la montagne.

Puis il donna des ordres pour organiser de nouvelles festivités.

Mais dès le lendemain, le ciel se couvrait d'énormes nuages noirs au nord. Toutefois, la tempête demeura à l'écart de l'île aux Ours. Mopsos prit Orphée à part.

— Ces nuages ne sont pas naturels, dit-il, l'air sombre. Ces sacrilèges n'ont même pas vu que la colère de Cybèle s'apprêtait à les frapper.

Après les dernières festivités, Jason estima qu'il était temps de repartir. Il avait remarqué la tempête qui se préparait et souhaitait s'éloigner de l'île au plus vite. Les Argonautes firent leurs adieux au roi Cyzicos et quittèrent la cité pour regagner le navire.

À bord de l'*Argo*, Héraclès avait vu, lui aussi, le temps se détériorer. N'ayant pas pris part à la chasse, il n'était pas au courant du massacre des lions de Cybèle. Pendant l'absence de ses compagnons, il n'avait dormi que d'un œil, et n'avait rien remarqué d'exceptionnel. Jusqu'au moment où cette tempête inattendue s'était déclenchée sur la rive nord de l'Hellespont. Alors qu'un soleil resplendissant inondait encore Arctonnésos d'une lumière d'or, la formidable masse nuageuse venant du septentrion semblait écraser la mer. Depuis sa base ténébreuse où l'on devinait, de temps à autre, des jaillissements d'éclairs, jusqu'à ses sommets immaculés, elle semblait trois fois plus haute que le Dindymon. Des rafales violentes soulevaient, autour du navire, des tourbillons de sable et de débris de végétaux. Etonné, Héraclès s'adressa aux cieux et s'exclama :
— Est-ce toi, mon père, qui te met en colère?
Zeus ne répondit pas. Héraclès en conclut qu'il s'agissait d'autre chose. Tout à coup, il vit un paysan courir vers le bateau, affolé. L'homme hurlait quelque chose que le vacarme des bourrasques ne lui permettait pas d'entendre. Puis d'autres paysans suivirent, qui semblaient terrorisés par quelque chose qu'il ne voyait pas.
Il comprit ce qui se passait quand il aperçut, lancé à la poursuite des malheureux, une vingtaine de monstres difformes, vêtus de peaux de bêtes et armés d'énormes haches de pierre. Ils semblaient surgir de la terre, comme si les rochers avaient soudain pris vie.

— Les Gygénéis! gronda Héraclès, qui saisit sa massue et la fit tournoyer.

Les premières créatures atteignirent les malheureux paysans, sur lesquels s'abattirent les haches gigantesques. Héraclès bondit à terre et se lança à l'assaut des monstres.

24

La vengeance de Cybèle

Lorsque Jason et ses compagnons arrivèrent à l'*Argo,* les alentours étaient jonchés de cadavres de créatures hirsutes, dotées de six bras. Le géant Héraclès rassurait une troupe de paysans. Il leva sa massue tachée de sang pour les saluer :

— Ah, mes amis, par les tripes du lion de Némée, ce fut un beau combat! J'aurais aimé qu'ils fussent encore plus nombreux!

Jason regarda autour de lui, stupéfait. Pas un seul des Gygénéis n'avait survécu. Puis il jeta un regard inquiet en direction du mont Dindymon. Mais tout paraissait calme. Seule la tempête du nord se rapprochait lentement. Sur l'ordre de Jason, les Argonautes embarquèrent rapidement.

— Les géants à six bras sont aussi des créatures de Cybèle, déclara Mopsos. Comme les lions de la montagne. Elle cherchera à se venger.

— Il ne se passe rien sur l'île, remarqua Jason.

— Pour l'instant. Mais méfie-toi de ces nuages, là-bas. Je suis certain qu'ils sont la manifestation de la colère de la déesse. Nous ferions mieux de partir au plus vite.

Il fallut convaincre Héraclès de remonter à bord. Il aurait volontiers affronté Cybèle à lui seul. Les Argonautes se hâtèrent de remonter la pierre d'ancrage. Puis, sous la direction de Typhis, ils gagnèrent le large à force de rames.

— On dirait que la tempête reste concentrée sur la rive septentrionale, remarqua Atalante. Peut-être parviendrons-nous à l'éviter.

— Elle n'a peut-être rien à voir avec Cybèle, ajouta Méléagre.

Mais le visage sceptique de Mopsos, doté du don de voyance, leur fit craindre le pire.

Après avoir contourné la pointe nord de l'île aux Ours, ils s'éloignèrent de ses côtes sans qu'il se passât rien, sauf un vent frais qui creusait les lames. Cependant, très vite, la crête des vagues se frangea d'écume. L'*Argo* fut bientôt secoué comme une coque de noix, son étrave plongeait au cœur des flots. Des paquets de mer balayaient le pont, détrempant les marins. Pourtant, le soleil continuait à luire.

Ce fut seulement en fin de journée que la masse colossale qui pesait sur le nord progressa vers eux, comme animée par une volonté propre. Mopsos, qui avait pris place auprès d'Orphée, hurla :

— Je ne m'étais pas trompé, hélas! Cette tempête est la vengeance de Cybèle. Elle veut envoyer l'*Argo* par le fond. Nous devons trouver au plus vite une côte pour mettre le navire à l'abri.

Orphée approuva et prévint Jason. Mais jamais on n'avait vu d'orage se déplacer à une telle vitesse. Il ne lui fallut pas longtemps pour rattraper l'*Argo*. Le soleil disparut, et le bateau fut plongé dans une pénombre liquide, malmené par des vagues qui dansaient en tous sens, sous le souffle de vents tourbillonnants. On naviguait en direction du sud, mais les marins avaient de plus en plus de mal à maintenir le cap. Un ouragan d'une violence inouïe se mit à souffler, qui déchiqueta la voile.

Atalante et Alceste avaient trouvé refuge dans la cabine arrière. Arc-boutés sur les rames, les Argonautes avaient renoncé à suivre leur route. Ils se contentaient de maintenir le navire dans l'axe des vagues, pour lui éviter de chavirer.

Ils naviguèrent ainsi plusieurs heures dans les ténèbres liquides, tentant de trouver une côte afin d'y attendre la fin de la tourmente. Mais ils avaient perdu tout sens de l'orientation. Malgré son œil perçant, Lyncée ne parvenait pas à distinguer quoi que ce fût à travers les épais rideaux de pluie. Peu à peu, ce qui restait de luminosité disparut et l'*Argo* poursuivit sa route à l'aveugle, illuminé par les éclairs éblouissants qui déchiraient la nuit. Soudain, Lyncée s'écria :

— Il y a une terre droit devant nous!

Ballotté par les lames puissantes, le navire se dirigea vers l'endroit indiqué. Lyncée ne s'était pas trompé. Bientôt, devant eux, apparut un rivage, zébré de lueurs vertes. Ils redoutèrent un instant d'être projetés contre des écueils affleurant, mais la quille de l'*Argo* s'enfonça brutalement dans le sable. Le navire s'immobilisa. Trempés et recrus de fatigue, les navigateurs descendirent à terre.

— Où sommes-nous? gémit Boutès.

— Aucune idée, répondit Typhis. La tempête a dû nous emporter loin d'Arctonnésos. Il y a d'autres îles plus petites vers le nord. Nous sommes peut-être même sur les côtes de la Thrace orientale, sur la rive nord de l'Hellespont.

Dans des ténèbres presque totales, ils remontèrent vers l'intérieur des terres pour trouver un abri.

— Et si cette terre nous était hostile? s'inquiéta Méléagre. J'ai cru entendre des bruits bizarres. Comme des cliquetis d'armes.

— Eh bien, rugit Héraclès, si ennemi il y a, qu'il se montre!

Malheureusement, il était impossible d'y voir dans ce déluge nocturne. Bousculés par de puissantes bourrasques, ils finirent par découvrir une sorte de clairière. Ils s'y laissèrent choir, exténués.

Soudain, des hurlements guerriers retentirent dans les ténèbres. L'instant d'après, une vague d'assaillants surgit de nulle part. Les Argonautes dégainèrent leurs armes et un combat farouche s'engagea contre l'armée invisible. Incapables de se voir, ils poussèrent leur cri de guerre afin de ne pas se combattre mutuellement. La bataille dura ainsi jusqu'à l'aube, dans le fracas des armes et les cris féroces des combattants, les gémissements des blessés et des mourants.

Au matin, la tempête qui avait sévi toute la nuit se calma. Les nuages se retirèrent vers l'intérieur des terres et un soleil rouge illumina la clairière jonchée de corps. De l'assaillant inconnu, il ne restait plus qu'une vingtaine de guerriers pantelants, épuisés, qui faisait encore face aux Argonautes. Alors, Jason poussa un cri d'horreur :

— Arrêtez! Cessez de vous battre! Ce sont les Doliones. Nous avons tué nos alliés!

Aussitôt, le fracas des armes cessa. Tous se regardèrent avec stupeur. Les ténèbres les avaient trompés. Sur le sol gisaient une centaine de blessés et de mourants. Jason reconnut le roi Cyzicos. Du sang ruisselait de son armure. Soutenu par son capitaine, le géant Pirès, il respirait avec peine. Jason s'agenouilla près de lui et lui prit les mains. Lui-même avait été blessé au bras.

— Mon ami! Pardonne-nous! Nous avons navigué toute la journée et nous ne pouvions pas imaginer que nous étions revenus à Arctonnésos. Mais pourquoi avez-vous attaqué?

Cyzicos lui adressa un sourire qui ressemblait plutôt à une grimace. Parce qu'il était trop faible, ce fut Pirès qui parla :

— Hier, peu après votre départ, un messager est arrivé au palais, disant qu'une flotte troyenne était sur le point de débarquer. Nous avons réuni l'armée et nous nous sommes portés à sa rencontre, à l'endroit qu'il nous avait indiqué. Nous étions à peine arrivés que la tempête nous a plongés dans les ténèbres. Nous avons établi nos quartiers pour la nuit et nous avons attendu. Puis nous avons entendu des voix et des bruits d'armes. Nous avons pensé que l'homme avait dit la vérité et nous avons donné l'assaut. Pas un instant nous n'avons pensé qu'il pouvait s'agir de vous.

La main de Cyzicos se crispa sur celle de Jason.

— Les dieux, souffla-t-il d'une voix rauque, les dieux se sont joués de nous.

Mopsos, touché à l'épaule, intervint.

— C'est la vengeance de Cybèle, dit-il. Cette tempête est son œuvre. Elle a ramené l'*Argo* sur les côtes d'Arctonnésos et elle a fait en sorte que nous nous entretuions.

— Le messager était sans doute l'un de ses prêtres, soupira Pirès. Nous aurions dû nous méfier.

— C'est ma faute, gémit Cyzicos. C'est moi qui vous ai entraînés dans cette chasse au lion.

Sa voix n'était plus qu'un mince filet à peine audible. Il fixa intensément Jason dans les yeux.

— Je sais… que tu la ramèneras, Jason. La Toison… d'or.

Sa tête retomba en arrière. Jason sentit à peine les larmes qui ruisselaient sur ses joues.

— Qu'Hadès t'accueille en héros dans les champs Élysées, compagnon.

La bataille avait été longue et meurtrière. Parmi les Argonautes, elle avait fait quelques morts et une vingtaine de blessés. Mais le bilan était beaucoup plus lourd chez les Doliones, à cause de la présence d'Héraclès. Outre le roi Cyzicos, une trentaine d'entre eux avaient péri.

La mort dans l'âme, Argonautes et Doliones ramenèrent les corps jusqu'à Cyzique. Alternant avec le soleil orange, des nuages bas et sombres pesaient toujours sur l'île, reflet de la colère inassouvie de la déesse. Des éclairs continuaient de zébrer les hauteurs du mont Dindymon. À la lumière couleur de sang du petit jour, ils reconnurent, un peu plus loin, la grève où ils avaient jeté l'ancre quelques jours plus tôt. Les cadavres de Gygénéis gisaient encore sur le sable et la roche.

Apprenant la mort de son mari, Clité s'effondra en larmes. On dressa les bûchers sur lesquels allaient être brûlés les corps des guerriers des deux camps, réunis dans la mort. Puis on en construisit un plus grand pour le roi Cyzicos. Selon la tradition, Jason et Pirès, qui avait pris temporairement le rôle de régent, organisèrent des jeux funèbres en l'honneur du roi défunt. Ceux-ci durèrent douze jours, au cours desquels Argonautes et Doliones s'affrontèrent, en joutes fraternelles, cette fois.

Au matin du treizième jour, les Argonautes s'apprêtaient à repartir quand on s'aperçut que la reine avait disparu. Jason et ses compagnons, venus lui faire leurs adieux, trouvèrent une salle du trône pratiquement vide, hormis Pirès, dévoré d'inquiétude.

— Clité s'est enfuie! dit-il. Sa nourrice vient de me prévenir qu'elle avait quitté le palais dans la nuit. Je suis sûr qu'elle veut se donner la mort. Elle a dit qu'elle ne voulait pas survivre à son mari. J'ai peur qu'il ne soit arrivé malheur!

— Nous allons t'aider à la rechercher.

Toute la population de Cyzique se mit aussitôt en quête de sa reine. Mais il était déjà trop tard. Quand Atalante l'aperçut au creux d'une combe perdue dans la montagne, elle comprit que Clité avait cessé de vivre. Un long poignard, celui du roi Cyzicos, était plongé dans son cœur. Mais la reine n'était pas seule. Pétrifiée, Atalante appela doucement ses compagnons. Tous furent émus par le spectacle qu'ils avaient sous les yeux. Autour de la défunte veillait une myriade de nymphes au visage baigné de larmes. Celles-ci coulaient en telle abondance que peu à peu, une source se forma. Alors, une à une, les nymphes disparurent. Ne restèrent que le corps de Clité et la source, à laquelle on donna son nom.

Jason avait pensé que, sa vengeance accomplie, Cybèle allait faire cesser la tempête. Or il n'en fut rien. Après une accalmie qui avait duré le temps des jeux funèbres de Cyzicos puis des funérailles de Clité, elle reprit de plus belle, interdisant aux Argonautes de partir. Chaque jour, Jason se rendait, en compagnie de Mopsos, sur la grève où l'*Argo* était échoué, espérant une amélioration. Mais chaque fois, il devait renoncer au départ devant l'aspect de la mer.

Un matin, un oiseau étrange se posa sur la proue, dans lequel Mopsos reconnut un alcyon.

— C'est un oiseau sacré, dit-il. Il est certainement envoyé par une divinité. Cybèle doit nous adresser un message.

25

Les naïades de Pégae

Mopsos s'approcha lentement de l'oiseau afin de ne pas l'effrayer. L'alcyon ne s'envola pas. Jason vit son compagnon tendre l'oreille pour mieux écouter ses cris. Il ne s'en étonna pas. Mopsos comprenait le langage des oiseaux.

— Il est envoyé par la déesse Cybèle, dit-il enfin. Sa colère s'est abattue sur Cyzicos parce qu'il a tué ses lions favoris. Elle également furieuse contre les Argonautes, et plus encore contre Héraclès, qui a massacré les Gygénéis. Elle ne peut se venger de lui, car il est le fils de Zeus, mais elle fera durer l'ouragan jusqu'à ce que nous lui ayons élevé une statue sur le mont Dindymon.

Jason acquiesça.

— Nous ferons ce qu'elle demande. Nous ne pouvons aller contre sa volonté.

Argos, le plus habile sculpteur des Argonautes, choisit un très vieux cep de vigne, dans lequel il tailla une effigie à l'image de Cybèle. Puis les navigateurs se rendirent au sommet de la montagne où ils élevèrent un autel à la gloire de la déesse, surveillés de loin par les prêtres eunuques. Lorsque la statue fut en place, ils dansèrent toute la nuit, revêtus de leurs armures, afin d'apaiser sa colère.

Au matin, le ciel était dégagé, et les vents violents avaient cessé de souffler. L'*Argo* pouvait prendre la mer. Avant le départ, Jason prit le soin de détacher la grosse pierre qui servait d'ancre et la consacra à Athéna dans son temple de Cyzique. Puis il en choisit une autre pour la remplacer.

Après avoir fait leurs adieux aux Doliones, les Argonautes poursuivirent leur route vers l'est, longeant la côte orientale de l'île aux Ours, qui s'avéra être une presqu'île.

— Nous aborderons bientôt le pays de Mysie, déclara Typhis.

Jason était inquiet pour le vieux pilote. Il avait reçu une mauvaise blessure au cours de la bataille malheureuse contre les Doliones, et la fièvre s'était emparée de lui. Malgré les soins attentifs que lui prodiguaient Atalante et Alceste, Typhis savait que le temps approchait où il allait devoir rejoindre le royaume d'Hadès.

— Ne vous apitoyez pas sur moi, mes frères, dit-il à ses compagnons peinés. D'autres que moi ont péri depuis notre départ d'Iolcos. Ancée est aussi bon pilote que moi. Il me remplacera lorsque je serai parti. Il vous mènera jusqu'en Colchide. Je lui ai enseigné tout ce que je savais.

Mais l'humeur des Argonautes restait sombre. L'un d'entre eux, le devin Idmon, était envahi par une morosité dont rien ne semblait pouvoir le distraire. Lorsque Jason l'interrogea, il lui répondit avec un sourire résigné :

— Ne te fais pas de souci pour moi, Jason. Je crois que ce combat contre les Doliones m'a profondément affecté.

Afin de ne pas céder à la tristesse, Héraclès proposa un concours de rame. L'initiative fut accueillie avec enthousiasme, bien que l'on connût à l'avance le vainqueur. Personne en effet n'était capable de battre le géant dans une discipline de force.

Au rythme du tambour d'Orphée, les Argonautes s'arc-boutèrent sur leurs rames et accélérèrent la cadence. À l'avant du navire, Typhis contemplait l'étrave qui fendait puissamment les flots. Un air vif emplissait ses poumons tandis que des embruns l'éclaboussaient. Jamais un navire n'avait été aussi rapide. Il mourrait fier d'avoir pu le piloter.

La cadence était à son maximum. Bientôt, les Argonautes commencèrent à donner des signes de fatigue, puis à abandonner. Ceux qui renonçaient rentraient leurs rames et reprenaient leur souffle. Peu à peu, ils furent de moins en moins nombreux à ramer. Certains étaient au bord de l'asphyxie.

Pour finir, il ne resta plus que Jason, Héraclès, Castor et Pollux. Mais Castor n'avait pas la résistance de son jumeau à l'ascendance divine. Lorsque Pollux comprit qu'il ne tiendrait plus longtemps, il abandonna le premier, afin de soulager son frère.

Seuls Jason et Héraclès poursuivirent l'effort. Le géant pestait. Jason était d'une force peu commune et d'une résistance rare. Jamais un homme n'avait tenu aussi longtemps contre lui à ce jeu-là. Soudain, Typhis aperçut, au loin, l'embouchure d'un fleuve.

— C'est le fleuve Chios, souffla-t-il à Ancée. Nous sommes en Mysie.

Ancée se tourna vers les deux rameurs et leur annonça la nouvelle. Jason l'entendit à peine. Les joues rouges, les yeux injectés de sang et le souffle court, il était au bord de l'évanouissement. Mais, tant qu'il lui restait de l'énergie, il ne voulait pas s'avouer vaincu. Hélas, il avait présumé de ses forces. Soudain, son regard se voila et il s'écroula. Au même instant, Héraclès, qui sentait la victoire proche, appuya encore plus fermement sur sa rame. Un formidable juron retentit : elle venait de rompre!

— Espèce de cochonnerie vomie par les écuries d'Augias! brailla-t-il en secouant vigoureusement le morceau qui lui restait entre les mains. Tu m'as volé ma victoire!

Furieux, il se redressa et projeta la rame brisée dans les flots. Les autres éclatèrent de rire. Sa colère tomba dès qu'il vit Jason évanoui. Il se rendit immédiatement près de lui, inquiet. Jason reprit très vite ses esprits. Héraclès le secoua avec une affection bourrue.

— Espèce de tête de mule! Tu aurais pu y laisser tes os!

— Il n'y a pas de raison que ce soit toujours toi qui gagnes.

— Oh, mais nous referons ce concours!

— Pas tout de suite, si tu permets. De toute façon, tu n'as plus de rame.

— Nous sommes en Mysie. Je trouverai dans la région de quoi m'en tailler une nouvelle.

Jason acquiesça.

Une heure plus tard, les Argonautes débarquaient, exténués. La réputation des héros les avait précédés. Les Mysiens les accueillirent chaleureusement et offrirent de les loger dans leurs demeures.

Dès le lendemain, Héraclès se mit en quête d'un bois suffisamment dur pour se fabriquer une rame. Accompagné de son inséparable Hylas et de Polyphème, il se dirigea vers les collines proches, couvertes d'une forêt épaisse de chênes et d'oliviers. Quelques jeunes Mysiens, que le géant fascinait, les suivirent. Il voulait entendre le récit de ses exploits, ce qu'il ne se priva pas de faire. Héraclès aimait beaucoup parler de lui.

Enfin, près d'un étang ombragé, il trouva un chêne qui correspondait à ce qu'il désirait. Il se mit aussitôt à l'ouvrage. Pendant ce temps, Hylas s'éloigna en compagnie des Mysiens. L'eau de l'étang était si claire qu'ils décidèrent de s'y baigner. À peine étaient-ils entrés dans le petit lac qu'une myriade de filles apparurent, toutes plus belles les unes que les autres. C'étaient des naïades. Vêtues d'algues qui se mêlaient à leurs longues chevelures, elles vinrent danser autour des garçons ravis. Sauf Hylas, qui n'appréciait pas leur manière de le toucher et de lui prendre les mains pour l'inviter à danser en leur compagnie. Mais, bien évidemment, c'est lui qui eut leur préférence.

— Je m'appelle Dryopé, dit la plus belle. Et voici mes sœurs.

De loin, Héraclès aperçut le manège et éclata de rire, imité par Polyphème.

— Ces pauvres filles ne savent pas qu'elles perdent leur temps.

Mais les naïades insistaient.

— Tu es si beau, viens avec nous! Nous prendrons soin de toi. Nous habitons sous les eaux, dans un palais situé dans une grotte immense.

— Je ne veux pas. Je suis mieux avec mes compagnons.

Hilare, Héraclès se remit au travail. Soudain, il entendit Hylas hurler au secours. Inquiet, il se redressa. Les jeunes Mysiens venaient vers lui en courant.

— Seigneur Héraclès. Les naïades de Pégae ont enlevé Hylas.

Saisi par l'angoisse, il courut à l'étang. Mais il n'y avait plus trace de son compagnon.

— Où est-il passé? s'écria-t-il.

— Elles l'ont entraîné sous les eaux! dit l'un des garçons.

Héraclès plongea aussitôt, suivi par Polyphème. Ces filles ne pouvaient pas être loin. Mais il eut beau scruter avidement le fond de l'étang, il ne vit rien. Hylas avait purement et simplement disparu.

Il ressortit de l'eau, furieux contre les naïades et contre lui-même. Il n'avait pas su protéger son compagnon. Et à présent, il était peut-être mort noyé.

— Hylas! hurla-t-il.

Polyphème courut au petit village voisin pour quérir du secours. Bientôt, plusieurs dizaines de personnes vinrent leur prêter main-forte. En vain. Hylas resta introuvable.

— Mais pourquoi ne l'avez-vous pas mis en garde? gronda-t-il à l'adresse des garçons qui étaient avec lui.

— Nous ne pouvions pas savoir qu'il y avait du danger, seigneur. Nous connaissons bien les naïades de Pégae. Elles n'ont jamais fait de mal à personne. Elles aiment rire et s'amuser.

— Elles ont dû tomber amoureuses d'Hylas précisa l'un d'eux. C'est arrivé une fois, il y a très longtemps.

— Et que s'est-il passé? demanda Héraclès, anxieux.

— Nous l'ignorons. Peut-être leur victime a-t-elle été libérée. Peut-être est-elle restée prisonnière sous les eaux.

Héraclès secoua la tête, puis déclara à Polyphème d'un ton péremptoire :

— Je ne partirai pas avant d'avoir retrouvé Hylas. Je reste ici.

Son ami hocha la tête. Derrière la fureur d'Héraclès, il devinait un grand chagrin et une profonde colère contre lui-même. Il ne pouvait le laisser ainsi seul. Il répondit :

— Dans ce cas, je reste avec toi.

Ainsi les Argonautes perdirent-ils Héraclès et Polyphème. Le géant était décidé à traquer les naïades. Il était persuadé qu'Hylas n'était pas mort et qu'il réapparaîtrait bientôt.

— Il n'aime pas les femmes. Elles auront vite fait de se lasser de lui et le renverront à la surface.

Il était inutile de tenter de le fléchir. Jason et les Argonautes remontèrent à bord, privés de leur plus puissant guerrier.

26

Amycos le Bébryce

Deux jours plus tard, l'*Argo* arrivait en vue de l'île de Bébrycos. Inquiet, Typhis dit à Jason :

— Il vaudrait mieux éviter d'aborder. Le roi des Bébryces, Amycos, se dit fils de Poséidon. C'est un géant d'une force colossale qui provoque à la boxe tous les étrangers qui débarquent sur son île.

— Mais nous n'avons plus d'eau douce, répondit Jason. Nous n'allons pas mourir de soif à cause de ce roi prétentieux.

— Méfie-toi, Jason. Héraclès n'est plus avec nous. Lui seul aurait pu le terrasser.

Jason se tourna vers les bancs de nage.

— Nous avons Pollux. Il a été champion de boxe aux derniers jeux d'Olympie.

— Je sais, mais Amycos est plus jeune et plus puissant que lui. Si nous débarquons, nous serons forcés de l'affronter. Ceux qui s'y refusent sont impitoyablement jetés du haut d'une falaise. Il a certainement dû entendre parler de nous, lui aussi, et il nous attend.

Jason posa la main sur l'épaule de Typhis.

— Compagnon, nous avons affronté bien d'autres dangers. Et nous les avons surmontés.

— Il y a autre chose, poursuivit le pilote. Il n'existe qu'une source sur cette île. C'est une source magique, dont Amycos est seul à connaître le secret. En admettant même que Pollux parvienne à le vaincre, je doute qu'il acceptera de nous y conduire.

— Allons demander l'avis de Pollux.

Celui-ci n'hésita pas un instant.

— Si ce roi nous lance un défi, je le relèverai. La jeunesse et la puissance ne sont pas tout.

Il montra sa tête de l'index.

— Il faut aussi se battre avec ça.

Le soir même, L'*Argo* abordait sur une plage de Bébrycos. Le roi Amycos ne se fit pas attendre. Ses guetteurs l'avaient averti depuis longtemps qu'un navire approchait. Les Argonautes virent arriver un géant au visage carré et antipathique. Son nez écrasé trahissait les nombreux combats qu'il avait livrés. Hormis une longue queue de cheval, son crâne était rasé. Cicatrices et balafres zébraient sa face et son torse. Il apostropha Jason d'un air supérieur. Sa voix était grave et rauque, à l'intonation mauvaise et agressive.

— Qui vous rend si audacieux de débarquer sur mon île?

Préférant éviter tout conflit, Jason parla d'une voix calme.

— Nous ne venons pas en ennemis. Nous voulons seulement faire provision d'eau douce.

Amycos éclata d'un rire sonore, repris servilement par ses guerriers.

— De l'eau douce! Nous verrons… Mais il faut d'abord que vous acceptiez de vous soumettre à l'épreuve que j'impose à mes visiteurs.

— Quelle épreuve? demanda Jason, qui connaissait la réponse.

— Je veux que vous désigniez votre champion. Il devra boxer contre moi.

Il écarta les bras.

— Si vous refusez, j'ordonne à mes guerriers de vous jeter du haut de la falaise.

Il désigna le haut promontoire qui dominait la petite cité des Bébryces d'une bonne centaine de mètres. Au pied de la muraille s'étendaient des récifs sur lesquels les vagues venaient se déchirer. Jason hésita. Les Argonautes auraient pu leur livrer combat. Chacun d'eux maîtrisait un art du combat que ces brutes ne possédaient sans doute pas. Mais les Bébryces étaient quatre fois plus nombreux qu'eux. Pollux s'avança.

— Il n'est pas question de refuser. Je relève ton défi si tu t'engages sur l'honneur à nous donner de l'eau après le combat.

Amycos fit encore une fois entendre son rire gras.

— Parce que tu te crois capable de me vaincre?

Il se réjouissait d'avance. Son adversaire était plus petit que lui et plus âgé. Mais Pollux demeura imperturbable.

— Je veux un engagement sur l'honneur! insista-t-il.

Amycos poussa un rugissement agacé.

— C'est bien, je te donne ma parole que, si je suis vaincu, vous pourrez prendre de l'eau. Nous nous retrouverons demain dans l'arène.

Puis il tourna le dos avec mépris à Pollux et retourna vers Bébrycos en plastronnant parmi ses guerriers.

— Méfie-toi, dit Orphée à Pollux. Cet homme-là n'est pas un adversaire loyal, et sa parole n'a aucune valeur. Même si tu le vaincs, il refusera de nous donner de l'eau. Nous devons nous préparer au combat quelle que soit l'issue de votre duel.

Jason approuva.

Le lendemain, les Argonautes se rendirent à Bébrycos. Une arène naturelle avait été aménagée en lisière de la ville, où tous les habitants s'étaient rassemblés. Les Argonautes prirent place. Chacun avait pris soin d'apporter ses armes, dissimulées sous les vêtements.

Amycos entra le premier dans l'arène. Son corps était huilé et, selon la coutume des jeux olympiques, il ne portait rien sur lui. Il jeta un coup d'œil plein de morgue à son adversaire et lui tendit des gants de cuir. Pollux les prit et ôta son pallium[1].

[1] Pallium : sorte de draperie rectangulaire que l'on faisait tenir sur le corps sans broche ni agrafe.

Tandis qu'il passait ses propres gants, il constata que ceux d'Amycos, qui lui remontaient sur les avant-bras, étaient hérissés de clous de bronze acérés.

— Prends garde, souffla Jason. Orphée a vu juste. Ce maudit roi se donne déjà un avantage sur toi.

Pollux acquiesça d'un signe de tête. Puis il s'avança vers le Bébryce. Celui-ci le toisa une dernière fois, puis fonça d'un coup. Mais Pollux attendait son attaque et la détourna. Sans chercher à attaquer lui-même, il s'appliqua plutôt à esquiver les assauts brutaux de son adversaire. Amycos était certainement doté d'une très grande force, mais son intelligence ne suivait pas. Bientôt, Pollux, qui n'avait encaissé que quelques coups sans gravité, cerna les points faibles du roi. Celui-ci, fermement encouragé par son peuple, continua à foncer et à frapper de toutes ses forces. Mais ses coups ne rencontraient bien souvent que le vide, et il commençait à souffler comme un taureau, les yeux exorbités par la colère.

Tout à coup, Pollux riposta. Des coups d'une précision imparable s'abattirent sur les flancs du Bébryce, qui ne sut comment réagir. Un direct d'une grande violence lui écrasa le nez. Ses lèvres éclatèrent et il se mit à cracher du sang. Pollux, bondissant autour de lui, continua de le harceler. Fou de rage, Amycos se rua sur lui. Il s'ensuivit une série d'échanges d'une puissance inouïe. Les corps des deux hommes ruisselaient de sang. Mais bientôt, Amycos donna des signes de faiblesse. Pollux prit alors le dessus en enchaînant des coups rapides. Amycos, aveuglé par le sang qui lui coulait sur les yeux, ne savait plus où taper. Et soudain, le poing droit de Pollux s'abattit sur sa tempe, faisant craquer le crâne du roi. Amycos s'effondra, assommé.

Lorsqu'il reprit ses esprits, quelques instants plus tard, Pollux s'avança vers lui.

— Je t'ai vaincu, roi des Bébryces. À présent, tu dois tenir ta parole et nous montrer où se trouve la source.

Ecumant de fureur, Amycos cracha du sang sur le sable et se redressa. Puis il s'exclama :

— Jamais! Bébryces! Tuez-les tous!

Aussitôt, tous les guerriers brandirent leurs glaives et leurs lances. Mais les Argonautes se tenaient prêts. Ils s'organisèrent immédiatement en formation de combat. Les archers se postèrent à l'arrière, tandis que les autres se rangeaient en arc de cercle pour repousser l'assaut. Les flèches d'Atalante et de Pélée firent merveille, abattant un Bébryce à chaque tir. Alceste elle-même lançait ses pointes avec précision et plus d'un ennemi tomba sous ses coups. Jason en tête, les Argonautes ripostèrent avec une efficacité redoutable. Bientôt, malgré leur très nette supériorité numérique, les Bébryces furent obligés de reculer. Amycos se joignit à ses guerriers, espérant que sa puissante musculature ferait la différence. Mais il tomba une nouvelle fois sur Pollux, qui le frappa cette fois sur l'autre tempe. Le roi s'écroula, de nouveau étourdi. Jason ordonna alors aux Argonautes de l'emporter. Leur roi capturé, les Bébryces rompirent le combat et s'enfuirent pour se réfugier dans la cité. Ils furent aussitôt poursuivis par Pollux qui entraîna ses compagnons dans la ville pour la piller.

Pendant ce temps-là, Jason, Atalante, Méléagre et Orphée emmenaient Amycos vers l'*Argo*. Revenu à lui, le roi poussa une série de jurons, cracha du sang et clama qu'il ne donnerait jamais le secret de la source, même si on lui tranchait les membres un à un.

— Quelle tête de mule, grommela Orphée. Nous ne pouvons tout de même pas le torturer.

Jason eut un petit sourire.

— Il le mériterait. Mais j'ai une autre idée.

27

La source magique

— Quelle est ton idée? demanda Atalante.

— Nous allons d'abord l'attacher à un rocher, en bordure de la mer.

Traînant leur prisonnier qui ne cessait de les injurier, ils se dirigèrent vers la falaise. Là, ils repérèrent une roche en saillie. Amycos se débattit comme un beau diable, mais il ne put empêcher les Argonautes de le ligoter solidement.

— Qu'est-ce que vous faites? hurla-t-il. Vous croyez peut-être que c'est en m'attachant que vous m'arracherez le secret?

Atalante se tourna vers Jason et lui souffla discrètement.

— Crois-tu vraiment que nous parviendrons à le faire parler ainsi?

— Pour l'instant, non. Mais, cette nuit, il fera moins le fier.

Il leva les yeux et ajouta :

— Le ciel est bien dégagé, et c'est la pleine lune.

Atalante frémit. Elle avait compris ce qui allait se passer.

La nuit était presque tombée lorsque Jason s'approcha une nouvelle fois de lui. Amycos l'accueillit avec une nouvelle bordée d'injures.

— Ah, tu es enfin décidé! rugit-il.

— Détrompe-toi, je ne vais pas te tuer, répondit Jason.

Il montra le pied de la falaise, hérissé de roches déchiquetées sur lesquelles les vagues venaient se briser. Le grondement des flots forçait le jeune homme à hausser la voix :

— C'est du haut de cette falaise, je crois, que tu fais jeter tous ceux qui refusent de te combattre.

— Tous des lâches!

— La lâcheté consiste à s'attaquer à des hommes plus faibles que toi. Mais il semble que tu ignores ce que signifie le mot honneur.

— Que les chiens des Enfers te bouffent les entrailles!

— Dis-moi, Amycos, Combien d'hommes as-tu menés jusqu'ici? reprit doucement Jason.

— Ha, ha! Au moins une centaine! répondit l'autre d'une voix chargée d'orgueil.

— Et pas un n'a survécu, bien sûr?

Le Bébryce éclata d'un rire rauque.

— Ils se sont tous écrasés sur les rochers comme des fruits mûrs!

— Donc, ils n'ont pu rejoindre le Tartare, et leurs âmes hantent encore les flots de cette île.

Amycos perdit tout à coup de son arrogance.

— Pourquoi me demandes-tu ça?

— Parce qu'il se trouve que mes compagnons et moi-même avons été initiés aux mystères de Perséphone par les Cabires de Samothrace. Et nous avons appris d'eux les incantations qui permettent d'attirer les âmes des malheureux péris en mer. Nous allons donc les appeler et tu t'expliqueras avec eux.

Le visage d'Amycos devint livide. Jason se retira en silence. Bientôt, le Bébryce l'entendit psalmodier des formules dans une langue inconnue. Il jeta d'un ton crâne :

— Tu crois peut-être me faire peur avec tes histoires de fantômes. Ils n'ont jamais osé revenir. Pourquoi le feraient-ils aujourd'hui?

Jason ne répondit pas et poursuivit ses incantations. La lyre d'Orphée égrenait des accords tristes que le vent emportait. Bientôt, la Déesse-Lune apparut dans toute sa splendeur.

Simultanément, un ouragan glacial se leva, qui balaya l'île et la mer, soulevant de hautes vagues. Le Bébryce frissonna. La peur commençait à l'envahir.

Tout à coup, il vit quelque chose prendre forme au milieu de la mer en furie. Une silhouette sombre s'éleva au-dessus des flots. Une deuxième suivit, puis plusieurs autres. Il se mit à trembler. Les spectres s'avancèrent dans sa direction, glissant sur les vagues.

— À l'aide! hurla Amycos.

Jason revint vers lui.

— Je crois que ces gens viennent pour se venger, souffla-t-il à l'oreille du Bébryce. Je me demande ce qu'ils vont te faire. On dit que parfois les fantômes mangent leurs victimes encore vivantes.

— Nooon!

— Je connais le moyen de les arrêter. Mais il me faudrait un gage de ton repentir.

Une bonne trentaine de spectres avaient déjà atteint la grève. Une plainte lugubre montait de leur effrayante cohorte. Amycos distingua, sous la clarté lunaire, leur peau boursouflée par le séjour prolongé sous les eaux, les lambeaux de chair arrachés. Il se mit à brailler.

— Détache-moi! Par pitié! Je te donnerai le secret de la source!

— C'est d'accord, mais si tu me trompes encore une fois, je te ramène ici et je laisse les revenants te dévorer tout cru.

Avant de libérer son prisonnier, Jason s'avança vers les spectres, sous le regard inquiet de ses compagnons. Il s'adressa au plus proche.

— Que la paix des dieux soit avec vous! dit-il. Je suis venu vous porter un message. Vous devez vous rendre à Samothrace. Là-bas, à la prochaine pleine lune, les prêtres vous guideront jusqu'à la porte des Enfers et vous pourrez enfin connaître le repos.

Les spectres hésitèrent un instant, puis retournèrent vers les flots.

— Que leur as-tu dit? s'inquiéta Amycos d'une voix blanche.

— De ne pas s'éloigner. Au cas où tu ne tiendrais pas parole.

Quelques instants plus tard, les Argonautes se dirigeaient vers les hauteurs de l'île. C'était un univers rocailleux, aride, balayé par l'ouragan qui soulevait, par endroits, des tourbillons de poussière.

— Ne crains-tu pas qu'il nous ait attirés dans un piège? s'inquiéta Admète. L'endroit ne me paraît guère propice à la présence d'une source.

— Typhis a dit qu'il s'agissait d'une source magique. Elle ne jaillit que si l'on prononce une formule particulière. Amycos est le seul à la connaître.

Ils poursuivirent leur marche jusqu'à une combe rocheuse à la végétation plus abondante qu'ailleurs. Amycos s'immobilisa, poussa un cri de rage, puis prononça la formule. Soudain, une faille se creusa dans la roche et l'eau gicla en abondance. Les Argonautes purent enfin remplir leurs outres. Ayant chargé les provisions, la colonne prit le chemin du retour. Le roi prisonnier marchait devant, tête baissée, l'air buté. Tout à coup, il bondit sur Boutès qui marchait à ses côtés et lui arracha son javelot avant qu'il ait eu le temps de réagir. Le Bébryce brandit l'arme et hurla, à l'adresse de Jason :

— Tu as osé humilier le fils de Poséidon! Meurs donc, bâtard!

Le javelot jaillit en direction de Jason. Mais Idmon, le devin, se jeta devant lui pour le protéger. L'instant d'après, il poussa un cri de douleur. La lance s'était plantée dans sa poitrine. Pollux se précipita sur le traître, mais Alceste fut plus rapide. Une de ses pointes vint se planter dans la gorge d'Amycos. Le roi tomba à genoux, porta les mains à son cou. La veine jugulaire tranchée, il sentit la vie s'échapper peu à peu.

Jason se pencha sur Idmon, dont les yeux se voilaient déjà. Le javelot l'avait touché dans la région du cœur.

— N'ayez pas trop de peine, mes compagnons, souffla-t-il. Je savais que ce jour serait le dernier pour moi. Je l'avais lu dans les astres.

— Voilà donc la raison de ta tristesse, dit Jason.

— Je n'ai pas peur de mourir, mon frère, poursuivit le devin. Mais j'aurais tant voulu vivre encore avec vous, partager vos aventures, vos peines et vos victoires…

Il saisit la main de Jason et s'y agrippa.

— Je suis fier d'avoir servi sous les ordres d'un chef tel que toi, Jason. Mais sois prudent. Poséidon ne te pardonnera pas d'avoir tué son fils. Je sens une menace planer sur l'*Argo*. Une menace qui viendra de la mer.

28

Le roi aveugle

Après les funérailles d'Idmon, l'*Argo* reprit la mer. Bientôt, il arriva en vue du Bosphore, le second détroit, qui séparait l'Hellespont du Pont-Euxin.

Le vaisseau s'engagea dans la passe. Une brume légère flottait dans les airs, portée par un vent glacial. Tout semblait se dérouler pour le mieux. Pourtant, Jason ne parvenait pas à chasser un sentiment d'inquiétude. Les paroles d'Idmon lui restaient en mémoire. Amphiaros, lui aussi devin, avait confirmé qu'il fallait s'attendre à une vengeance de Poséidon pour la mort d'Amycos le Bébryce.

L'*Argo* avait atteint une vaste étendue couverte d'îlots aux falaises élevées, totalement dépourvus de végétation. La roche reflétait une couleur oscillant entre le gris et le bleu pâle. Jason frémit.

— Les Cyanées! murmura-t-il pour lui-même.

Il se souvint de l'avertissement que lui avait donné le vieux marin d'Iolcos.

« Les rochers bleus qui broient les navires. »

L'instant d'après, il se rendit compte qu'il se passait quelque chose d'anormal. Deux des îlots semblaient se rapprocher imperceptiblement. Il en eut la confirmation lorsqu'il vit leur sommet, qui dominait le vaisseau de plusieurs dizaines de mètres, basculer ostensiblement. Jason comprit que les deux îles allaient se transformer en mâchoires énormes et se refermer sur le navire.

— En arrière! hurla-t-il.

Il y eut un instant de flottement. Puis, avec un bel ensemble dû à l'efficacité d'Orphée, les Argonautes ralentirent le navire, et inversèrent le sens de la nage. L'un des deux îlots se rapprocha dangereusement. Des craquements sinistres se firent entendre, comme si la montagne flottante était animée d'une effrayante vie intérieure. Fasciné, Jason l'observa tandis qu'ils passaient au plus près. L'îlot mouvant était hérissé de pics acérés, autour desquels ne tourbillonnaient ni mouettes ni goélands. Les oiseaux paraissaient les éviter. Un souffle glacial frappa Jason en plein visage.

— L'haleine de la mort... songea-t-il.

Il remarqua que la partie émergée de la masse flottante masquait des récifs affleurant.

— Plus vite, hurla-t-il à ses compagnons en voyant l'un d'eux frôler la coque de l'*Argo*.

Les marins ramaient de toutes leurs forces, mais le profil de la coque ne permettait pas d'aller plus vite. Cependant, le navire réussit à distancer les îles mouvantes. Jason se tourna vers l'effigie d'Héra.

— Ô grande déesse, nous ne parviendrons jamais à franchir ce passage. Que dois-je faire?

Soudain, les yeux noirs de la figure de proue se mirent à luire avec une intensité insoutenable. L'instant d'après, une idée naquit dans l'esprit de Jason. Il devait se rendre à Salmydessos, en Thrace orientale, où il trouverait la réponse à sa question. Il comprit que ce rêve éveillé lui était envoyé par la déesse. Il lui adressa une pensée de remerciement.

Jason observa de nouveau les Cyanées. Tout était rentré dans l'ordre. Les îles monstrueuses avaient retrouvé leur immobilité trompeuse.

Typhis vint à lui.

— Que faisons-nous à présent? Il est impossible de passer! Allons-nous être obligés d'abandonner le navire et de poursuivre par les terres?

— Non. Héra m'a envoyé un songe. Nous devons nous rendre à Salmydessos.

— Salmydessos? Mais… cette cité n'existe plus depuis plusieurs générations! Son roi avait attiré la colère des dieux et la ville a été détruite. Pourquoi Héra veut-elle que tu ailles là-bas? Il n'y a plus rien.

— Nous devons lui faire confiance.

— Bien, je vais vous guider, répondit Typhis.

Il ajouta, d'une voix lasse :

— Si les dieux m'accordent de vivre jusque-là.

Jason lui posa la main sur l'épaule. Il admirait le courage du vieux pilote. Malgré la souffrance que lui faisait endurer sa blessure, il ne se plaignait jamais et assumait son travail. Pourtant, Jason savait qu'un mal incurable le rongeait.

Se fiant à son instinct, Typhis dirigea l'*Argo* vers le nord-ouest. Le soir même, ils arrivèrent en vue d'un rivage désolé, à la végétation clairsemée, aux arbres squelettiques. Depuis la petite baie où ils débarquèrent, on distinguait, sur les hauteurs, les ruines anciennes d'une cité.

Le lendemain, laissant le navire sous la garde de Castor et de Pollux, Jason et ses compagnons gravirent les falaises menant vers les ruines. Ils eurent tôt fait d'atteindre ce qui restait de Salmydessos.

— Cette ville a dû être belle autrefois, remarqua Orphée.

Autour d'eux se dressaient le souvenir de ce qui avait été de somptueuses demeures, ornées de colonnades, de fontaines à sec, de jardins intérieurs retournés à l'état sauvage, de bains ornés de mosaïque. Au cœur de la cité s'étendait la vaste place centrale envahie par les ronces. Tout autour, on découvrait des temples à l'abandon, des statues mutilées par les ans et les intempéries. Des corbeaux, des corneilles et des choucas nichaient dans les anfractuosités des blocs de granit désagrégés.

Des colonnes éboulées trahissaient la splendeur passée de Salmydessos. Mais il ne restait plus que des tas de pierre, des dallages disloqués envahis par une végétation d'épineux. Apparemment, la ville avait été détruite plusieurs dizaines d'années auparavant. Peut-être plus d'un siècle. On aurait dit qu'une main gigantesque avait broyé la cité. Les Argonautes avancèrent avec prudence, inspectant les ruelles, les décombres des maisons. Sans succès.

— Il n'y a personne ici, s'exclama Admète.

Près de lui, Alceste gardait la main sur ses pointes, s'attendant à voir un ennemi féroce surgir des décombres d'un instant à l'autre. Atalante avait armé son arc et scrutait les ruines, tous les sens en éveil.

Soudain, Boutès désigna les restes d'un bâtiment imposant.

— Ce devait être le palais, dit-il.

Ils pénétrèrent dans les lieux… et se figèrent sur place. Contre toute attente, quelqu'un survivait dans ce chaos. Au fond de ce qui subsistait de la salle du trône se tenait une silhouette étrange, celle d'un vieillard sans âge, dont le visage reflétait l'affolement.

— Qui est là? demanda-t-il d'une voix chevrotante.

Jason s'approcha, un peu méfiant. Il s'aperçut très vite que les yeux du vieil homme étaient entièrement blancs. Il était aveugle.

— Mon nom est Jason, fils d'Æson, se présenta-t-il. Qui es-tu?

— Je suis Phinée, le roi de Salmydessos.

— Mais il n'y a plus que des ruines ici. Où est ton peuple?

— Ils sont tous morts! Je suis seul ici depuis plus de cent ans.

L'étonnement envahit Jason.

— Tu veux dire que... Mais quel âge as-tu?

Le vieux émit un faible ricanement.

— Je vois qui tu es. Un grand guerrier, un futur roi. Tout au moins si tu parviens à reprendre la Toison d'or au roi Æétès.

— Comment sais-tu cela? demanda Jason, stupéfait.

Le vieillard soupira.

— Je suis devin. Le meilleur qui ait jamais existé, sans doute. Il y a plus d'un siècle, j'avais prédit l'avenir d'une façon tellement précise que Zeus s'en est offensé et m'a puni d'une bien cruelle manière. Il a envoyé ses foudres les plus terribles contre ma cité. Tous mes proches ont été tués. Mon peuple a été décimé. Les survivants se sont enfuis. La plupart ont été capturés et emmenés en esclavage par les Thraces. Mais certains ont pu leur échapper. Ils sont restés et ont fondé un petit village à l'abri des montagnes. Ils n'ont jamais voulu revenir ici ni reconstruire la ville, mais ils n'ont pas abandonné leur roi. Leurs descendants m'apportent régulièrement de la nourriture. Hélas une malédiction pèse sur moi. Car la punition de Zeus ne s'arrêta pas à la destruction de Salmydessos. Il me rendit aveugle et me condamna à errer indéfiniment dans ces ruines. Il a refusé que je meure avec mon peuple. Et depuis toutes ces années, je survis dans ces lieux hostiles. Mais je dois me battre avec les deux Harpyes Aellô et Ocypété, qui, chaque jour, viennent me harceler. Elles s'emparent de mes vivres et souillent ce qui reste. Et je suis obligé de me nourrir de leurs déjections abominables. Je ne peux même pas mourir, car Zeus a interdit aux Moires de trancher le fil de ma vie.

Il éclata en sanglots.

— Que ne donnerais-je pas pour faire, au moins une fois, un vrai repas… Mais que puis-je donner? Je n'ai rien.

Jason le prit par les épaules.

— Si! Tu as peut-être quelque chose à nous offrir. Connais-tu le moyen de franchir les Cyanées.

Il vieil homme émit un petit ricanement.

— Les Cyanées… oui, oui. On les appelle aussi les Symplégades. Nul ne sait pourquoi, elles peuvent rester parfaitement immobiles, ou même tout bonnement disparaître. Alors, les bateaux peuvent les franchir sans dommage. Mais parfois, sans doute sur un caprice de Poséidon, elles se referment sur les navires et les broient.

— Existe-t-il un moyen de franchir ces rochers maudits?

Le vieil homme réfléchit.

— Oui, il en existe un. Il est très dangereux, mais peut-être y parviendras-tu, si je t'explique ce qu'il faut faire.

— Je t'écoute.

— N'oublie pas ce que tu as dit : me permettre de prendre un vrai repas.

— Bien sûr! Comment puis-je t'aider?

Le vieil homme huma l'air.

— Le soir est proche, dit-il. Les paysans vont bientôt m'apporter de la nourriture. Aussitôt après, les Harpyes apparaîtront.

— Nous les combattrons.

Le vieil homme soupira.

— Ce ne sera pas si simple. Je sais que tu es courageux, mais ces monstres ne sont pas des adversaires comme les autres.

29

Les Harpyes – Les Roches broyeuses

Quelques instants plus tard, une petite troupe de paysans se présenta à l'entrée des ruines de Salmydessos. Quand ils aperçurent les Argonautes, ils voulurent s'enfuir, mais Phinée leur cria qu'ils n'avaient rien à craindre. Les nouveaux venus disposèrent un appétissant repas composé d'un rôti, de fromage de chèvre et de fruits sur la table en marbre, seul mobilier qui n'avait pas trop souffert de la destruction du palais. Puis ils se retirèrent à la hâte, peu désireux sans doute de croiser les Harpyes.

Celles-ci ne se firent pas attendre. Bientôt, des battements d'ailes bruissèrent et deux monstres d'une hideur repoussante apparurent. Le corps recouvert d'écailles, les mains terminées par des griffes acérées, les jambes hérissées de pointes calleuses, elles répandaient autour d'elle une odeur épouvantable. Dès qu'elles aperçurent les Argonautes, elles volèrent sur place. Tout à coup, vive comme l'éclair, l'une d'elles fonça sur la table, saisit le rôti et s'envola. Elle avait été si rapide que personne n'eut le temps de frapper. Atalante leur décocha quelques flèches dans leur direction, mais les Harpyes firent entendre des ricanements effrayants en les évitant grâce à leur rapidité fulgurante.

Elles effectuèrent ainsi deux autres attaques avant que les Argonautes n'aient le temps de réagir. Phinée se mit à gémir. L'infecte odeur des créatures empestait les ruines. Soudain,

Calaïs et Zétès, les fils de Borée, s'élancèrent à la rencontre des monstres. Surprises, les Harpyes s'enfuirent aussitôt à une vitesse stupéfiante. Mais elles avaient cette fois affaire à forte partie. Les fils du vent étaient aussi rapides qu'elles.

Une poursuite acharnée s'engagea, qui se prolongea toute la nuit. Calaïs et Zétès suivaient les monstres à leur puanteur lorsque les ténèbres les dissimulaient à leur vue. Au matin, cette course folle à la vitesse de l'ouragan les avait amenés jusqu'au repaire des Harpyes, l'une des îles Strophades. C'était une terre rocailleuse, entourée de falaises escarpées, inaccessible par la mer. Il s'en dégageait une pestilence innommable, due aux amoncellements d'ossements de toutes sortes et aux charniers qui ponctuaient le nid géant des créatures. Épuisées, celles-ci se posèrent, espérant avoir semé leurs poursuivants.

Mais leur répit fut de courte durée. Discrètement portés par le souffle de leur père, Calaïs et Zétès avaient moins souffert de la fatigue qu'elles et ils étaient bien décidés à en découdre. Ils dégainèrent leurs glaives et se ruèrent sur les monstres. Le combat qui suivit fut terrifiant car il ne comportait aucune règle. Les Harpyes défendaient leur vie avec l'énergie du désespoir. Mais elles étaient moins bonnes combattantes que les deux Argonautes. Bientôt, elles cédèrent du terrain. En plusieurs endroits, des gouttes de sang perlaient sur leurs cuirasses d'écailles. Les jumeaux allaient leur donner le coup de grâce lorsque, dans la lumière bleue du matin, apparut un étrange arc-en-ciel, d'une luminosité intense. Les Strophades, îlots rocailleux à la végétation d'épineux, se couvrirent instantanément d'un tapis de fleurs polychromes, dont le parfum chassa la puanteur des Harpyes. Celles-ci se mirent à hurler de terreur.

Une très belle jeune femme se matérialisa dès que le rayon multicolore toucha le sol. Elle leva la main pour mettre fin au combat. Les jumeaux obéirent immédiatement.

— Mon nom est Iris, dit-elle d'une voix douce. Je suis la messagère d'Héra, qui vous supplie, au nom de Zeus, d'épargner ces créatures. Elles ont leur utilité, car elles poursuivent de leurs tourments les hommes à l'âme noire. Dans le cas de Phinée, le seigneur de la foudre a reconnu qu'il s'était montré trop sévère. Il lève donc la punition. Les Harpyes ne viendront plus l'importuner. Malgré son grand âge, Phinée pourra reconstruire sa cité et se choisir un héritier avant de gagner le Tartare. Soyez les messagers de Zeus auprès de lui.

Calaïs et Zétès rengainèrent leurs glaives. Comment désobéir à une aussi jolie femme? Ils s'agenouillèrent devant elle et jurèrent qu'ils ne feraient aucun mal aux monstres. Iris leur adressa un radieux sourire, puis disparut. L'arc-en-ciel s'évanouit aussitôt. Les Harpyes s'enfuirent en glapissant pour se réfugier dans leur immonde charnier. Avant de repartir, les fils du vent les virent lécher leurs blessures en les surveillant du coin de l'œil.

Pressés de quitter cet endroit funeste, ils prirent leur envol et reprirent la direction de Salmydessos, où ils arrivèrent dans l'après-midi. Ils furent accueillis avec enthousiasme. Lorsqu'ils racontèrent leur aventure et leur rencontre avec la déesse de l'aube, le vieux Phinée se mit à pleurer de joie. Comme son repas était gâché, les Argonautes se mirent en devoir de lui en préparer un autre, regrettant l'absence d'Hylas, qui savait si bien cuisiner.

Pour la première fois depuis plus d'un siècle, Phinée put manger normalement. Son émotion était telle qu'il en pleurait à chaque bouchée.

— Vous ne pouvez pas savoir comme c'est bon! sanglotait-il.

Quand il eut terminé, il dit aux Argonautes :

— Vous m'avez délivré des Harpyes. Je vais donc vous expliquer comment traverser les Cyanées. Mais avant…

Sous le regard étonné de Jason et de ses compagnons, il se mit à roucouler doucement. Quelques instants plus tard, une magnifique colombe au plumage de neige vint se poser sur sa main. Phinée eut un petit rire amusé.

— Cet oiseau va vous aider. Il connaît le secret du labyrinthe qui traverse les Symplégades et vous guidera jusqu'à l'autre issue. Méfiez-vous cependant. Même de cette manière, vous pouvez échouer, car les rochers mouvants feront tout pour vous broyer. Il ne faudra pas perdre la colombe de vue, sinon, vous n'aurez aucun moyen de leur échapper. Mais si vous parvenez à les franchir, ils se souderont les uns aux autres et le danger qu'ils représentent disparaîtra pour toujours.

— Toi qui vois l'avenir, peux-tu nous dire si nous arriverons en Colchide?

— Je ne peux te l'assurer. En levant sa punition, Zeus m'a également privé de mon don de prophétie.

Il se tut un instant, puis rajouta, à l'intention de Jason :

— Je peux toutefois te dire ceci : si tu parviens là-bas, implore l'aide d'Aphrodite. C'est elle qui t'aidera à t'emparer de la Toison d'or. Sans elle, tu échoueras, car elle seule peut te permettre d'affronter les terribles prêtresses d'Hécate, la déesse de la nuit. Ton courage ne pourra rien contre leur magie. Il te faudra… autre chose.

Néphélé, la déesse-nuée, avait déjà fait allusion à une arme qu'il portait en lui-même. Il se demanda de quoi elle voulait parler.

Dès le lendemain, l'*Argo* remit le cap sur les Symplégades. Jason avait emmené la colombe offerte par Phinée. L'oiseau n'avait fait aucune difficulté pour le suivre. Cependant, lorsqu'ils arrivèrent en vue de la passe maléfique, une inquiétude nouvelle les saisit : un brouillard plus épais encore qu'à leur première tentative noyait les lieux. Il allait être difficile de suivre la colombe des yeux dans une telle brume.

— Nous devrions attendre, suggéra Méléagre.

— Cela ne servirait à rien, répondit Jason. Ce brouillard est l'œuvre de Poséidon. Il ne le dissipera pas tant que nous n'aurons pas tenté de passer.

Il se tourna vers Lyncée et les fils de Borée.

— Une fois encore, nous allons avoir besoin de vous. Lyncée, tu te placeras à la proue et tu essaieras de ne pas perdre la colombe de vue. Quant à Calaïs et Zétès, vous suivrez l'oiseau. S'il s'éloigne de trop, vous reviendrez nous indiquer la direction qu'il a prise.

Ils acquiescèrent. Jason regarda Typhis. Son état empirait chaque jour.

— Te sens-tu capable de nous piloter? demanda-t-il.

— Plus que jamais! Et Ancée m'aidera. Je lui ai déjà enseigné tout ce que je savais.

On l'avait installé à l'avant de l'*Argo,* près de Lyncée qui tentait de percer le mystère des brumes lourdes pesant sur le détroit. De l'opacité inquiétante sourdaient des craquements sinistres. Les rochers s'étaient déjà mis en mouvement.

Jason s'installa à son banc de nage. Chacun prit une profonde inspiration, puis Mopsos lâcha la colombe. L'oiseau blanc s'envola, effectua quelques tours au-dessus de l'*Argo,* puis fila en direction du détroit. Orphée donna immédiatement une cadence élevée et l'étrave du navire fendit les flots assombris. Jason songea en frémissant qu'ils n'avaient droit qu'à une seule tentative. Calaïs et Zétès avaient pris leur envol. Mû par une inspiration soudaine, Calaïs prit de la hauteur, s'éleva au-dessus de la brume. Il découvrit alors, émergeant de l'épaisseur nuageuse inondée par le soleil, un véritable labyrinthe d'îlots aux sommets acérés et mouvants. Une angoisse sourde l'envahit. Comment allaient-ils pouvoir traverser ce piège? Mais une voix intérieure l'apaisa. Il comprit qu'ils n'étaient pas seuls dans ce combat surhumain. Il sut immédiatement que la déesse Athéna leur apportait son aide. Il replongea alors dans la brume afin d'aider son frère. Celui-ci avait fort à faire pour suivre la colombe blanche dans le brouillard. Mais l'oiseau, comme s'il comprenait les difficultés des Argonautes, volait sur place lorsqu'il sentait qu'on ne le voyait plus.

À bord, la tension était à son comble. Lyncée, malgré sa vue perçante, avait peine à distinguer la petite tache blanche de la colombe sur le gris pâle du brouillard, d'autant plus que des nuées épaisses animées d'une vie propre surgissaient des flots pour la masquer. Les rochers gris et bleus se rapprochaient dangereusement. Mais les Argonautes, arc-boutés sur leurs avirons, filaient à une vitesse qu'ils n'avaient encore jamais atteinte. Ils franchirent ainsi un premier passage entre deux îlots mouvants, évitant de justesse l'écrasement entre les deux colossales masses rocheuses. Trois routes se révélèrent aussitôt possibles entre les îlots.

— Où est la colombe? hurla Jason, le cœur broyé par l'angoisse.

Lyncée scruta les airs, mais ne vit rien. L'instant d'après, Zétès surgissait de la brume.

— Par là, vers la gauche! cria-t-il.

Jason se tordit le cou pour tenter d'apercevoir l'oiseau, en vain. Il se remit à tirer sur sa rame avec l'énergie du désespoir. Dès que l'*Argo* s'engagea dans la nouvelle passe, les falaises monstrueuses se mirent en mouvement à leur tour. À l'avant, Typhis guidait le navire, ordonnant parfois de relever à tribord ou à bâbord si l'on s'approchait trop près des parois rocheuses. Mais une nouvelle fois, l'*Argo* échappa aux gigantesques mâchoires. Peu à peu, Jason prit confiance. Il sentait, près de lui, l'écho d'une présence divine réconfortante, qu'il n'eut aucune peine à reconnaître. Dans son esprit apparaissait le visage magnifique d'Athéna. Mais ses traits étaient sévères, empreints d'inquiétude, car elle luttait, elle aussi, contre la puissance terrifiante de Poséidon.

Les Argonautes réussirent ainsi à franchir plus d'une douzaine de passes périlleuses sans aucun dommage. Ils ressentaient une immense fatigue. Mais ils n'avaient pas le choix. Il fallait continuer. Un vent violent et glacé s'était mis à souffler pour tenter de leur couper la respiration. Hors d'haleine, ils poursuivirent néanmoins leur effort. La luminosité avait tant baissé que le labyrinthe semblait maintenant plongé dans des ténèbres grises.

Ils atteignirent enfin l'ultime passe. Ils s'y dirigèrent sans perdre un instant. Là-bas, tout au bout, les mâchoires de roche et de glace commençaient déjà à se refermer inexorablement.

Les deux derniers îlots étaient les plus gigantesques, dessinant une sorte de défilé marin cerné par deux falaises si hautes qu'on n'en voyait pas les sommets.

— La sortie est au bout! hurla Zétès, qui revint se poser sur l'*Argo* avec son frère.

La colombe était déjà presque arrivée de l'autre côté. Les jumeaux prirent place sur les bancs de nage et apportèrent une énergie nouvelle aux rameurs. Insensiblement, Orphée augmenta encore la cadence. Il semblait aux marins que leur poitrine allait exploser. Le navire avançait de plus en plus vite, mais les pointes rocheuses se rapprochaient dangereusement.

Tout là-bas, la sortie du défilé marin se rétrécissait d'instant en instant. Lyncée, les yeux rivés sur l'autre extrémité, tentait d'estimer le temps qu'il leur faudrait pour y parvenir. Il comprit bientôt qu'ils n'y parviendraient pas. Il hurla :

— Plus vite! Nous allons être broyés.

Orphée obéit et accéléra encore, saisi par l'angoisse. Si un seul des Argonautes faiblissait, ils étaient perdus. Mais les marins ne relâchèrent pas leur effort. Même Atalante et Alceste s'étaient installées sur les bancs de nage, et tiraient sur les avirons avec rage. Comme dans un cauchemar, Orphée, situé à l'arrière, vit les falaises avancer. Elles lui semblaient si proches qu'il aurait pu les toucher en tendant la main. Déjà leurs crocs acérés raclaient les flancs de l'*Argo*. Mais le navire avait presque atteint l'autre côté du défilé. Dans un dernier sursaut, il fila... et passa de justesse. Derrière Orphée, un craquement gigantesque retentit. Les deux îlots s'écrasaient l'un contre l'autre, provoquant des chutes de pierres et de roches. L'une d'elle pulvérisa une partie de la poupe. Mais ce fut le seul dommage.

Laissant l'*Argo* glisser sur son erre, les navigateurs, soulagés, lancèrent une clameur de triomphe. Ils avaient réussi. Calaïs et Zétès quittèrent le navire pour survoler le labyrinthe désormais disparu. Il n'en restait plus qu'un amas énorme de rochers qui dérivait lentement dans un vacarme épouvantable. Lentement, il vint se fixer à la côte méridionale, puis s'immobilisa. La prédiction de Phinée s'était réalisée, les Cyanées ne broieraient plus jamais aucun navire[1].

Comme les Argonautes reprenaient leur souffle, une forme lumineuse se dessina à la proue, près de Lyncée, qui recula, impressionné. Puis la silhouette d'Athéna apparut, qui leur adressa un grand sourire. Visiblement, elle était ravie du bon tour qu'elle venait de jouer à Poséidon.

---

[1] Certains historiens pensent que ces « Cyanées » pourraient être en réalité d'énormes glaces flottantes provenant du dégel des fleuves russes. Leur vitesse peut atteindre jusqu'à cinq nœuds.

30

Le serment du Pont-Euxin

L'*Argo* avait gagné le Pont-Euxin. Cette mer intérieure était bien plus vaste que l'Hellespont. Sur les conseils de Typhis, très affaibli, Jason décida de longer la côte sud. Dans la soirée, le navire aborda la petite île de Thynias. Le premier soin des Argonautes fut d'offrir un sacrifice à Athéna pour son aide.

Le jour suivant, après avoir repris des forces, ils se mirent en chasse. Il ne restait plus aucune chèvre à bord et ils avaient aperçu un petit troupeau sur les hauteurs. Mais à peine étaient-ils sur le point d'atteindre l'éminence où ils avaient repéré le bétail qu'une lumière intense les éblouit, et une silhouette magnifique apparut. Admète s'exclama :

— Apollon!

C'était bien le dieu du soleil. Admète courut s'agenouiller devant lui.

— Seigneur! Quelle joie de te revoir!

Les autres Argonautes avaient mis, eux aussi, un genou en terre. Mais Apollon les releva et prit familièrement Admète par l'épaule.

— Argonautes, je suis fier des exploits que vous avez accomplis. Je voulais vous le dire en personne, comme Athéna l'a fait tout à l'heure. Admète, ton épouse est toujours aussi ravissante et courageuse!

Avec l'aide du dieu, la chasse se révéla fructueuse. Revenus sur la plage, les Argonautes allumèrent un feu. Apollon resta avec eux pour le repas et dévora une chèvre à lui seul. Il ne les quitta que fort tard dans la nuit, après avoir festoyé dignement pour fêter leur victoire.

Au moment de partir, Admète lui demanda :

— Seigneur, Poséidon doit nous en vouloir encore plus à présent que nous avons triomphé des Cyanées. Ne crois-tu pas qu'il risque de nous poursuivre de sa vengeance?

— Rassure-toi, répondit Apollon. Je lui ai rendu visite avant de venir vous voir. Il n'a plus de rancœur contre vous. Il estime que son fils Amycos n'a eu que ce qu'il méritait. Et puis, Erginos, un autre de ses fils, est à bord de l'*Argo*.

— C'est vrai. Il aurait pu le tuer avec nous tous.

Apollon écarta les bras.

— Ainsi sont les dieux, sans doute. Il voulait vous éprouver. Vous vous êtes montrés courageux et c'est une qualité qu'il estime plus que toute autre.

Au matin, les Argonautes, par reconnaissance, firent de nouveaux sacrifices à la gloire d'Athéna et d'Apollon. Puis, pour faire bonne mesure, ils offrirent une chèvre en sacrifice à Poséidon. Malgré ce qu'en avait dit le dieu du soleil, mieux valait se concilier ses bonnes grâces avant de reprendre la mer.

Ces actions pieuses eurent lieu dans le temple de la déesse Harmonie, fille d'Aphrodite et d'Arès, le dieu de la guerre. A ce moment-là, ils prirent conscience de l'extraordinaire sentiment d'amitié qui les unissait. Ils comprirent que, s'ils avaient surmonté leurs épreuves, c'était parce qu'ils avaient fait face ensemble aux périls, se soutenant les uns les autres, oubliant même les querelles qui avaient pu en opposer certains. Il leur sembla que les âmes de leurs compagnons morts étaient présentes à leurs côtés en cet instant privilégié, de même que les esprits d'Héraclès et de Polyphème, dont tous regrettaient l'absence. Aussi, les sacrifices achevés, les héros firent le serment de ne jamais plus se séparer avant d'avoir accompli leur quête et de s'entraider mutuellement au moment du danger.

L'étape suivante les mena à Maryandinia, dont le roi, Lycos, les reçut avec chaleur. Il avait appris la mort de son ennemi personnel, Amycos, et cette nouvelle le réjouissait.

— Aucun de mes navires n'osait plus passer à proximité de Bébrycos, expliqua-t-il à Jason. Il obligeait les capitaines à venir à terre pour l'affronter. Il en a tué ainsi plusieurs. Notre commerce s'en est durement ressenti.

Lycos avait un fils d'une vingtaine d'années, Dascylos, qui attendait avec impatience la venue des Argonautes. Il désirait ardemment se joindre à eux. Il fit la démonstration de ses talents d'archer et de lanceur de javelot. Convaincu, Jason lui offrit de remplacer Idmon.

— Je connais très bien cette côte jusqu'au-delà du pays des Amazones, précisa Dascylos. Je vous serai utile.

L'enthousiasme et le naturel heureux du jeune homme plaisaient aux navigateurs, qui l'admirent très vite dans leurs rangs.

Hélas, le séjour des Argonautes à Maryandinia fut assombri par le décès de Typhis, dont l'état s'était subitement détérioré. Tous s'attendaient à sa disparition, mais elle creusa un grand vide dans le cœur de ses compagnons. Parce qu'il était le plus âgé, ils le considéraient tous un peu comme leur père. Jason institua en son honneur des jeux funèbres auxquels participèrent les Maryandiniens.

Plusieurs Argonautes possédaient les qualités suffisantes pour le remplacer, notamment Erginos, fils de Poséidon. Mais, pour respecter la volonté de Typhis, il fut décidé qu'Ancée prendrait sa succession.

Après les funérailles, l'*Argo* poursuivit son périple, guidé par Dascylos qui connaissait très bien le pays. Ils firent ainsi escale à Sinope en Paphlagonie, où ils furent accueillis en héros.

— Cette cité fut fondée par une femme, expliqua le jeune homme. La légende dit que dans ce pays vivait une fille d'une très grande beauté, nommée Sinopé. Elle était la fille du dieu-fleuve Asopos. Lorsque Zeus l'aperçut, il tomba follement amoureux d'elle. Pour lui plaire, il jura sur le Styx qu'il exaucerait son vœu le plus cher. Or Sinopé n'était pas amoureuse de lui, et elle était rusée. Elle lui répondit :

« — Seigneur, mon vœu le plus cher est la virginité.

« Zeus, ayant juré sur le Styx, ne pouvait revenir sur sa parole et il fut bien obligé de s'exécuter. Sinopé devint la reine vierge de ce pays et fonda sa ville, où les gens depuis vivent en paix et heureux.

À Sinope, trois hommes demandèrent à rencontrer Jason. Deiléon, Autolycos et Phlogios de Tricca avaient accompagné Héraclès dans son expédition contre les Amazones. Mais les combats les avaient séparés de lui, et ils s'étaient retrouvés à Sinope. Des marins leur avaient parlé de l'expédition des Argonautes et ils rêvaient d'y participer.

Après avoir fait le plein de vivres et d'eau douce à Sinope, l'*Argo* reprit la mer. Dascylos conseilla à Jason d'éviter le pays des Amazones, ce que confirmèrent les nouveaux venus.

— Ces femmes sont les plus redoutables adversaires que nous ayons jamais dû affronter, déclara Autolycos. La légende prétend qu'elles se tranchent le sein droit afin de mieux tirer à l'arc, mais c'est faux. Celles que nous avons combattues n'étaient pas mutilées. En revanche, elles combattent mieux que beaucoup d'hommes et elles sont impitoyables. Malheur à l'ennemi qui tombe vivant entre leurs mains!

— Elles sont pourtant les filles de la nymphe Harmonie, qui est une déesse pacifique, s'étonna Jason.

— Mais leur père est Arès, dieu de la guerre, intervint Orphée. Dascylos a raison, il est préférable de les éviter.

Jason acquiesça, malgré les protestations de certains Argonautes qui auraient vu d'un bon œil de se mesurer aux terribles guerrières.

Longeant la côte vers l'est ils abordèrent ensuite dans différents pays, tous plus surprenants les uns que les autres. Ainsi, les Chalybes causèrent leur étonnement, car ils ne pratiquaient ni élevage, ni agriculture. Ces forgerons fabriquaient des objets de métal qu'ils troquaient avec les peuples voisins et les navires de passage. Les Argonautes renouvelèrent chez eux leur provision de flèches à pointe de bronze.

Le peuple suivant, les Tibaréniens, amusa beaucoup les marins, car, lorsque leurs femmes accouchaient, les maris gémissaient et criaient avec elles. Les Tibaréniens utilisaient des lances d'une dimension peu commune, longues comme trois hommes. Intrigués, les navigateurs leur en achetèrent, sans imaginer qu'elles se révéleraient bientôt très utiles.

Plus loin, aux confins du Caucase, ils aperçurent le titan Prométhée enchaîné à son rocher. Il avait autrefois volé le feu divin pour le donner aux hommes. Zeus l'avait condamné à avoir, chaque jour, le foie dévoré par un vautour géant. De nature divine, Prométhée était immortel. Son foie se reconstituait tous les soirs et le supplice recommençait le jour suivant. Impuissants, les Argonautes assistèrent, de loin, à l'arrivée de l'immense rapace, qui s'acharna sur le ventre du malheureux. Jason serait bien allé porter secours au titan, mais il ne pouvait prendre le risque d'irriter le Roi des dieux. Seul Héraclès aurait pu se le permettre[1].

On approchait désormais de la Colchide. Mais un danger imprévu guettait les navigateurs. Alors qu'ils passaient à proximité d'Aria, une île inhabitée, l'un des marins, Oïlée, poussa un cri de douleur. Sans raison aucune, son bras s'était couvert de sang. À son tour, Jason ressentit une vive douleur à l'épaule, qui se mit, elle aussi, à saigner.

— Que nous arrive-t-il? s'écria-t-il.

---

[1] Prométhée sera effectivement délivré plus tard par Héraclès. Dernier des Titans, il symbolisait l'Orient, tandis que son frère Atlas, qui avait été condamné par Zeus à soutenir le monde sur ses épaules, symbolisait l'Occident.

31

Les oiseaux tueurs de l'île d'Aria

— Les oiseaux! hurla soudain Mopsos qui venait d'apercevoir, sur le pont, des plumes tachées d'écarlate.

— N'y touchez pas! cria Orphée. Cela me revient. Ce sont les oiseaux de l'île d'Aria. Leurs plumes sont aussi coupantes qu'une lame de glaive affûtée.

Au-dessus du navire tourbillonnaient des nuées d'oiseaux gris aux longues ailes effilées. Mopsos, qui comprenait leur langage, devint blême. Ces maudits volatiles se préparaient à attaquer. Et soudain, l'un d'eux piqua sur le pont, frappant Boutès dont le torse se zébra d'une balafre sanglante. Lâchant sa rame, il dégaina son glaive, imité par tous les autres. Mais ils ne purent en toucher aucun. Les oiseaux étaient trop rapides. Ils pouvaient juste les repousser en attendant un nouvel assaut.

Jason étudia la situation. Ils ne pouvaient à la fois combattre et naviguer. Si le nuage d'oiseaux fondait d'un coup sur eux comme il le redoutait, ils ne pourraient tenir longtemps sur le pont du navire. Ils devaient gagner la terre au plus vite. Là, les archers seraient plus à l'aise pour riposter.

— Que la moitié d'entre vous sortent les boucliers et protègent les autres. Nous mettons le cap sur Aria.

Les hommes lui obéirent immédiatement. Afin d'empêcher les oiseaux d'approcher trop près du vaisseau, Calaïs et Zétès foncèrent sur eux en frappant de toutes parts, taillant des coupes sombres dans la masse grouillante. Curieusement, ces oiseaux étranges ne poussaient aucun cri. Seul le bruissement angoissant de leurs ailes tranchantes se faisait entendre. Malgré leur agilité, les fils du vent ne purent éviter plusieurs blessures dues à l'agressivité de l'ennemi. Mais leur intervention permit à l'*Argo* de filer en direction de l'île. Ce n'était qu'un énorme amas de roches et de sable, couvert d'une végétation rase et balayé par les embruns.

— Ils ne nous lâcheront pas! dit Orphée à Jason. Ces animaux se nourrissent des marins qui s'aventurent trop près de leur île.

— Alors, nous devons les anéantir, afin qu'ils ne tuent plus personne.

Bientôt, l'*Argo* aborda dans une petite crique. Toujours à l'abri de leurs boucliers, les Argonautes bondirent à terre pour se mettre à l'abri. Calaïs et Zétès, le corps couvert de sang, s'abattirent près d'eux, épuisés. Le nuage sombre des oiseaux tueurs se regroupa au-dessus d'eux. Une pluie de plumes tomba sur les Argonautes. Mais ceux-ci avaient formé autour d'eux une sorte de carapace à l'aide de leurs boucliers, ne laissant que quelques fenêtres par lesquelles les archers se mirent à tirer. Les flèches à pointe de bronze achetées en quantité aux forgerons chalybes firent merveille. Comprenant qu'ils ne pourraient venir à bout de cette cuirasse épaisse, les oiseaux changèrent de tactique. Certains d'entre eux foncèrent sur la carapace de boucliers avec une violence inouïe, sans doute dans l'espoir de disloquer la protection.

— Aucun oiseau normal n'agirait ainsi, souffla Admète de Phères. Ils n'hésitent pas à se sacrifier pour percer notre défense.

Les Argonautes ripostèrent par une autre stratégie. Utilisant les longues lances acquises auprès des Tibaréniens, ils en hérissèrent leur carapace. Face à cette riposte inattendue, les oiseaux hésitèrent, puis renoncèrent à leur méthode suicidaire. Les archers poursuivirent leurs tirs précis. La masse d'oiseaux tueurs diminua sensiblement. Mais leur acharnement ne cessa pas pour autant. Il fallut les exterminer. Le dernier lui-même parvint à blesser sérieusement Atalante en piquant sur elle, comme s'il tentait, en se sacrifiant, de tuer au moins l'un des Argonautes. Sans l'intervention de Pélée, qui trancha la tête du volatile au moment où il s'abattait sur elle, la jeune femme serait morte.

Couverts de sang et recrus de fatigue, les Argonautes contemplèrent le rocher maléfique jonché des cadavres d'oiseaux. Ils plongèrent dans les flots pour se débarrasser du sang, puis passèrent le reste de la journée à panser leurs plaies.

— Héraclès m'avait parlé de ces oiseaux, confia Orphée à Jason. Il les a affrontés près du lac Stymphale. Il pensait les avoir tous détruits, mais il semblerait que certains aient survécu pour venir nicher ici.

Les membres douloureux, les Argonautes se préparèrent à une bonne nuit de repos. Mais il était dit que les dieux ne leur accorderaient aucun répit. Ils avaient à peine établi leur campement qu'une violente tempête se déclencha. Un ouragan froid se mit à souffler, puis des trombes d'eau s'abattirent sur eux, détrempant leurs vêtements, leur glaçant bras et jambes déjà couturés de cicatrices sanguinolentes. Ils ne purent même pas s'abriter. Il n'existait sur Aria aucun renfoncement rocheux où se réfugier. Serrés les uns contre les autres, ils patientèrent tout le temps que dura le déluge.

Au cœur des ténèbres liquides, Jason ne comprenait plus rien.

— Apollon ne nous a-t-il pas assuré que Poséidon nous avait pardonné la mort d'Amycos. Pourquoi s'acharne-t-il ainsi sur nous?

Près de lui, Amphiaros le devin le détrompa.

— Poséidon n'y est pour rien, Jason. Il s'agit d'autre chose. Je n'ai pu interroger les oracles, mais je ressens certaines choses. L'attaque des oiseaux tueurs d'Aria et cette tempête sont des avertissements.

— Comment cela?

— Dans un ou deux jours, nous arriverons en Colchide. Il faudra alors nous montrer très prudents, car ce ne sont pas seulement des hommes que nous devrons affronter là-bas.

À la lueur d'un éclair, Jason entrevit son regard anxieux. Le devin poursuivit :

— Il existe dans ces montagnes inconnues des forces dont nos dieux eux-mêmes se méfient. Ces événements sont la manifestation de l'hostilité d'Hécate, la déesse aux trois têtes. Elle ne veut pas de nous en Colchide.

Jason comprit pourquoi le vieux roi Phinée lui avait conseillé d'implorer le secours d'Aphrodite une fois arrivé. Mais comment pourrait-elle l'aider? Sa puissance n'équivalait pas celle de la sombre Hécate, une magicienne plus ancienne encore que les dieux.

Le lendemain, des nappes de brouillard inquiétantes traînaient à la surface de la mer, noyant l'horizon. Par chance, l'*Argo,* qu'on avait pris le temps de tirer à l'abri sur la grève, n'avait pas trop souffert des intempéries. En revanche, ils repérèrent très vite les débris d'un navire qu'une lame de fond avait drossé sur les récifs pendant la nuit.

— Venez voir! s'écria Eurytion, qui avait effectué une reconnaissance en compagnie de Pélée et de Télamon.

Sur la grève gisaient une dizaine de corps.

— Ils ont eu moins de chance que nous! ajouta Pélée en se penchant sur l'un d'eux.

Mais, après un rapide examen, il s'écria :

— Celui-ci est vivant!

Il n'était pas le seul. Quatre des marins inconnus avaient survécu. Lorsqu'ils eurent recouvré leurs esprits et reçu des soins, ils dirent qu'ils venaient de Colchide.

L'un d'eux, Cytirosos, expliqua :

— Tous, nous sommes des descendants de Phryxos, y compris ceux qui ont péri. Nous avons appris par des navires marchands que le roi d'Iolcos avait organisé une expédition rassemblant les plus grands héros de la Grèce pour reprendre la

Toison d'or. Depuis toujours, nos ancêtres vivent sur la terre de Colchide méprisés par ses habitants. Nous avons décidé de quitter Aea pour nous joindre à vous. Malheureusement, une tempête soudaine s'est déclenchée hier et la plupart d'entre nous ont péri.

Jason observa le naufragé avec méfiance. Peut-être s'agissait-il d'un piège… Mais le regard de Cytirosos n'était pas celui d'un menteur.

— Le roi Æétès est un tyran abominable, reprit un autre nommé Argée. Comme tous les souverains de Colchide. Il s'appuie sur la puissance des magiciennes d'Hécate, dont la grande prêtresse est sa fille, Médée. Le peuple vit dans la terreur.

Après avoir consulté ses compagnons, Jason décida de recueillir les quatre hommes, qu'ils ne pouvaient de toute façon pas abandonner sur l'îlot d'Aria. Orphée, qui connaissait bien l'âme humaine, le conforta dans sa décision.

— Ils pourront nous être utiles. Ils connaissent l'âme de ce pays.

On fit une sépulture aux naufragés morts, puis l'*Argo* reprit la mer. La tempête s'était calmée, mais il subsistait un vent violent qui tentait de repousser le navire vers le sud. Les Argonautes durent redoubler d'efforts.

Après deux jours de navigation difficile au milieu d'une mer agitée et parcourue par d'étranges brouillards glacés, les côtes de Colchide furent en vue.

32

La Colchide

À mesure que l'*Argo* approchait de la côte, ils distinguèrent, s'élevant au-dessus des eaux noires, la masse écrasante d'une chaîne montagneuse couverte de forêts ténébreuses, noyées dans des écharpes de brumes mouvantes que les vents tordaient en volutes tourbillonnaires. Il émanait de ce pays une menace imprécise, angoissante.

Plus loin, le massif se creusait en une vallée au milieu de laquelle coulait un fleuve bouillonnant.

— C'est le Phasos, dit Cytirosos. Aea, la capitale, se trouve vers le nord, à trois heures de marche à l'intérieur des terres.

Sur la rive septentrionale de l'estuaire, un port accueillait les navires marchands qui commerçaient avec la Colchide. Une route cahoteuse le reliait à la capitale. À cet endroit stationnait la flotte colchidienne, forte, d'après Cytirosos, d'une vingtaine de vaisseaux. Il valait mieux éviter de se risquer trop près d'eux. On pouvait leur avoir tendu un piège. Jason décida de contourner l'embouchure du fleuve. L'*Argo* remonta plus loin vers le nord, jusqu'à une petite baie déserte et abritée où l'on jeta l'ancre.

Une fois à terre, Jason réunit les Argonautes.

— Il est inutile de nous rendre tous à Aea. Notre but n'est pas de livrer combat, mais de demander au roi Æétès la restitution de la Toison d'or. Nous ne sommes pas assez nombreux pour prendre la ville d'assaut.

— De toute façon, cela ne servirait à rien, dit Cytirosos. La Toison ne se trouve pas à Aea même, mais dans la forêt d'Arès. Elle n'est plus en possession des souverains de Colchide depuis longtemps. Par le passé, nombre d'entre eux ont envoyé des guerriers tenter de la reprendre au Gardien. Tous ont échoué.

— Comment les rois de Colchide ont-ils accueilli les héros venus de Grèce pour réclamer la Toison? demanda Jason.

— La dernière expédition a eu lieu il y a bien longtemps, quand mon grand-père était jeune. Il m'en a fait le récit. Le roi de l'époque, le propre grand-père d'Æétès, était persuadé que personne jamais ne parviendrait à reprendre la Toison d'or. Il reçut les voyageurs grecs avec respect. Il faut dire que peu d'entre eux étaient parvenus jusqu'en Colchide. La plupart avaient péri au cours de ce terrible voyage. Le roi a laissé pénétrer les survivants dans la forêt d'Arès, certain qu'ils ne parviendraient pas à tromper la surveillance de la créature qui garde la Toison d'or. Et en effet, ils n'en sont jamais revenus.

« En ce qui te concerne, Jason, ce sera encore plus difficile. Le roi Æétès est au courant de ta venue. Il est furieux, car il avait passé une alliance avec le roi troyen Laomédon. Il devait interdire l'entrée du premier détroit à tout navire en provenance de Grèce. Mais il a échoué. Aussi, Æétès a décrété qu'il imposerait une épreuve à l'homme qui se présentera.

— Quelle épreuve?

— Personne ne le sait. Connaissant Æétès, il faut s'attendre à quelque chose d'extrêmement périlleux. Le roi tient à garder la Toison d'or. Et il connaît la prophétie. Aussitôt après la mort de notre ancêtre Phryxos, un oracle a prédit qu'un homme venu de Grèce s'emparerait un jour de la Toison d'or et la ramènerait à Iolcos. C'est pourquoi, lorsque nous avons appris que vous arriviez de Thessalie à bord de l'*Argo,* nous nous sommes enfuis d'Aea pour vous rejoindre. Nous ne sommes pas des Colchidiens, mais des Thessaliens. Et nous ne pouvons oublier qu'à l'époque, Arthaxès a assassiné Phryxos.

— Assassiné?

— C'est ce qu'affirmait notre grand-père.

À l'aube, Jason offrit un sacrifice à Aphrodite. Il n'avait pas oublié les paroles de Phinée :

« — Implore l'aide d'Aphrodite. C'est elle qui t'aidera à t'emparer de la Toison d'or.

Se souvenant de ce que lui avait dit Méléagre, il ne tua aucun animal, mais invita les Argonautes à des libations de vin et de miel, au cours desquelles ils chantèrent un long poème composé par Orphée pour la déesse.

Lorsqu'ils eurent terminé, les brumes froides qui masquaient la côte s'écartèrent sous l'effet d'une brise légère et une lumière douce illumina la grève. Peut-être n'était-ce qu'une coïncidence, mais les Argonautes sentirent la confiance naître en eux. Aphrodite allait les aider, tout comme l'avaient déjà fait Héra, Apollon et Athéna.

Mais de quelle manière allait-elle intervenir?

Le lendemain, Jason quitta la baie en compagnie de la moitié des Argonautes et se dirigea vers Aea. Une certaine inquiétude habitait le cœur des voyageurs. Et si le roi Æétès décidait de ne pas respecter les lois de l'hospitalité? Il pouvait très bien donner l'ordre de les massacrer tous. Et que pourraient-ils faire contre une armée entière?

— Nous ne devons pas y penser, grommela Jason. N'oublions jamais que nous bénéficions de la protection des dieux.

Après avoir fait un détour pour éviter le port, ils retrouvèrent le chemin menant à la capitale. C'était une piste assez large pour laisser passer des chariots, mais passablement cahoteuse.

Tout à coup, Admète de Phères posa sa main sur le bras de Jason.

— Par les dieux! Qu'est-ce que c'est que ça?

33

Médée

Ils venaient d'arriver près d'un petit village de paysans, bordé par un bois de saules au-dessus duquel tournoyaient des nuées de corbeaux. Les oiseaux s'acharnaient sur d'étranges paquets noirs suspendus aux branches des arbres. En s'approchant, ils constatèrent qu'il s'agissait de cadavres humains enveloppés dans des peaux de vache non tannées. De certains, il ne restait plus que le squelette, auquel s'accrochaient encore quelques lambeaux de chair desséchée. Une odeur pestilentielle se dégageait de l'endroit.

— Quels crimes ont donc commis ces malheureux? s'écria Jason, impressionné.

— Aucun, répondit Cytirosos. A la différence des Grecs, les Colchidiens ne brûlent pas leurs morts. Ils considèrent que le feu est trop sacré pour être souillé par des cadavres. Les hommes sont exposés aux oiseaux pour qu'ils conduisent leurs âmes vers les dieux[1]. Les femmes, elles, sont enterrées, car, pour les Colchidiens, elles n'ont pas d'âmes.

---

[1] Dans l'antiquité, plusieurs peuples pensaient que les oiseaux étaient des « psychopompes », c'est-à-dire qu'ils aidaient les défunts à gagner le royaume des morts. Le Bâ, oiseau à tête humaine des Egyptiens, en est une illustration.

— Voilà pourquoi l'esprit de Phryxos n'a pu rejoindre le Tartare, conclut Jason. En tant que Grec, il n'a pas eu de bûcher funéraire.

— Il erre encore dans ce pays. Parfois, nous sentons sa présence autour de nous. Mais jamais il ne nous est apparu.

Jason hocha la tête. Sa mission consistait aussi à libérer l'âme de Phryxos afin qu'il trouve le repos. Malheureusement, il n'avait aucune idée de la manière dont il allait pouvoir s'y prendre.

Les Argonautes parvinrent enfin devant Aea. C'était une ville importante, installée sur une colline cernée par les contreforts du Caucase, dont les sommets enneigés se perdaient dans les nuages. Une lumière grise tombait sur les hautes murailles qui défendaient la cité. Aux alentours s'étiraient des champs cultivés par des paysans en haillons, aux visages sombres et apeurés, aux yeux creusés par la faim. Des troupeaux de moutons et de chèvres côtoyaient quelques groupes de vaches. Ils aperçurent également une harde de chevaux gardée par des cavaliers.

— Les Colchidiens savent monter les chevaux, expliqua Cytirosos. Moi-même, j'ai appris. Il faut beaucoup de patience.

— C'est une excellente idée, répondit Jason. Nous utilisons surtout les chevaux pour tirer les chars, mais ceux-ci exigent un terrain plat. Ils ne peuvent s'aventurer là où les chevaux sont capables d'aller.

Devant l'énorme porte à doubles vantaux, à l'entrée de la cité, les Argonautes furent arrêtés par une importante troupe en armes.

— Je suis Jason, fils d'Æson, dit le jeune homme. Nous venons d'Iolcos pour rencontrer le roi Æétès.

— Il t'attend, répondit le capitaine des gardes, un colosse aux sourcils broussailleux.

Précédés d'une escorte de soldats, les Argonautes pénétrèrent dans Aea. Assaillis dès l'entrée par la puanteur des eaux usées s'écoulant dans la rigole de la rue principale, ils découvrirent une cité qui n'avait ni la beauté ni l'élégance des villes grecques. Son architecture était grossière, fonctionnelle, faite de bois et de pierre, aux murs nus. Les maisons n'avaient pas d'étages. Chiens, cochons, poules et rats grouillaient dans les ruelles, en compagnie de mendiants à demi nus, aux corps squelettiques. Des bâtiments plus importants, mais tout aussi rustiques, abritaient des casernes et des écuries. À l'inverse des femmes thessaliennes, les Colchidiennes dissimulaient leurs traits sous des draperies épaisses, de couleurs foncées. Vêtues de leurs tuniques courtes, Atalante et Alceste attiraient les regards des hommes.

Bientôt, la rue principale s'élargit en une vaste place couverte d'un marché. Les étals proposaient d'innombrables produits, depuis la nourriture jusqu'aux bijoux fabriqués avec l'or que l'on trouvait en abondance dans les torrents des hautes montagnes proches. Mais, à l'image de la ville, ils n'offraient aucun raffinement. Aea était pourtant riche. Partout se dressaient des autels consacrés à une déesse dont les statues imposantes étaient ornées de trois têtes de lion, de chien et de jument.

— Hécate la Magicienne, commenta Cytirosos. Les Colchidiens prétendent que Zeus lui rend hommage et la redoute. Elle serait aussi vieille que le monde, plus ancienne encore que les Titans qui autrefois gouvernèrent la Terre. Ses prêtresses sont les véritables souveraines de cette ville. Le roi ne fait rien sans demander leur avis. Sa propre fille, Médée, est la grande prêtresse.

À l'autre extrémité de la place principale se dressait le palais, lui-même cerné par une seconde muraille. Il fallut franchir une nouvelle porte. Un chemin au dallage inégal menait jusqu'à un grand bâtiment soutenu par des colonnes peintes de couleurs vives et décorées de petits motifs en losange. Toujours escortés par une cinquantaine de soldats, les Argonautes, dont le nombre ne dépassait pas la vingtaine, furent amenés dans la grande salle du palais.

Le roi Æétès était un homme de forte corpulence, à la barbe fournie et aux yeux profondément enfoncés dans les orbites, au regard sévère. Il avait revêtu ses habits d'apparat, sur lesquels était passée une cuirasse noire. Derrière le trône dominait une immense statue d'Hécate. Ses trois têtes semblaient fixer les arrivants d'une façon menaçante. Près du roi se tenaient une dizaine de jeunes femmes vêtues de longues toges noires. Des voiles dissimulaient leurs cheveux. L'une d'elles arborait une sorte de sceptre.

— La grande prêtresse Médée, souffla Cytirosos.

Les Argonautes durent remettre leurs armes aux guerriers avant de s'avancer vers le souverain. Une angoisse insidieuse envahit Jason. Ils n'avaient même plus les moyens de se défendre si le roi décidait de se débarrasser d'eux. Intérieurement, il adressa une vive supplique à Héra, Apollon, Athéna et, surtout, Aphrodite.

— Approche, Jason, gronda la voix d'Æétès.

Le jeune homme s'exécuta.

— Ainsi, une nouvelle fois, les Grecs envoient des héros pour tenter de ramener la Toison d'or chez eux.

— Ce bélier sacré fut offert par Zeus lui-même à Iolcos, puissant roi. Jamais la toison sacrée n'aurait dû quitter la ville.

— Elle est ici depuis de nombreuses générations, pourtant.

— Elle n'appartient pas aux rois de Colchide. Vous auriez dû la rendre aux souverains iolciens.

— Qui te rend si hardi d'oser venir la réclamer? Ne crains-tu donc pas que je vous fasse mettre à mort, toi et tes compagnons pour châtier ton insolence?

— Tu peux nous tuer, c'est vrai, grand roi. Mais tu risquerais de provoquer la colère des dieux. Ne serait-ce qu'en bafouant les lois de l'hospitalité.

Æétès se dressa d'un coup et hurla :

— Je ne crains pas tes dieux! La déesse Hécate est bien plus puissante qu'eux. Gardes! Saisissez-vous de ces hommes!

— Non! cria une voix de femme.

Le roi se tourna vers Médée, qui avait levé la main. Aussitôt, les gardes s'étaient figés. Jason la regarda. À la différence des autres prêtresses, elle ne portait pas de voile pour cacher sa chevelure. Celle-ci coulait librement sur son dos, maintenue en arrière par un diadème en or représentant une tête de lion. Son regard noir fixait Jason. Celui-ci n'osait plus faire un geste. Tout à coup, une onde de chaleur envahit sa poitrine. Il lui sembla qu'en cet instant précis, un éclair lumineux traversa la salle du trône. Mais peut-être fut-il le seul à le percevoir.

Tout le monde avait les yeux tournés vers Médée. À pas lents, elle s'approcha de Jason, qu'elle examina avec attention. Puis elle revint vers Æétès et déclara :

— Non, père. Cet homme n'est pas notre ennemi. Nous ne pouvons ignorer la prophétie, qui fut prononcée ici même, à Aea. « Un homme viendra, qui s'emparera de la Toison d'or et la ramènera dans sa véritable patrie. » Nous savons depuis toujours que la Toison d'or n'est pas destinée à rester en Colchide. Nous ne pouvons nous opposer à la volonté des dieux. La déesse Hécate elle-même nous a envoyé cette prédiction. Refuser d'en tenir compte nous attirerait sa colère. Est-ce ce que tu souhaites, père ?

Embarrassé, Æétès fit signe à ses gardes de reculer. Jason poussa un soupir de soulagement. Mais il comprit que le roi ne partageait pas l'opinion de la grande prêtresse. Æétès n'avait aucune envie de voir la Toison d'or lui échapper. Il riposta :

— Comment savoir si cet homme est bien celui de la prophétie ? demanda-t-il d'un ton chargé de haine.

— Laisse-le partir pour la forêt d'Arès. S'il est réellement le héros qui doit emporter la Toison, le Gardien ne lui fera aucun mal.

Æétès éclata de rire.

— Il a dévoré tous les insensés qui ont tenté de s'emparer de la Toison d'or. Pourquoi l'épargnerait-il ?

— Parce que cet homme est le protégé des dieux. Et sans doute aussi d'Hécate elle-même, répliqua Médée. En réalité, la Toison n'appartient plus à personne depuis qu'elle est sous la garde de la Créature. Les souverains de Colchide eux-mêmes ne pourraient s'en emparer s'ils le désiraient. Ils ne seraient pas épargnés. Dans le passé, plusieurs rois ont envoyé leurs meilleurs guerriers pour tenter de la ramener au palais. Tous ont été tués.

Æétès poussa un grognement. Il ne lui plaisait guère d'être ainsi contré par sa propre fille, mais il se rassit. L'ascendant des prêtresses d'Hécate était tel qu'il ne pouvait s'opposer à elles. Néanmoins, il déclara :

— Eh bien, s'il désire partir pour la forêt d'Arès, il devra d'abord se soumettre à une épreuve. Nous saurons alors s'il est bien l'homme de la prophétie, car seul un homme protégé par les dieux pourra en triompher. S'il échoue, il périra au cours de l'épreuve. Et tous ses compagnons seront sacrifiés sur l'autel d'Hécate.

34

Le sang de Prométhée

Jason frémit. Il devait relever le défi. Mais s'il échouait, ses compagnons seraient massacrés jusqu'au dernier. Il les regarda. Aucun d'eux ne trahissait la moindre émotion, pas même la jeune Alceste, qui tenait fermement la main de son mari.

— Quelle est cette épreuve ? demanda-t-il.

— Je possède dans mes étables deux taureaux aux sabots d'airain. Tu devras les atteler ensemble et labourer le champ que je t'indiquerai. Tu devras ensuite semer les graines que je te donnerai. Mais sache que seul un roi ayant reçu l'assentiment des dieux est capable d'accomplir cette tâche. Si tu es un imposteur, tu seras tué immanquablement.

Jason poussa un soupir de soulagement : Chiron lui avait enseigné le labourage.

« — Un roi doit savoir tout faire, avait-il dit. Et labourer un champ est la tâche la plus noble qui soit. »

Ce ne serait pas facile avec deux taureaux, mais il avait déjà dompté des animaux de cette puissance. Cependant, Æétès ajouta d'un air mauvais :

— Il y a toutefois un détail que je dois te préciser. Ces deux taureaux ont une particularité. Lorsqu'ils sont en colère, leurs naseaux crachent des flammes. Il te faudra donc les éviter si tu ne veux pas périr brûlé vif. Et méfie-toi aussi de leurs sabots. Un seul coup te ferait éclater le crâne.

Jason serra les dents. Il aurait dû se douter qu'il y avait un piège. Mais il était trop tard pour reculer.

— C'est bien, dit-il. J'accepte.

— L'épreuve aura lieu demain, conclut Æétès.

Le roi donna ensuite des ordres pour que les Grecs fussent accueillis au palais. Sous la conduite de Thorgos, le capitaine des gardes royaux, ils furent conduits dans une tour au confort rudimentaire, meublée en tout et pour tout de paillasses. On leur avait rendu leurs armes, mais à quoi leur serviraient-elles contre la garnison du palais, qui ne devait pas compter moins de trois cents hommes?

— Nous sommes bel et bien prisonniers! s'exclama Méléagre, furieux. Le couloir est plein de gardes.

Cependant, le soir, ils furent conviés à dîner avec le roi. Æétès, persuadé que Jason courait à l'échec, se montra d'excellente humeur. Il interrogea longuement les Argonautes sur les péripéties de leur voyage, sur les épreuves qu'ils avaient traversées. Il demanda à Orphée, dont il connaissait la réputation, de chanter. Lorsqu'il eut terminé, le roi déclara :

— Jamais les dieux ne me pardonneraient d'ôter la vie à un si grand poète. Si Jason échoue, tu seras épargné.

— Alors, tu devras épargner tous mes compagnons, répliqua Orphée. Car jamais je n'accepterai de leur survivre.

Æétès préféra ne pas répondre.

Jason avait espéré que la belle Médée participerait au repas, mais elle ne parut pas. Il en fut un peu déçu. Depuis qu'il l'avait vue, il ne parvenait pas à chasser son visage de son esprit. Il n'oubliait pas qu'elle avait pris sa défense. Sans son intervention, les Argonautes auraient été massacrés par les gardes.

La soirée se termina fort tard. Lorsque les Argonautes regagnèrent leurs appartements, Jason était morose. Il n'avait pas peur de mourir, mais il craignait de faillir pour ses compagnons. Il allait s'allonger sur sa paillasse lorsqu'un bruit insolite se fit entendre. Soudain, il vit avec stupéfaction une partie du mur tourner sur elle-même, dévoilant un passage secret. Une silhouette noire portant une torche se détacha.

— Suis-moi, Jason, dit-elle. Ma maîtresse désire te parler.

Intrigué, Jason fit signe à ses compagnons de ne pas bouger et s'engagea dans le couloir secret à la suite de la jeune femme. Il constata que le corridor, construit dans l'épaisseur de la muraille, se trouvait dans un bien meilleur état que le palais, comme si la salle du trône et les appartements royaux avaient été ajoutés ensuite.

Après avoir suivi plusieurs galeries étroites plongées dans les ténèbres, Jason se retrouva dans une salle haute et sombre, éclairée seulement par des braseros dans lesquels brûlait de l'encens. Une odeur singulière flottait dans l'air, un parfum musqué et envoûtant. Assise sur une sorte de trône de bois sculpté, dominée par une gigantesque statue de la déesse tricéphale, Médée attendait, vêtue de sa longue robe noire. Son épaisse chevelure brune lui composait comme une cape. Ses mystérieux yeux noirs luisaient à la lumière rouge des braseros. Le cœur de Jason se mit à battre un peu plus vite. Jamais il n'avait vu de femme plus belle. Il se retourna. Son guide avait disparu.

— Approche, Jason, dit Médée.

Elle possédait une voix profonde, chaleureuse.

— Que puis-je pour toi? demanda-t-il.

— C'est moi qui peux faire quelque chose pour toi, répondit la grande prêtresse. J'ai interrogé les oracles. Ils disent tous que tu es celui qui doit reprendre la Toison d'or. Or, quels que soient ton courage et ta force, jamais tu ne seras assez puissant pour y parvenir seul. Tu as besoin de mon aide. Et je vais te l'accorder.

— Pourquoi ferais-tu cela?

Elle hésita, puis répondit :

— Pour obéir aux dieux. Si tu meurs, ils déchaîneront leur colère contre Aea. Mon père t'a imposé une épreuve dont aucun homme ne pourrait sortir vivant sans le secours de la magie. Tu n'as aucune idée de ce que sont ces taureaux. Les jets de flammes qui sortent de leurs naseaux consument la pierre elle-même. Il te faut devenir invulnérable aux flammes, non seulement toi, mais aussi tes armes. Sinon, elles fondront sous la chaleur.

Jason regarda Médée. Malgré son attirance pour cette femme étonnante, il demeurait méfiant.

— Et toi, que demandes-tu en échange?

Elle marqua un silence, puis répondit :

— Je veux que tu m'emmènes avec toi.

— Tu veux quitter la Colchide pour me suivre?

— Oui.

Elle se leva et vint à lui. Son parfum suave enveloppa Jason. Il ne pouvait détacher ses yeux du regard de Médée. Jamais il n'avait désiré une femme aussi ardemment. Il dut faire un violent effort sur lui-même pour ne pas la prendre dans ses bras et l'embrasser. Mais la grande prêtresse semblait ressentir la même chose. Elle prit ses mains dans les siennes.

— Je n'ai jamais rencontré d'homme aussi courageux que toi, Jason, dit-elle. Et je sais à présent que mon destin est lié au tien. J'ignore ce que veulent les dieux. Une grande prêtresse d'Hécate doit rester vierge, pourtant, selon certains signes, je dois devenir ta femme. Une chose est sûre : après que je t'aurai apporté mon aide, je devrai quitter la Colchide. Sinon, mon père me tuera.

— Tu trahirais ton pays pour moi…

— C'est mon père qui le trahit en t'imposant une épreuve dont tu n'as aucune chance de sortir vivant. Il s'oppose ainsi à la prophétie, quitte à attirer la colère des dieux sur Aea.

Le visage de la jeune femme se durcit.

— Æétès est un tyran cruel et ivre d'orgueil. Il ne recule devant aucun crime pour affirmer sa domination. Autrefois, la cour comptait des hommes courageux, qui n'hésitaient pas à dénoncer ses injustices. Tous ces gens ont mystérieusement disparu, assassinés, empoisonnés par la garde secrète de mon père. Il ne tolère aucune critique, aucune contradiction.

Aujourd'hui, il ne reste plus autour de lui que des courtisans serviles et lâches, prêts à toutes les bassesses pour obtenir une faveur du maître. Seules les prêtresses du temple lui inspirent de la crainte, car il redoute la magie de la déesse. C'est pour cette raison qu'il a intrigué pour que je sois nommée grande prêtresse. Il espérait ainsi pouvoir se concilier la bienveillance d'Hécate. Mais je le déteste et je lui ai toujours tenu tête. Bien que je sois sa fille, nous nous haïssons, et je sais qu'un jour, il finira par m'éliminer, comme il l'a fait pour ma mère.

Jason prit les mains de Médée dans les siennes. Il comprenait mieux à présent pourquoi elle lui avait offert son aide.

— Tu prends un grand risque, dit-il doucement.

— Je dois le prendre, car il y a une autre raison qui me pousse à t'aider.

Elle hésita, puis ajouta dans un souffle :

— Je t'ai aimé dès l'instant où je t'ai vu, Jason.

Le jeune homme comprit alors la manière dont Aphrodite avait choisi d'intervenir, et pourquoi Phinée lui avait conseillé d'invoquer son aide. Les paroles de Néphélé lui revinrent en mémoire :

« Tu possèdes en toi une arme dont tu ignores l'existence. »

Cette arme inconnue n'était autre que l'amour. Un amour qu'Éros, le fils d'Aphrodite, avait inspiré à Médée. Sans lui, elle n'aurait pas empêché son père de les faire tous mettre à mort sous ses yeux. Mais Eros avait dû tirer une seconde flèche sur lui, Jason, car une force irrésistible le poussait vers elle. Il prit la jeune femme dans ses bras.

— Je t'aime aussi, Médée. Et je t'emmènerai sur l'*Argo.*

Des larmes se mirent à luire dans les yeux de la jeune femme.

— Comment te croire? Quand tu auras obtenu ce que tu voulais, ne vas-tu pas t'en aller en m'abandonnant?

— Non, je t'en fais le serment devant la déesse Héra, ma protectrice. Qu'elle soit témoin de mon engagement envers toi.

Elle lui répondit d'un sourire. Il crut alors que son corps ne pesait plus rien. Il se pencha sur elle, leurs lèvres s'effleurèrent, mais elle posa sa main sur sa bouche.

— Non, Jason. Nous sommes ici dans le temple d'Hécate. Je ne dois pas provoquer sa colère.

Il recula. Médée se dirigea vers un coffre de bois sculpté et incrusté d'or. Elle en sortit un flacon contenant un liquide couleur de rubis.

— Cette fiole contient un onguent fabriqué à partir d'un crocus né du sang de Prométhée, dit la jeune femme en lui tendant le flacon. Il te protégera du feu. Tu dois t'en enduire entièrement, ainsi que tes vêtements et tes armes. À présent, va. Il ne faut pas que l'on te surprenne ici.

Jason hésita, puis demanda :

— Mais… cette fille qui m'a amené ici? Ne risque-t-elle pas de parler?

— Hélicé fait partie de mes esclaves personnelles. Toutes donneraient leur vie pour moi. Lorsque nous partirons, tu devras les emmener aussi.

— Ton père ne va-t-il pas se douter de quelque chose?

— Il ne saura rien. Il ignore l'existence de ce passage. Le secret en est transmis de grande prêtresse à grande prêtresse. Hélicé, la plus dévouée de mes servantes, est, avec moi, la seule à le connaître. L'endroit où l'on vous a logés s'appelle la Tour Vieille. Elle a été construite par le dieu Héphaïstos. C'est la partie la plus ancienne du palais. Autrefois, les premiers rois d'Aea y vivaient. Ce sont eux qui ont fait aménager ces couloirs dérobés. Ils leur permettaient de sortir du palais et se mêler incognito au peuple pour surprendre ce qui se disait sur eux. Aujourd'hui, on y accueille les invités de marque que l'on veut… surveiller. Pour y accéder, il faut obligatoirement traverser la garnison royale. Or les soldats n'auront vu personne te rendre visite.

Ils restèrent un long moment silencieux, se dévorant des yeux. Jason avait un violent désir de la serrer contre lui et l'embrasser. Mais il devait regagner sa chambre. Ils se séparèrent à regret, comme on se déchire.

Quelques instants plus tard, guidé par Hélicé, il était de retour dans son appartement. Ses compagnons furent soulagés de le voir. Il leur expliqua ce qui s'était passé, puis adressa une prière de remerciement à Aphrodite pour l'aide qu'elle lui avait apportée.

À l'aube, il ouvrit la fiole. Le liquide épais diffusait une odeur légère. Il s'en enduisit entièrement le corps, en imprégna ses vêtements, puis l'épée et le bouclier offerts par Héphaïstos. Il s'attendait à ce que sa peau reste rouge, mais le liquide pénétra à l'intérieur sans laisser de trace en surface. Instantanément, il sentit une puissance invincible l'envelopper. Sa peau était désormais totalement insensible.

Cependant, Atalante, suspicieuse, déclara :

— Es-tu sûre que cette femme ne t'a pas tendu un piège? Je me méfie d'elle.

Jason sourit.

— Ne serais-tu pas un peu jalouse, ma sœur?

— Vérifie qu'elle ne t'a pas menti! Il y a là un brasero. Plonge ton bras dans les braises. Si tu te brûles, cela voudra dire qu'elle t'a trahi.

Jason hésita. Et si Atalante avait raison… Il s'approcha du brasero. Mais, au même moment, le capitaine de la garde royale vint chercher les Argonautes.

35

Les taureaux sacrés

Le champ sur lequel l'épreuve devait avoir lieu était situé à l'extérieur de la cité, à mi-chemin de la forêt épaisse qui couvrait les contreforts du massif montagneux. Entouré d'une muraille haute comme deux hommes, il constituait une sorte d'arène dont la seule issue était une haute porte de bronze.

Une estrade avait été montée à la hâte pour accueillir le roi et la cour. Une autre, plus petite, devait recevoir les Argonautes. Le peuple, autorisé à assister à l'épreuve, avait pris place sur les talus qui ceinturaient l'arène.

Arrivant sur les lieux, Jason aperçut Médée. Elle se tenait à l'écart de la cour, parmi les autres prêtresses d'Hécate, et feignait de ne pas prêter attention à lui. Malgré l'envie qu'il avait de lui parler, de la prendre dans ses bras, il devait, lui aussi, l'ignorer.

Le capitaine des gardes l'amena devant la tribune royale.

— Es-tu prêt, Jason? demanda Æétès, un sourire goguenard aux lèvres.

— Je le suis, seigneur. Peut-être vais-je échouer et mourir. Mais, si le feu de tes taureaux ne parvient pas à me consumer, je veux que tu me donnes ta parole que tu nous laisseras libres, mes compagnons et moi, d'aller chercher la Toison d'or.

Æétès éclata de rire.

— Je te la donne. Mais n'oublie pas! Il ne te suffit pas d'atteler ensemble les taureaux aux sabots d'airain et de labourer ce champ. Il faudra ensuite semer les graines que je te donnerai.

Jason acquiesça. Soudain, la foule rassemblée autour du champ laissa échapper une clameur d'effroi. Sur le chemin, on voyait arriver deux animaux monstrueux, dont la tête était masquée par un casque intégral de métal. Tous deux portaient des colliers hérissés de pointes dirigées vers l'intérieur que leurs meneurs pouvaient resserrer afin de les contraindre à obéir. Leur peau de couleur noire luisait sous la lumière voilée du soleil. Leurs sabots martelaient le sol de rocaille avec un bruit de métal qui faisait vibrer les entrailles de l'assistance. Æétès les regarda pénétrer sur le terrain avec un orgueil non dissimulé.

— Prends bien garde, Jason. Comme le bélier d'Iolcos, ces taureaux sont immortels. Ils ont été fabriqués par Héphaïstos et offert au premier roi d'Aea lors de la construction de la cité. Depuis, tout nouveau roi doit les dompter pour prouver qu'il est digne de gouverner. C'est un grand honneur pour toi de te voir imposer cette épreuve.

Jason supposa que les prétendants devaient, tout comme lui, recevoir l'aide des prêtresses d'Hécate afin de ne pas périr brûlés. Il s'avança au milieu du champ, tenant fermement en main la longe de corde qu'il s'était fabriquée durant la nuit, et qu'il avait également enduite de l'onguent.

À l'autre bout du champ, les bouviers ôtèrent les casques intégraux des taureaux et s'écartèrent. Aussitôt, deux longs jets de flammes jaillirent de leurs naseaux, qui arrachèrent des hurlements aux spectateurs. Jason frémit. Si Médée l'avait trahi, il serait brûlé vif sans avoir le temps de rien faire. Il adressa une prière muette à Aphrodite. En réponse, une vague de sérénité coula en lui, suivi par l'écho d'un rire amusé. Il comprit que la déesse se tenait près de lui, invisible. Il reprit confiance.

Sur un signe du roi, le premier animal fut libéré. Il commença par foncer sur la muraille dans laquelle il donna de puissants coups de tête. Mais la roche était épaisse et solide. Alors, il se mit à pousser des mugissements effrayants et des traits enflammés frappèrent le mur. Un crépitement sinistre retentit. La muraille fondait sous la chaleur. Mais son épaisseur, renforcée par les talus de terre qui la doublaient, interdisait au taureau de s'échapper. Furieux, il se tourna vers Jason.

Le jeune homme s'avança vers le monstre. Soudain, celui-ci chargea, tête baissée. Jason attendit, puis se jeta sur le côté au moment où l'animal allait le percuter. L'instant d'après, il fit tournoyer sa corde d'une main sûre. Elle s'enroula autour du cou de la bête. Jason, les talons ancrés dans le sol, tira sur la longe pour ramener le taureau vers lui. Il n'était pas de force à le retenir. Il devait se rapprocher de lui et le saisir par les cornes pour le forcer à se coucher sur le sol. Ensuite, il faudrait fixer le joug.

Tout à coup, l'animal fit volte-face et lâcha un long jet de flammes sur Jason. Une clameur horrifiée s'éleva de la foule. On s'attendait à voir le corps du jeune homme s'embraser d'un coup. Mais il ne se passe rien de semblable.

Dans la tribune royale, Æétès blêmit. Comment ce chien d'étranger pouvait-il résister au feu sans la protection de la potion issue du sang de Prométhée? Il se tourna vers Médée et lui fit signe d'approcher.

— Comment expliques-tu cela? demanda-t-il d'un ton suspicieux.

Médée le toisa d'un regard noir.

— Seuls les hommes nés pour régner sont naturellement protégés contre le feu des taureaux d'Héphaïstos, répondit-elle avec aplomb.

— Dans ce cas, pourquoi ai-je bénéficié de l'onguent magique? Ne suis-je pas né, moi aussi, pour régner?

Médée répondit sèchement, sur un ton mêlant le défi et le mépris :

— En es-tu sûr?

Il darda sur elle un regard chargé de haine.

— Explique-toi, ma fille! lança-t-il.

— Ce n'est pas ta fille qui te parle, mais la grande prêtresse d'Hécate. Tu dois savoir que l'héritier du trône n'est pas toujours un roi authentique. Par précaution, nous protégeons tous les prétendants avec le sang de Prométhée.

Pour toute réponse, Æétès poussa un grognement. Il avait triomphé de l'épreuve des taureaux. Mais son corps était enduit du sang de Prométhée.

Brusquement, il se tourna vers Médée et la fixa dans les yeux.

— À moins que ce Jason soit, lui aussi, rendu invulnérable grâce à l'onguent de Prométhée!

Médée prit un air sévère.

— Et comment se le serait-il procuré? Il ignore jusqu'à son existence!

Il lui jeta un regard en coin.

— L'une des prêtresses a pu le lui fournir.

Médée se redressa et le foudroya du regard.

— Comment oses-tu soupçonner l'une des servantes d'Hécate? s'insurgea-t-elle. Prends garde, Æétès. En insultant ses servantes, c'est la déesse elle-même que tu insultes. Aussi, redoute qu'elle ne s'irrite de ta conduite!

Puis elle lui tourna le dos et regagna sa place, l'air furieux.

Le roi se sentit mal à l'aise. Comment en effet soupçonner les prêtresses? De plus, il avait fait surveiller la Tour Vieille toute la nuit. Thorgos lui avait confirmé qu'aucun des Argonautes n'avait pu la quitter. Et si ce maudit Jason était réellement l'homme de la prophétie? Rien alors ne pourrait l'empêcher de s'emparer de la Toison d'or. Æétès serra les dents. Il n'avait pas dit son dernier mot.

Dans l'arène, le jeune homme était parvenu, à grand-peine, à se rapprocher du premier taureau, dont les jets de flammes furieux n'avaient aucun effet sur lui. Esquivant adroitement les coups de sabots d'airain, il saisit fermement les cornes de la bête et la força à courber l'échine en lui tordant la tête. Haletante, la foule vit les muscles du jeune homme se tendre sous l'effort. Enfin, le taureau bascula sur le sol. Des aides apportèrent alors un lourd joug de métal. Jason s'en saisit et le posa sur l'échine de l'animal. Celui-ci, dompté, avait cessé de cracher le feu. Une ovation formidable salua l'exploit du Thessalien, poussée par la foule et par les Argonautes.

Dépité, Æétès fit libérer le second taureau. Mais Jason parvint à le dominer à son tour et l'animal vint rejoindre son congénère sous le joug. Le jeune homme fixa ensuite une charrue au soc d'airain derrière le puissant attelage. Tenant fermement les rênes, il contraignit les taureaux à tracer un sillon, dont la rectitude étonna la foule, qui applaudit l'exploit. Parvenu au bout du champ, Jason fit demi-tour. Il laboura ainsi la totalité du champ, d'une main sûre, malgré la rocaille affleurante. L'attelage des deux taureaux était si puissant qu'aucune pierre ne pouvait résister à la lame aiguisée du soc d'airain.

— Ce garçon a toutes les qualités d'un grand roi, admit Æétès en soupirant.

Il serra les mâchoires, puis ajouta pour lui-même :

— Mais il ne tient pas encore la Toison d'or.

Il adressa un signe à Thorgos, qui apporta un énorme sac. Lorsque Jason eut terminé de labourer le champ, il ramena l'attelage devant la tribune royale.

— Tu es un homme remarquable, Jason. Il te reste cependant à accomplir une tâche : semer ces graines.

Jason regarda avec méfiance le sac que lui jeta Æétès. Soupçonnant quelque traîtrise, il l'ouvrit avec précaution. Mais il ne se passa rien. Il saisit quelques graines dans ses mains. Elles étaient longues, à l'extrémité pointue.

— Quelle sorte de plante comptes-tu récolter avec ceci? demanda-t-il au roi.

— Du blé royal, répondit Æétès.

Jason accueillit la réponse d'un air sceptique. Ces grains ressemblaient plutôt aux crocs d'un animal. Et, à en juger par leur taille, il s'agissait d'un monstre énorme. Un peu inquiet, il en laissa tomber un sur le sol. Rien ne se produisit. Il ramena alors de la terre par-dessus, sans aucun résultat.

Il eut tôt fait d'achever sa tâche. Lorsqu'il eut terminé, des acclamations triomphales saluèrent son exploit. Le roi fit contre mauvaise fortune bon cœur et déclara :

— Je ne sais si tu es l'homme annoncé par la prophétie, mais tu as réussi l'épreuve que je t'ai imposée. Je tiendrai donc ma parole. Tu pourras partir pour la forêt d'Arès quand tu le décideras. Mais ce soir, je veux que l'on donne de grandes festivités en ton honneur.

La foule redoubla son ovation. Les Argonautes vinrent entourer Jason pour le féliciter. Puis on quitta l'arène pour regagner la ville avant la nuit tombée.

Personne ne remarqua, après le départ de la population, que la terre commençait à se fissurer, comme sous l'effet d'une intense souffrance intérieure. Aux endroits où Jason avait semé les graines, le sol creva, laissant échapper des fumerolles roussâtres, et des choses étranges se mirent à germer.

36

La forêt d'Arès

N'ayant aucune envie de s'attarder en Colchide, Jason avait décidé de partir pour la forêt d'Arès le jour suivant. Malgré les promesses du roi Æétès, il demeurait méfiant. Il savait qu'il n'avait pas l'intention de rendre la Toison d'or et qu'il lui tendrait probablement un autre piège. Il se promit de rester sur ses gardes.

Le plus dur restait à faire : affronter le Gardien. Les guerriers envoyés par les souverains d'Aea avaient échoué. Les prêtresses d'Hécate les avaient-elles aidés? Si oui, cela signifiait-il qu'elles avaient oublié comment la première d'entre elles, Chalciopé, l'épouse de Phryxos, avait placé la Toison sous la protection du monstre? Dans ce cas, avait-il une chance de réussir là où tous les autres avaient échoué? Médée déciderait-elle de l'aider une fois encore?

Ce soir-là, il n'assista pas très longtemps aux festivités données en son honneur. Médée étant absente, il espérait qu'elle enverrait son esclave Hélicé le chercher. Et, en effet, à peine était-il revenu dans son appartement que le passage secret s'ouvrit. Quelques instants plus tard, il se trouvait de nouveau en face de la grande prêtresse.

— Sois remerciée de ton aide, dit-il. Sans toi, je n'aurais pas réussi à dompter ces taureaux.

— Personne n'y est jamais arrivé sans ce baume. Mais tu as encore besoin de moi. Il faut que je t'accompagne dans la forêt d'Arès, et mon père doit l'ignorer.

— Il va s'apercevoir que tu n'es pas présente.

— Je prétexterai des incantations à Hécate pour me tenir éloignée de la cour. Cela ne le surprendra pas. Nous avons coutume de nous retirer ainsi pendant plusieurs jours. Personne ne doit nous déranger dans notre retraite. Tu me retrouveras dans la forêt d'Aea, là où un chêne et un tilleul entremêlent leurs racines. Un chemin y mène directement. Prévois des vivres pour plusieurs jours.

— Nous pourrons toujours chasser, objecta Jason.

Médée secoua la tête.

— Non. La forêt d'Arès n'est pas une forêt comme les autres. Les créatures qui vivent là-bas ne sont pas du gibier. Au contraire, ce sera plutôt toi la proie.

Jason toucha la poignée de l'épée forgée par Héphaïstos et répondit :

— J'ai de quoi me défendre.

Elle sourit.

— Je connais ton courage, Jason. Mais face à certaines choses, il ne sera peut-être pas suffisant. Cependant, tu n'auras rien à redouter tant que je serai à tes côtés.

Il l'embrassa, puis, demanda :

— Quelles sont ces graines étranges que ton père m'a fait semer?

— Des graines de blé royal. La culture du blé est considérée comme une tâche noble, dont le futur souverain doit donner l'exemple.

— Médée, ces graines n'avaient rien à voir avec du blé. Elles ressemblaient à des crocs.

Le visage de Médée refléta aussitôt l'angoisse.

— Des crocs? Par les dieux, il n'aurait pas osé…

— Que veux-tu dire?

— Rien, rien. Je crains seulement que mon père ne t'ait tendu un piège. Si tel est le cas, nous devons être revenus avant cinq jours.

— Pourquoi? Qu'arriverait-il passé ce délai?

Elle éluda la question.

— Nous serons revenus dans cinq jours, affirma-t-elle avec force. Il le faut. Soit prêt à partir dès l'aube.

Lorsque Jason regagna son appartement par le couloir secret, un profond malaise l'avait envahi. Médée ne semblait pas craindre d'affronter le Gardien et les créatures qui peuplaient la forêt d'Arès. En revanche, elle redoutait le piège préparé par Æétès. Pourquoi? Craignait-elle que sa magie ne soit pas assez puissante?

Au petit matin, il quitta Aea en compagnie d'Orphée, Atalante et Méléagre, ainsi que Canthos d'Eubée et Caenée le Lapithe. Tous avaient insisté pour venir. Laissant derrière eux la ville endormie, ils s'engagèrent sur le chemin rocailleux menant vers la barre montagneuse qui dominait la cité. Des brumes rampantes s'étiraient sous l'action des vents le long des flancs du massif, noyant la vue dans toutes les directions. Par moments, des tornades soudaines écartaient les nuages sur un soleil voilé.

Les quelques bergeries aperçues au départ firent place assez vite à la nature sauvage. Aux prés succéda une sombre forêt de sapins au pied desquels rien ne poussait.

Après deux heures de marche harassante, le sentier les mena devant le mystérieux arbre double dont avait parlé Médée.

— Philémon et Baucis, murmura Orphée, vivement ému. Selon la légende, ils ont été transformés en tilleul et en chêne afin que même la mort ne les séparât pas.

La grande prêtresse apparut quelques instants plus tard, suivie par Hélicé et une autre esclave, toutes trois revêtues de longues mantes noires et de capuchons qui masquaient leurs visages. Lorsque Médée ôta le sien d'un geste plein de grâce, Jason remarqua son air inquiet.

— Que se passe-t-il? demanda-t-il.

Encore une fois, elle éluda la question.

— Je préfère ne pas en parler encore. Je te l'ai dit : nous n'avons que cinq jours devant nous. Cela nous laisse juste le temps de reprendre la Toison d'or.

Ils se mirent en marche, s'enfonçant toujours plus profondément dans la forêt. Puis celle-ci se clairsema à mesure qu'ils s'élevaient vers les sommets. Après avoir franchi un col où ne poussait plus qu'une herbe rase, ils durent affronter un ouragan dont les rafales glaciales leur coupaient le souffle. Le soir venu, ils trouvèrent refuge dans une caverne où ils allumèrent un feu afin de se réchauffer.

Au matin, le ciel s'était encore assombri, prenant par moments une étrange couleur mauve. Jason et ses compagnons suivirent le cours d'un torrent menant à un lac sombre, à la surface balayée par des bourrasques violentes. Au-delà s'étendait une forêt aux arbres si hauts et à la frondaison si épaisse que la lumière atteignait à peine le sol. D'épaisses nappes de brume jaunâtre s'avançaient sur le sol recouvert de végétaux morts. Une odeur de pourriture montait de mares aux eaux noires. Des lianes hérissées d'épines tissaient entre les arbres un réseau impénétrable. Il émanait des lieux une sensation de souffrance et de désolation. Les seuls oiseaux qui tournoyaient dans les airs, au-dessus des cimes, étaient des corbeaux et des vautours. Un bruit étrange sourdait des profondeurs ténébreuses, rappelant des lamentations humaines.

La forêt d'Arès paraissait inaccessible. Pourtant, Médée découvrit très vite une sente qui s'enfonçait à l'intérieur. Les Argonautes gardaient la main posée sur la poignée de leur glaive. À tout moment, on s'attendait à voir surgir des monstres. Soudain, Canthos hurla :

— J'ai vu quelque chose, là!

— Moi aussi, confirma Méléagre.

Médée se tourna vers lui.

— Tu as vu un spectre, dit-elle. La forêt d'Arès recueille les âmes des soldats morts au combat qui n'ont pu trouver le chemin du Tartare. Le dieu de la guerre se conduit avec lâcheté sur les champs de bataille et se met à gémir à la moindre blessure, mais il aime le sang versé par les guerriers. Plus les hommes tombent, plus il se réjouit. Cette forêt est son royaume. Vous n'y rencontrerez que douleur et résignation.

— Ne crains-tu pas de le provoquer? s'inquiéta Jason.

— Non. Hécate me protège et Arès n'osera jamais la défier. Il est bien trop couard.

Jason partageait son avis. Les Grecs n'avaient pas une très haute opinion du dieu de la guerre. Mais tout de même, ils étaient sur son territoire…

Ils marchèrent ainsi toute la journée, franchissant des collines, remontant des vallons étroits.

Tout à coup, dans la pénombre, plusieurs paires d'yeux jaunes se mirent à luire. Les Argonautes dégainèrent aussitôt leurs glaives, mais Médée les arrêta d'un geste.

— Ne bougez pas, dit-elle. Ils ne nous feront aucun mal.

Scrutant les ténèbres sylvestres, Jason se rendit compte qu'il s'agissait d'une horde de loups monstrueux, hérissés d'une crête menaçante, et dont la taille atteignait celle d'un cheval. Il frémit. Médée lui posa la main sur le poignet pour le rassurer. Puis elle se tourna en direction des fauves et écarta lentement les bras. Dans une langue inconnue, elle lança des incantations. Surpris, les monstres se figèrent. Après quelques secondes d'hésitation, ils se fondirent dans la pénombre inquiétante. Les Argonautes poussèrent un soupir de soulagement. Ils auraient eu du mal à vaincre de tels adversaires sans l'aide de la magicienne.

Plus loin, ils croisèrent une harde de cerfs géants, aux bois immenses et acérés, aux yeux couleur de sang. Puis ce furent des sangliers de grande taille, à la peau couverte d'écailles. Tous ces animaux semblaient agressifs. Mais, à chaque fois, la magie de Médée les maintenait à distance. Jason commençait à comprendre pourquoi personne n'avait réussi à s'emparer de la Toison d'or jusqu'à présent.

À la fin de la journée, ils parvinrent à l'entrée d'un large défilé enfoncé entre deux murailles rocheuses si hautes qu'on n'en voyait pas le sommet. Un vent froid gifla les Argonautes, chargé de relents de chair pourrie et de végétaux en décomposition.

— La Toison d'or se trouve de l'autre côté de cette gorge, expliqua Médée. Pour l'atteindre, il faut passer devant la caverne immense qui se trouve au milieu. Depuis Chalciopé et Arthaxès, personne n'a réussi à traverser. Seules les grandes prêtresses d'Hécate sont en mesure, grâce à la magie, de tenir le Gardien en respect. Cela constitue l'une des épreuves à passer pour accéder au rang de grande prêtresse. J'ai déjà affronté le Gardien. Mais il est trop tard pour le faire ce soir. La nuit va bientôt tomber. Nous allons nous abriter dans l'ancienne caserne.

Dans la clairière qui commandait l'entrée du défilé se dressaient les ruines d'un bâtiment rudimentaire, éclairé de manière inquiétante par la sombre clarté qui tombait des nuages.

— Dans les premiers temps, expliqua Médée, les rois d'Aea redoutaient que des bandes inconnues tentent de tuer le Gardien et ils entretenaient ici une petite garnison. Mais elle n'eut jamais à intervenir. Sitôt que des voleurs, même nombreux, s'aventuraient dans le défilé, la Bête apparaissait et les dévorait tous jusqu'au dernier.

Jason ne dormit guère cette nuit-là. Il ressentait la tension qui habitait Médée, allongée près de lui. Il n'osa pourtant pas lui en parler. Il la connaissait assez à présent pour savoir qu'elle ne répondrait pas. Il se doutait que son inquiétude n'avait rien à voir avec le Gardien. Celui-ci étant une création des prêtresses d'Hécate, elle savait comment le vaincre.

L'angoisse de la jeune femme venait d'ailleurs, de ces graines singulières qu'il avait semées. Quelle étrange moisson escomptait Æétès?

37

Le Gardien de la Toison d'or

Après une nuit inconfortable dans les ruines de la caserne, Médée secoua Jason.

— Nous n'avons pas un instant à perdre, dit-elle. Il ne nous reste plus que trois jours.

Un peu plus tard, tous étaient debout. La jeune femme s'adressa aux Argonautes :

— Il est inutile d'y aller tous. Seuls Jason et moi affronterons le Gardien. Vous resterez ici sans bouger et sans faire de bruit. Je passerai la première. Jason me suivra de loin.

Elle se tourna vers lui.

— Quoi qu'il se passe, tu ne dois pas intervenir, même si tu as peur pour moi. Tu risquerais de me mettre en danger.

Jason acquiesça.

Le défilé paraissait encore plus sombre que la veille, comme si l'épaisseur nuageuse avait augmenté. Il s'y mêlait des reflets couleur de sang, des traînées orangées et lumineuses semblables à des flammes. Un grondement inquiétant en sourdait en permanence. Parfois, au loin, résonnaient des coups de tonnerre. En revanche, l'écho des lamentations des âmes perdues, qui les avait empêchés de dormir la nuit précédente, s'était atténué, comme si les spectres eux-mêmes redoutaient de s'aventurer dans ce vallon funeste.

— Reste à cent pas derrière moi, dit Médée.

Les entrailles broyées par l'inquiétude, il obéit et la regarda s'éloigner au milieu de la végétation squelettique qui peuplait le défilé. Lézards et scolopendres s'enfuirent devant elle. Lorsqu'il estima qu'elle avait parcouru les cent pas, il se mit en marche, le cœur battant. Il s'aperçut que le sol était jonché d'ossements humains, certains encore recouverts de morceaux de cuirasses. Il aperçut des armes, lances, glaives, arcs brisés, casques de toutes formes : les victimes du Gardien. Osant à peine respirer, il poursuivit son chemin, suivant de loin la petite silhouette de Médée, qui marchait d'un pas lent et prudent. Peu à peu, l'ouverture de la caverne se précisa. Elle atteignait au moins la hauteur de trente hommes. A l'intérieur, il entrevit une énorme masse rocheuse de couleur grise.

Soudain, un grondement formidable fit trembler les parois rocheuses. Pétrifié, il vit la roche changer de couleur pour virer au noir et se mettre à bouger. Des craquements sinistres ébranlèrent les parois de la grotte. Puis l'abomination prit vie, et, sous les yeux de Jason apparut l'animal le plus effrayant qu'il eût jamais vu. Même dans ses pires cauchemars il n'aurait pu imaginer qu'un tel monstre existât. Il ressemblait à un crocodile de très grande taille, aux pattes démesurées. Son dos, hérissé d'une crête haute comme deux hommes, était couvert d'écailles larges comme des boucliers. Deux ailes immenses et noires s'étiraient de part et d'autre. Sa gueule, aux crocs aussi longs que des glaives, aurait pu contenir au moins dix guerriers. Ses pattes s'armaient de griffes monstrueuses plus dures que la roche, aussi longues que des lances. Mais ses yeux surtout dépassaient le reste en horreur. Il n'y en avait pas moins de cent, alignés au-dessus de l'horrible gueule, et tous injectés de sang. Jason n'osait plus faire un geste. Affronter une telle monstruosité eût signifié courir à une mort certaine. Le cœur broyé par l'angoisse, il vit Médée continuer d'avancer vers le monstre. Le Gardien poussa un épouvantable grondement qui fit vibrer la poitrine du jeune homme. Il était certain qu'elle allait se faire dévorer.

Mais elle leva les bras et lança une incantation mystérieuse, dans la langue qu'elle avait déjà utilisée pour écarter les loups. Fasciné, Jason n'osait plus faire un geste. Ce qui se déroulait sous ses yeux était incroyable. Le Gardien s'était immobilisé, tous ses yeux fixés sur la jeune femme. Puis il commença à bouger la tête très lentement, de droite et de gauche. Un à un, les yeux rouges se fermèrent. Lorsque le dernier fut clos, la Bête se coucha lourdement sur le sol de rocaille et poussa un profond soupir qui souleva des tornades de poussière et d'ossements. Peu à peu, il reprit la couleur de la roche.

Médée fit signe à Jason de venir. Il courut jusqu'à elle.

— Vite, dit-elle. Tu as très peu de temps. Va jusqu'à l'autre extrémité du défilé et tranche les liens qui retiennent la Toison d'or. Mais dépêche-toi, je ne vais pas pouvoir le tenir endormi très longtemps. S'il se réveille avant que tu aies fini, nous sommes perdus. Ma magie ne le trompera pas deux fois.

Jason se mit aussitôt à courir. Par un violent effort de volonté, il réprima la peur qui tenta de s'insinuer en lui lorsqu'il passa à côté de l'Abomination. Il aurait voulu courir plus vite, mais les squelettes et les buissons d'épineux ralentissaient sa course. Par deux fois, il manqua de tomber. Enfin, il parvint de l'autre côté. Il resta quelques instants ébloui. Le défilé se terminait par un cul-de-sac vaguement circulaire, inaccessible par les cimes en raison des parois verticales dont le sommet se perdait dans les nuages. Là, au centre de la clairière, se dressaient deux hêtres magnifiques, dont les branches basses portaient la Toison d'or. C'était une fourrure superbe, aux poils longs et soyeux. Une lumière douce en émanait, qui illuminait les arbres et les murailles rocheuses.

Un hurlement lointain de Médée le rappela à l'ordre. Il dégaina son glaive et s'approcha. Soudain, un grondement terrible retentit. La Bête commençait à se réveiller. En quelques coups de glaive précis, Jason libéra la Toison.

Au loin, il vit Médée se mettre à courir dans sa direction. Il comprit que sa magie avait cessé d'agir, et qu'elle n'aurait jamais le temps de le rejoindre. Chargeant la Toison sur ses épaules, il se rua dans sa direction. Si elle devait mourir, il périrait avec elle.

Le monstre s'était mis en marche derrière Médée. Soudain, elle trébucha et s'écroula. La Bête se rapprocha en faisant trembler le sol sous son poids. Au moment où sa patte gigantesque allait s'abattre sur elle, la jeune femme hurla :

— Brandis la Toison devant toi! Vite!

Jason obéit immédiatement. Déroulant la fourrure, il la présenta au dragon. Aussitôt, celui-ci cessa d'avancer. Médée se releva et rejoignit Jason, livide et hors d'haleine.

— Notre retraite est coupée! s'écria-t-il.

Elle lui prit la main. Il s'aperçut qu'elle tremblait.

— Il faut attendre, souffla-t-elle. À présent que la prophétie s'est accomplie, ce monstre n'a plus de raison d'être.

Elle avait à peine prononcé ces mots que le Gardien commença à se désintégrer. Ses écailles larges comme des boucliers tombèrent sur le sol où elles se fracassèrent et se transformèrent en poussière. Les yeux rouges ternirent, disparurent, la mâchoire s'affaissa, les crocs géants se brisèrent comme s'ils n'avaient aucune consistance. Puis le vent glacial emporta la chair devenue grise, impalpable. Il ne resta bientôt plus que le squelette colossal, qui tomba à son tour en poudre.

Jason et Médée restèrent un long moment à contempler la caverne noire, n'osant croire qu'ils avaient triomphé. Puis ils tombèrent dans les bras l'un de l'autre.

— Tu as réussi! dit la jeune femme. Tu étais bien l'homme de la prédiction.

Au loin, ils virent leurs compagnons accourir. Ils avaient suivi l'affrontement depuis l'entrée du défilé, persuadés que ni Jason ni Médée n'en sortiraient vivants. Jason souleva fièrement la Toison d'or au-dessus de sa tête.

— Nous pouvons rentrer à Iolcos, mes amis. Et nous ne serons pas seuls.

Il se tourna vers Médée et la serra de nouveau contre lui. Mais le visage de la jeune femme reflétait de nouveau l'inquiétude.

— Ne perdons pas de temps, dit-elle. Nous devons être de retour à Aea dans moins de deux jours.

Ils regagnèrent les décombres de la caserne à pas rapides. Ils ne remarquèrent pas immédiatement que le ciel s'était encore métamorphosé, prenant une teinte pourpre, presque noire. Déchirant les nuages, les flammes orangées se multipliaient. À peine avaient-ils rejoint la sortie de la gorge qu'un fracas infernal explosa à quelques pas devant eux. Un éclair violet embrasa les arbres comme des fétus de paille. En quelques instants, le chemin du retour fut coupé par l'incendie naissant.

— Par les dieux! s'écria Jason. Nous ne pouvons plus passer.

Au-dessus d'eux, ils distinguaient désormais les sommets élevés du défilé, qui reflétaient les lueurs rouges et mauves de la foudre. Les cohortes de nuages noirs ressemblaient à des montagnes en mouvement qui menaçaient de s'écrouler sur eux d'un instant à l'autre. Devant eux, se dressait un rideau de flammes infranchissable. Attisé par le vent, le brasier s'étendait dans toutes les directions

Jason regarda Médée. Elle était blême.

— Nous ne pourrons jamais regagner Aea à temps, souffla-t-elle.

Bientôt, l'incendie gagna les ruines ; la végétation s'embrasa instantanément. Tout à coup, quelques gouttes se mirent à tomber, qui se transformèrent en déluge. Ils n'eurent d'autre ressource que de courir se réfugier dans l'antre de la Créature. Les échos des roulements de tonnerre s'y répercutaient de manière sinistre et la puanteur était indicible, mais au moins, ils étaient à l'abri. Sous leurs yeux angoissés, l'eau et le feu se livrèrent une terrible bataille, leur interdisant de quitter leur refuge. Mais la tempête finit par triompher de l'incendie. Celui-ci s'éteignit, et des odeurs âcres de bois brûlé et de cendre mouillée montèrent de la forêt torturée. Les trombes d'eau durèrent la journée entière, leur interdisant toute sortie. Un véritable torrent avait creusé son lit dans le défilé, emportant ossements, armes brisées et la poussière résiduelle du Gardien.

Au matin, la pluie n'avait pas cessé, mais elle s'était considérablement ralentie. La troupe devait impérativement repartir. La mort dans l'âme, Médée se mit en marche d'un pas aussi rapide que le lui permettaient les flaques de boue et les débris de végétaux brûlés. Ses deux esclaves et les Argonautes la suivirent.

Malheureusement, les troncs calcinés entravaient leur progression. Des arbres abattus par la tempête leur barraient parfois le chemin et ils perdaient un temps précieux à les contourner. Ils étaient désormais maculés d'une couche de cendre mouillée qui leur composait un uniforme malodorant. Le soir venu, ils n'étaient pas encore sortis de la forêt d'Arès. Plus loin, rien n'avait brûlé. Mais le chemin détrempé ralentissait la marche. Au crépuscule, ils n'y voyaient plus rien. Ils décidèrent d'établir leur bivouac. Comme il était impossible d'allumer un feu, ils se serrèrent les uns contre les autres afin de se tenir chaud. Des ténèbres environnantes montaient les lamentations des spectres. De temps à autre, une lueur verdâtre glissait au loin entre les arbres, puis s'évanouissait. Canthos et Caenée, mal à l'aise, gardaient la main sur leur glaive. Mais Jason, qui avait côtoyé les fantômes des marins de Samothrace, les rassura.

— Ils ne nous feront aucun mal. Ne craignez rien.

Médée restait nerveuse. Elle ne cessait de jeter des coups d'œil inquiets autour d'elle, sursautant au moindre bruit.

Le lendemain, pourtant, il ne s'était rien passé. Les Argonautes s'étaient relayés toute la nuit pour monter la garde, mais ils n'avaient rien aperçu d'autre que les lueurs pâles des spectres qui glissaient furtivement d'un arbre à l'autre, sans jamais oser s'approcher d'eux. Jason, qui avait pris le dernier tour de garde, avait remarqué une recrudescence des apparitions peu avant l'aube, mais peut-être cela n'avait-il été qu'un effet de la fatigue.

Dès qu'il fit assez clair, il réveilla ses compagnons et ils se remirent en route. Plusieurs heures plus tard, ils étaient sur le point de sortir de la forêt d'Arès lorsqu'un bruissement étrange et inquiétant se fit entendre.

— Qu'est-ce que c'est que ça? demanda Canthos.

Peu à peu, cela s'amplifia jusqu'à devenir un vacarme effrayant, comme si quelque chose d'énorme progressait dans leur direction. On eût dit le crissement de millions d'élytres d'insectes, ou les craquements de millions d'os entrechoqués. Jason se tourna vers Médée qui était devenue livide.

— Il est trop tard, murmura la jeune femme. Ils sont là.

— Mais qui? hurla Canthos.

— Les Fils du Dragon.

38

Les Fils du Dragon

— Qui sont les Fils du Dragon?

Elle serra la main de Jason avec force.

— Les graines que tu as semées étaient des dents de dragon. Elles ont donné naissance à une armée de guerriers invincibles, contre lesquels ma magie est impuissante.

— Voilà donc le piège tendu par Æétès! gronda Jason.

— Il n'a jamais eu l'intention de respecter sa parole. Il avait prévu que tu pourrais triompher de l'épreuve des taureaux. Il a même envisagé que tu réussirais à t'emparer de la Toison d'or, et il a envoyé ces guerriers sans âme pour te détruire et la reprendre.

Ils étaient parvenus à la lisière de la forêt d'Arès. Soudain, le danger se précisa dans toute son horreur. En quelques instants, sur la crête de la barre rocheuse qui les séparait d'Aea, le bruit sinistre s'amplifia et une armée effrayante apparut.

Médée se mit à trembler.

— Nous sommes perdus, gémit-elle. On ne peut les tuer, car ils n'ont pas de chair, mais une cuirasse aussi dure que les crocs dont ils sont issus. Nulle épée n'est assez tranchante pour la fendre. Ils ignorent la douleur et la peur. Ils ne savent qu'une chose : ils sont là pour te tuer et ils périront jusqu'au dernier pour accomplir leur mission.

Au loin, les guerriers sans âme brandissaient des lances, des massues, et des boucliers. Jason en dénombra plus de deux cents, qui affluaient dans leur direction, telle une meute de chiens courants.

— N'y a-t-il rien à faire? demanda-t-il.

— Non! Leur armure est invulnérable aux armes humaines. Il faut seulement tenter de fuir.

Ils firent demi-tour et s'enfoncèrent dans la forêt. Ils n'allèrent pas très loin.

— Regardez! s'exclama Méléagre, les traits décomposés.

Devant eux se dressait une foule de spectres qui leur interdisaient désormais toute fuite.

— Nous allons périr, s'écria Canthos, qui dégaina néanmoins son glaive avec courage.

— Ils veulent reprendre la Toison! dit Caenée.

Tout à coup, l'un des spectres se détacha des autres et s'avança vers Jason en glissant lentement sur le sol sans aucun bruit. Impressionné, le jeune homme vit la silhouette fantomatique se préciser peu à peu. Elle ressemblait vaguement à un corps humain, mais ses contours restaient flous, comme si on l'avait regardée au travers d'un verre dépoli. Seuls les yeux noirs se distinguaient avec précision. Ils se fixèrent sur Jason. Il se passa alors un phénomène extraordinaire. Dans l'esprit du jeune homme surgirent des idées nouvelles, des images violentes, presque insoutenables. Soudain, il eut l'impression de quitter son enveloppe charnelle pour se retrouver dans le corps d'un autre homme.

Il était dans une chambre au confort rustique, dont le mobilier en bois brut rappelait celui du palais d'Aea. L'esprit hagard parce qu'il venait d'être réveillé par des bruits insolites, il se dressa sur son lit. Il tâtonna à côté de lui, s'étonna de ne pas trouver son épouse. Son épouse? Il allait se lever quand, tout à coup, une dizaine d'hommes armés bondirent dans la chambre, brandissant des glaives, des poignards et des haches. Il voulut saisir son épée, mais une violente douleur lui vrilla le dos avant qu'il ait pu l'atteindre. D'autres coups s'abattirent sur lui, éveillant de vives souffrances à différents endroits de son corps. Il s'écroula, perdant son sang à flot. Il rendit l'âme en quelques instants. Pendant un court moment, tout se fondit dans le néant. Puis d'autres images envahirent son esprit. Il flottait au-dessus de son propre corps, observant avec résignation les assassins qui s'acharnaient encore sur son cadavre. Enfin l'un d'eux lui trancha la gorge et tous s'évanouirent dans la nuit. Un peu plus tard, un homme et une femme pénétrèrent dans la chambre et se dirigèrent vers lui sans paraître étonnés. Il sut qu'il s'agissait du roi Arthaxès et de sa fille, Chalciopé. Ils vérifièrent qu'il avait bien péri, puis ressortirent.

Selon la coutume thessalienne, il aurait dû être incinéré. Mais on l'avait enveloppé dans la peau d'une vache et on l'avait transporté hors de la ville, dans un lieu planté de saules. Là, son corps avait été exposé aux intempéries et aux becs acérés des charognards qui l'avaient dévoré, déchiqueté. Désespérée, l'âme du défunt n'avait pu rejoindre le Tartare et errait depuis dans la sinistre forêt d'Arès, où trouvaient refuge les spectres des guerriers morts au combat et qui n'avaient pas reçu de sépulture.

Lorsque Jason reprit ses esprits, il dit, vivement ému :

— Tu es l'âme de Phryxos.

Le spectre hocha lentement la tête de haut en bas. Puis il tendit une main grise et indistincte vers lui. Elle contenait une bague en or sertie de turquoises. Des pensées jaillirent instantanément dans l'esprit de Jason. Le spectre lui parlait à sa manière.

— La pierre des anciens dieux d'Égypte, murmura Jason à mesure que les idées se faisaient jour en lui, pour traduire à haute voix ce qu'il percevait. Je dois… la jeter au cœur de l'armée ennemie…

Il hésita, puis prit délicatement la bague. De la main du spectre il ne perçut qu'un souffle glacial qui lui effleura les doigts. Impressionné, il recula et se tourna vers l'ennemi.

La horde infernale était à présent toute proche, gravissant le dernier talus marquant la lisière de la forêt d'Arès. Jason s'avança vers elle, puis il brandit bien haut le joyau. Interloqués, les Fils du Dragon s'arrêtèrent. Les Argonautes frémirent, effrayés par leur aspect. Malgré une morphologie humanoïde, ils rappelaient un peu des insectes en raison de leurs membres et de leur corps faits de plaques articulées entre elles, qui leur composaient une cuirasse intégrale de la couleur des crocs du dragon. Leurs armes étaient faites de cet émail plus dur que le métal.

Leurs yeux noirs, sans vie, se braquèrent sur le joyau étincelant. Il émanait d'eux des grognements rauques, ainsi que des claquements secs dus aux chocs des armures.

D'un geste vif, Jason lança la bague au cœur de la troupe. Il s'ensuivit aussitôt une mêlée épouvantable. Les guerriers d'émail brandirent leurs armes et commencèrent à se battre entre eux avec une férocité inouïe. La vallée retentit d'un fracas assourdissant, comme si des millions de crocs s'entrechoquaient en même temps. Massues et lances frappaient sans relâche, et elles seules étaient assez puissantes pour fracasser et transpercer les redoutables cuirasses. Les grognements de fureur redoublèrent. Chaque fois que l'un des monstres parvenait à s'emparer de la bague, les autres le massacraient aussitôt. La bataille était indescriptible. Des têtes, des mains, des membres, des morceaux de cuirasse volaient et se transformaient en poudre dès qu'ils touchaient le sol.

Pétrifiés, les Argonautes assistaient à cette tuerie étrange où ne coulait aucun sang. Car l'intérieur des monstres était totalement vide. Ils n'étaient que des coquilles creuses apparues dans l'unique but de semer la mort. Sans l'intervention miraculeuse du spectre de Phryxos, les Argonautes n'auraient pu leur échapper.

Mais ils n'étaient pas sauvés pour autant. Bientôt, quelques Fils du Dragon se tournèrent vers eux.

— Ils viennent vers nous! s'écria Canthos qui se plaça aussitôt devant Médée et les esclaves.

— Nos armes ne peuvent pas les tuer! gémit Caenée.

Une nouvelle pensée jaillit dans l'esprit de Jason.

— Vos armes, non, dit-il. Mais mon épée a été forgée par Héphaïstos. Je peux les vaincre. Restez tous en arrière.

L'instant d'après, il fit face aux guerriers d'émail. Tandis que l'effroyable mêlée se poursuivait, il engagea un combat furieux contre ceux qui les attaquaient. Ils n'étaient pas moins d'une demi-douzaine. Des coups d'une violence inouïe s'abattirent sur le bouclier d'airain. Mais celui-ci résista. Mieux encore : les massues et les lances des agresseurs s'y brisèrent comme du verre. Jason riposta par des frappes précises et destructrices. Les cuirasses des monstres ne pouvaient résister à l'incroyable dureté de l'épée de Jason. Sous ses coups, les épaisses armures d'émail se fissuraient, puis explosaient et se pulvérisaient. Jason s'était à peine débarrassé d'un ennemi qu'un autre surgissait, qui subissait le même sort.

Malheureusement, il ne vit pas, derrière lui, Atalante, encouragée par ses exploits, courir pour le seconder. Il entendit l'avertissement d'Orphée.

— Nooon!

Mais il était déjà trop tard. La jeune femme s'était déjà jetée sur les Fils du Dragon, persuadée qu'elle allait les désintégrer à son tour. Au premier coup porté, son glaive se brisa sur la cuirasse blanchâtre de son adversaire, qui riposta en lui transperçant la poitrine d'un coup de lance imparable. Atalante ouvrit la bouche, stupéfaite, mais aucun son n'en sortit. Jason intervint et détruisit l'ennemi, mais ce ne fut pas suffisant pour la sauver. Agressé par trois autres monstres, il dut abandonner sa compagne et faire face. Les Argonautes, impuissants, ne pouvaient s'approcher d'Atalante sous peine de se faire tuer à leur tour.

Cependant, le nombre des Fils du Dragon diminuait inexorablement dans leur furieuse bataille. Il en restait à présent moins d'une vingtaine, qui continuaient à s'entre-tuer avec la plus farouche détermination. Lorsque l'un d'eux s'écartait de la mêlée, Jason l'affrontait et l'anéantissait. Le sol était couvert d'une poussière blanche que les vents violents emportaient. Enfin, il n'y eut bientôt plus que deux survivants, qui continuèrent à se battre sans prendre garde à Jason. Il n'eut même pas à intervenir : les deux monstres se fracassèrent mutuellement le crâne et s'effondrèrent sur le sol, disloqués, avant de se transformer en poudre.

Un grand silence succéda à ce déchaînement de fureur. Jason s'agenouilla près d'Atalante, qui respirait difficilement. Une large tache s'élargissait sur sa tunique. Les yeux brûlés par les larmes, il vit son regard devenir vitreux.

— Pourquoi as-tu fait ça? demanda-t-il.

— Je voulais… t'aider, gémit-elle.

Un filet de sang coula de ses lèvres. Une douleur insoutenable s'empara de Jason. De tout temps Atalante avait été à ses côtés. Il ne pouvait pas supporter de la perdre. Elle était plus que sa sœur d'adoption, elle était son double, son reflet, son amie la plus précieuse. Il poussa un cri déchirant. Atalante ne pouvait pas mourir. Il devait y avoir quelque chose à faire. De toute son âme, il supplia les dieux de l'aider encore une fois.

Et soudain, une idée jaillit en lui, émanant à la fois du spectre de Phryxos et de ses souvenirs.

— La Toison d'or! s'écria-t-il. Donnez-moi la Toison d'or!

Orphée l'apporta immédiatement. Jason s'empressa d'en recouvrir Atalante. Puis il s'écarta. Pendant quelques secondes, il ne se passa rien. Puis, peu à peu, une luminescence dorée envahit le vallon balayé par les vents. Les rafales se calmèrent, puis disparurent. Une sphère de lumière naquit autour de la Toison, qui enveloppa le petit groupe. Avec anxiété, Jason scruta le visage d'Atalante. Celui-ci, crispé par la douleur, se détendit lentement. Ils n'auraient su dire combien de temps dura l'extraordinaire phénomène. Enfin, la lumière s'estompa, et la forêt d'Arès retomba dans les ténèbres. Les vents recommencèrent à souffler, soulevant des tornades de poussière d'émail. Avec mille précautions, Jason ôta la Toison qui recouvrait le corps d'Atalante. Celle-ci ouvrit les yeux, étonnée de ne plus ressentir la moindre douleur. Sans y croire, elle écarta sa tunique et chacun put constater que sa blessure avait totalement disparu. Il ne subsistait même aucune cicatrice.

Jason la prit contre lui et la serra avec force, les yeux embués par les larmes.

— Ne refais jamais ça, ma sœur bien-aimée!

Le premier moment de surprise passé, chacun voulut embrasser la rescapée. Seule Médée resta en arrière. Orphée, qui se tenait non loin d'elle, surprit le regard de jalousie qu'elle lança à Atalante. Un obscur malaise s'empara de lui.

39

La trahison d'Æétès

Dès qu'ils eurent repris un peu de forces, les Argonautes se remirent en route en direction d'Aea. L'ombre de Phryxos avait retrouvé sa bague sur le champ de bataille et l'avait remise à son doigt, auquel elle s'était fondue, devenant, elle aussi, fantomatique. Jason avait compris, au travers de ce qu'il avait perçu dans l'esprit du spectre, que ce joyau lui avait été offert par sa mère Néphélé.

Phryxos suivait à distance, flottant à quelques centimètres au-dessus du sol sans aucun bruit. Sans doute avait-il conscience que sa compagnie effrayait les vivants. Même Médée ne semblait pas à l'aise, malgré sa connaissance du monde de l'au-delà. Seul Jason, qui avait approché les fantômes de Samothrace, n'éprouvait aucune inquiétude. Au contraire, sa présence le rassurait. L'expédition était couronnée de succès. Non seulement la Toison d'or, mais aussi l'âme de Phryxos reviendraient à Iolcos.

Cependant, lorsqu'il émit cette idée, il reçut une réponse différente de la part du fantôme, qui lui fit comprendre qu'il ne désirait pas rentrer en Thessalie. Il existait, quelque part en Thrace, une entrée des Enfers. C'était là qu'il voulait se rendre. Jason lui adressa un sourire.

— Si telle est ta volonté, dit-il, nous y ferons une escale pour toi, compagnon.

Entre le spectre et lui s'était créé une surprenante complicité, un lien fantastique établi comme un pont entre la vie et la mort. Phryxos, lorsqu'il était vivant, avait accompli le même voyage que Jason, et son âme éprouvait une profonde reconnaissance envers le jeune homme d'avoir tenté cette incroyable aventure pour le sauver. Des images, des lieux, des émotions passaient du fantôme à l'esprit de Jason. Des siècles les séparaient, mais Jason avait parfois l'impression qu'il existait entre eux une sorte de fraternité plus forte que la mort. Jason se sentait en harmonie avec lui. Plus encore que pour la Toison d'or, il lui semblait que ce lien insolite avait une grande importance. Il en comprit la raison. Tout comme lui, Phryxos avait été privé du trône qui lui revenait, et il espérait que Jason parviendrait à le reprendre. Ce serait pour lui une manière d'obtenir réparation.

Plus tard, parvenus à l'arbre double de Philémon et Baucis, Médée et ses deux esclaves se séparèrent les Argonautes pour rejoindre le temple par un chemin connu d'elles seules.

L'arrivée dans la capitale fut un triomphe. Personne ne s'attendait à leur retour. Deux jours auparavant, le roi avait fait répandre la rumeur de la mort de Jason. Il avait même demandé à ce que l'on organisât des jeux funèbres à sa mémoire. Toute la ville avait été témoin du déchaînement des éléments au-delà de la montagne. On en avait déduit que les dieux s'étaient irrités de l'intrusion des hommes dans la forêt d'Arès, et que Jason avait été dévoré par le Gardien. Mais il revenait, brandissant fièrement la magnifique Toison d'or. Derrière lui suivaient les cinq Argonautes qui l'avaient accompagné, Atalante et Méléagre, Canthos, Caenée et le poète Orphée. Le spectre de Phryxos avait disparu. Jason comprit qu'il s'était rendu invisible afin de ne pas troubler le peuple d'Aea.

Tout à coup, la foule s'écarta, livrant passage à Thorgos et à une vingtaine de gardes.

— Le roi t'attend, dit-il seulement de sa voix rauque.

Un peu inquiets, Jason et ses compagnons le suivirent jusqu'à la salle du trône. Le premier moment de surprise passé,

Æétès les accueillit avec un masque de circonstance. Il ne pouvait faire autrement que de les féliciter. Mais Jason ne fut pas dupe. L'hypocrisie du monarque était bien trop visible. Devant la cour fascinée, le jeune homme fut invité à raconter comment il s'était emparé de la Toison sacrée. Il omit toutefois certains détails.

— Le Gardien ne t'a donc pas tué, s'étonna Æétès.

— Si telle avait été son intention, je n'aurais pu le combattre. Je me suis avancé dans le défilé, et il m'a laissé passer sans réagir. Je me suis ensuite emparé de la Toison d'or, puis j'ai dû lui faire face. À ce moment-là, il s'est désintégré.

— À quoi ressemblait-il? demanda Apsyrtos, le fils du roi, dévoré par la curiosité.

Jason dut faire une description détaillée du monstre. Il raconta ensuite les péripéties du retour, et notamment l'attaque des guerriers d'émail.

— Et tu les as vaincus! s'exclama le roi. Mais quelle force est donc la tienne?

— Héra me protège. Et n'oublie pas que mon épée a été forgée par Haphaïstos. C'est grâce à elle que j'ai pu triompher.

— Malgré leur nombre?

Jason fixa Æétès dans les yeux.

— Comment sais-tu qu'ils étaient nombreux? demanda-t-il sur un ton inquisiteur. Je ne l'ai pas précisé.

Æétès se troubla.

— Eh bien, heu… je le suppose.

Jason sourit intérieurement. Le roi s'était trahi sans le vouloir. Malheureusement, il ne pouvait pas l'accuser d'avoir envoyé ces monstres contre lui sans dénoncer Médée. Il n'était pas censé savoir qu'ils étaient nés des dents qu'il avait semées.

— Et tu supposes bien, répondit-il. Ils étaient plus de deux cents. Mais je ne fus pas seul pour les anéantir. Quelqu'un m'a aidé.

— Qui? demanda brusquement le roi, qui songea aussitôt à sa fille.

Jason se tourna vers l'endroit où se trouvait l'ombre invisible de Phryxos. Lui seul ressentait sa présence. Le spectre se matérialisa alors, sous les regards effrayés des membres de la cour. Certains s'enfuirent en hurlant. Æétès poussa un cri et recula sur son siège. Les yeux noirs du fantôme le scrutaient, lourds de reproches. Le souverain ne pouvait oublier qu'il avait été assassiné par son propre ancêtre, Arthaxès.

— L'âme de Phryxos m'a assisté, poursuivit Jason, ravi de l'émotion qu'il avait provoquée. Ainsi donc, notre expédition est un succès total, car je vais pouvoir l'aider à trouver le repos.

On fut soulagé lorsque le spectre s'effaça comme par enchantement. Pourtant, les yeux du roi couraient avec inquiétude d'un endroit à l'autre, persuadé qu'il allait apparaître de nouveau.

Le soir, après un repas frugal, les Argonautes se retirèrent dans leurs appartements de la Tour Vieille, emportant avec eux la Toison d'or. Jason restait sur ses gardes. Le piège des Fils du Dragon n'ayant pas fonctionné, Æétès allait certainement concocter autre chose. Il prit Périclyménos à part.

— Je sais que tu possèdes le pouvoir de te métamorphoser. Pourrais-tu utiliser ce don pour espionner Æétès? Je n'ai aucune confiance en lui et je redoute, bien qu'il m'ait donné sa parole, qu'il ne tente de s'emparer de la Toison.

Le jeune homme acquiesça.

— Rien de plus facile. Le roi est toujours entouré de sa meute. Je vais me transformer en chien et m'introduire près de lui.

L'instant d'après, sous les yeux stupéfaits de ses compagnons, il prit la forme d'un molosse écumant de bave, semblable à ceux qui rôdaient autour d'Æétès. Puis il se faufila dans les couloirs. Les gardes omniprésents ne s'en étonnèrent pas. Les chiens étaient nombreux dans le palais.

Sans tarder, Périclyménos pénétra dans la salle du trône presque vide. Quelques hommes saouls, écroulés sur leur lit, ronflaient. Parmi eux se trouvait Apsyrtos, le frère de Médée. Le roi, assis sur son trône, avait la mine renfrognée. Près de lui se tenait son conseiller, un homme d'une maigreur effrayante.

Sous sa forme canine, Périclyménos se faufila sans bruit près du monarque. Il fut accueilli par un molosse hargneux, en qui il devina le chef de meute. Le chien se jeta sur lui avec férocité. Une bataille violente s'engagea alors.

— Silence! hurla soudain le roi.

Le chef de meute, dompté par la voix de son maître, revint se coucher à ses pieds. Périclyménos en profita pour s'installer au plus près du trône et se mit à lécher ses blessures en écoutant ce que disait Æétès. Celui-ci pestait à voix basse.

— Je n'ai plus confiance en Médée, grommelait-il. Comment ce maudit Jason a-t-il pu triompher de l'épreuve des taureaux? Malgré ce qu'elle a pu en dire, seule la potion des prêtresses d'Hécate préserve des flammes. Or, il a été épargné. Cela veut dire qu'il était protégé par le sang de Prométhée, et que ma fille lui avait fourni une fiole de la potion!

— Comment aurait-elle pu la lui procurer, seigneur? objecta le conseiller. La Tour Vieille est surveillée par la garde royale. Personne n'a pu y pénétrer.

— La magie de Médée est grande, souviens-t'en. J'ignore comment, mais je suis sûr qu'elle l'a aidé. C'est aussi grâce à elle qu'il a pu vaincre le Gardien et les Fils du Dragon. Où se trouvait-elle ces derniers jours?

— Dans le temple d'Hécate, en communion avec la déesse.

— C'est ce qu'elle a prétendu. Mais je n'en crois pas un mot.

— On l'a vue, seigneur. J'ai envoyé des espions au temple. Ils m'ont confirmé qu'elle s'y trouvait bien.

— C'était certainement l'une de ses maudites esclaves qui avait pris sa place. Il faudra qu'elle s'explique. Et si elle est coupable d'avoir aidé Jason, elle paiera. Car je ne crois pas à cette prophétie. La Toison d'or doit rester en Colchide.

— Mais si telle est la volonté des dieux, seigneur…

— Les dieux veulent qu'elle demeure à Aea! martela Æétès. Je ne la laisserai pas aux mains des Argonautes. Tu vas prévenir les capitaines de l'armée. Ils doivent découvrir l'endroit où leur navire est amarré. Donne-leur l'ordre de s'en emparer et de massacrer tous ceux qui se trouveront à bord. Quant à ceux qui sont ici...

Il poussa un grognement de colère.

— Qu'ils meurent jusqu'au dernier! Ma garde personnelle va s'en charger. Elle est dix fois plus nombreuse qu'eux. Tu vas prévenir Thorgos sans plus tarder. Qu'ils cernent la Tour Vieille et qu'ils donnent l'assaut dès l'aube. Ils n'auront aucune chance de s'échapper. Je surveillerai les opérations depuis ma chambre. Demain, il ne doit plus rester un Argonaute vivant.

40

La déesse-nuage

Périclyménos n'eut aucun mal à tromper la surveillance des sentinelles qui montaient la garde autour de la Tour Vieille et revint sans encombre auprès de ses compagnons. Lorsqu'il entra dans l'appartement de Jason, Médée était là. Il raconta ce qu'il avait entendu : le refus du roi de laisser la Toison d'or aux Argonautes, et l'attaque prévue à l'aube.

— Il avait donné sa parole! s'emporta Jason.

— Qu'il soit maudit! dit amèrement Médée.

Les Argonautes tinrent immédiatement conseil.

— Nous sommes à peine une vingtaine! soupira Canthos. Que pouvons-nous faire contre une telle armée?

Jason se tourna vers Médée.

— Est-il possible d'utiliser le passage secret pour gagner le temple d'Hécate? demanda-t-il.

— Ce serait tomber dans un autre piège, répondit-elle. Là-bas, je ne pourrai pas cacher une troupe aussi nombreuse aux autres prêtresses. Elles donneraient aussitôt l'alarme, trop contentes de me dénoncer pour prendre ma place.

Il apparut très vite qu'ils n'avaient aucune issue, et qu'ils allaient devoir envisager de vendre chèrement leur vie. Seuls Calaïs et Zétès pouvaient s'évader de la Tour Vieille en volant, mais ils ne pourraient emmener tout le monde avant la fin de la nuit.

— Nous pouvons aller prévenir les autres, proposa l'un des fils de Borée. Nous reviendrons vous secourir.

— Ils sont à peine plus nombreux que nous, répondit Jason. Qu'ils restent là-bas. Vous, vous allez profiter de la nuit pour emporter la Toison d'or. Si nous devons tous mourir, qu'au moins Æétès ne puisse pas s'emparer d'elle. Levez l'ancre et fuyez. Sinon, les Colchidiens ne seront pas longs à découvrir l'endroit où l'*Argo* mouille et ils le détruiront.

Les jumeaux ailés hésitèrent avant d'accepter d'abandonner leurs compagnons. Vivement émus, ils firent leurs adieux. Puis saisissant la Toison d'or, ils gagnèrent le petit balcon situé au dernier étage de la tour pour s'envoler. Le ciel couvert et venteux de Colchide leur facilita la tâche. Quelques gardes entendirent bien un bruissement en provenance de la Tour Vieille, mais ils n'eurent pas le temps d'en vérifier l'origine. Thorgos survint, qui leur demanda de se rassembler devant l'entrée principale. Depuis le balcon, Jason devina, en contrebas, les mouvements des troupes au cliquetis des armes. Il comprit qu'ils étaient perdus. Tout à coup, une idée jaillit en lui, émanant de l'ombre de Phryxos.

Il ne fallut que quelques instants à la garde royale pour gagner le premier étage où résidaient les Argonautes. Thorgos, le commandant, était persuadé qu'il ne rencontrerait guère de résistance.

— Ils ne sont pas plus de vingt! clama-t-il avec satisfaction. Allez-y, mes braves soldats! Tuez-les jusqu'au dernier!

La horde furieuse envahit les appartements des Grecs, en braillant pour se donner du courage, s'apprêtant à frapper, à tuer... Mais les armes retombèrent très vite : il n'y avait personne.

— Comment ça, personne? s'emporta Thorgos.

Il entra lui-même. Les guerriers n'avaient pas menti. Toutes les pièces étaient vides. Il grimpa à l'étage supérieur, certain que les Argonautes avaient trouvé là un ultime refuge. Il dut se rendre à l'évidence : la Tour Vieille était totalement déserte.

— Mais comment ont-ils fait? vociféra Thorgos. Je les ai moi-même vus entrer au milieu de la nuit.

Soudain, un soldat s'écria :

— Regardez! D'où vient tout ce brouillard?

Du brouillard? Cet imbécile se moquait de lui! Thorgos marcha sur lui pour le frapper. Puis il se rendit compte que le guerrier avait raison. Enigmatique, une brume diaphane coulait à ras du sol en direction des fenêtres, puis s'échappait, emportée par les vents nocturnes.

— C'est un sortilège! s'exclama Thorgos.

De rage, il donna de vigoureux coup d'épée dans la nappe de brume. Mais sa lame ne rencontra rien de consistant. Le nuage eut tôt fait de se dissiper dans la lumière pâle de l'aube. Constatant son impuissance, Thorgos gagna les appartements royaux, de l'autre côté du palais.

— Enfuis? s'exclama Æétès, ivre de rage. Et la Toison d'or?

— Elle n'était plus là, seigneur, répondit Thorgos, le front courbé vers le sol. Nous avons attaqué comme tu nous l'as dit, mais ils s'étaient transformés en nuages.

— En nuages, dis-tu?

— Oui, seigneur. Ne penses-tu pas que nous avons été trahis pas l'une des prêtresses d'Hécate. Leur magie est si grande…

Æétès secoua la tête.

— Je connais les limites de la magie des servantes de la Magicienne. Elles sont incapables de faire cela. En revanche…

Æétès réfléchit un court instant. Puis il se souvint d'un détail.

— La mère de Phryxos était Néphélé, la déesse-nuée à la ressemblance d'Héra. Je suis sûr que c'est elle qui les a aidés! C'est ainsi que, autrefois, elle a aidé Phryxos et sa sœur à fuir Iolcos où ils devaient être immolés. Elle aura agi de même avec les Argonautes.

Æétès avait vu juste. Au moment même où les soldats commençaient à gravir les escaliers, Jason avait senti que l'âme de Phryxos lui adressait un flot de pensées. Le spectre tentait d'entrer en communication avec sa mère, Néphélé. Celle-ci ne tarda pas à répondre. Alors que les Argonautes avaient déjà saisi leurs armes et se préparaient au combat, une douce lueur apparut dans la salle, à côté du spectre. En quelques instants, l'apparition prit la forme d'une femme très belle, dont le visage grave rappelait celui de la figure de proue offerte par Héra. Tous tombèrent aussitôt à genoux. Mais la déesse les releva et s'adressa à Jason.

— Je ne suis pas assez puissante pour vous permettre de remporter ce combat, dit-elle. Mais je peux vous aider à fuir, comme je l'ai fait autrefois pour mes enfants.

— Sois remerciée, ô Néphélé, dit Jason.

Médée intervint.

— Que vont devenir mes servantes? s'inquiéta-t-elle. S'il se rend compte que je suis partie avec les Argonautes, mon père les fera mettre à mort dans les pires tourments.

— Sois rassurée. Nous les emmènerons avec nous, répondit la déesse.

Jason et ses compagnons avaient la sensation extraordinaire de ne plus rien peser. Leurs corps, leurs membres avaient disparu. Pourtant, ils pouvaient continuer à voir, à ressentir la fraîcheur de l'air glacé du matin. Jason, resté le dernier dans la Tour Vieille, avait vu Thorgos et ses guerriers investir la chambre. Mais Néphélé les avait déjà tous métamorphosés. Un violent coup d'épée l'avait traversé. Il n'avait ressenti aucune douleur. Sur un simple effort de volonté, il s'était envolé par la fenêtre grande ouverte, laissant derrière lui la garde royale dépitée.

À présent, tous flottaient à bonne altitude au-dessus de la capitale, sous la forme d'une brume à peine visible. Peu de temps après leur départ, un autre nuage les avait rejoints. Il s'agissait des esclaves de Médée, transformées elles aussi par Néphélé.

Mais ils n'étaient pas sauvés pour autant. Suivant le fleuve, ils eurent tôt fait de repérer l'armée des Colchidiens qui se dirigeaient d'un pas rapide vers la petite baie où ils avaient jeté l'ancre. Sous l'impulsion de Néphélé, ils accélèrent l'allure.

Un peu plus tard, sous les yeux ébahis des Argonautes restés à bord, un nuage étrange se forma sur la plage, puis leurs amis apparurent, en compagnie de femmes inconnues, dont l'une ressemblait à Héra. Ils furent accueillis par des cris de joie.

Jason constata que Calaïs et Zétès avaient bien transmis ses ordres. Les Argonautes avaient préparé le vaisseau pour le départ.

— La Toison d'or est à bord, précisa Admète de Phères. Nous pouvons partir.

Jason se tourna vers Néphélé, qui lui sourit.

— Sois remercié pour ce que tu as fait, Jason. Tu as sauvé l'âme de mon fils. Mon aide est peu de chose en comparaison de cela.

Sans attendre de réponse, elle se métamorphosa en une brume diaphane et lumineuse que le vent eut tôt fait de diluer. Jason sentit une onde de peine l'envahir. À quelques pas, le spectre de Phryxos attendait, le fixant intensément de son regard noir. Le jeune homme comprit. Phryxos avait à peine retrouvé sa mère que déjà elle le quittait. Jason vint à lui.

— Merci de ton aide, compagnon. Sois le bienvenu à bord de l'*Argo*.

Tout à coup, un vacarme menaçant monta de la forêt proche.

— Les Colchidiens! s'écria Castor. Ils arrivent.

41

La capture d'Apsyrtos

Les Argonautes dégainèrent leurs armes. Quelques instants plus tard, un groupe de cavaliers vociférant surgit des rochers surplombant la grève. Déjà à bord, Médée s'exclama :

— C'est mon frère, Apsyrtos. Il vient me chercher.

Le fils d'Ææétès écumait de rage. Il dévala la pente et fonça sur les quelques Argonautes qui n'avaient pas encore embarqué. Ses cavaliers, au nombre d'une vingtaine, le suivirent en hurlant de plus belle. Jason se rendit compte d'une chose : le Colchidien comptait sur l'armée qui le suivait. Mais celle-ci était encore loin. Il avait pris trop d'avance. Sur un signe de Jason, les Argonautes armèrent leurs arcs.

— Ne le tuez pas! s'écria Jason. N'abattez que les autres.

Des traits précis sifflèrent, désarçonnant les compagnons du prince. Celui-ci, stupéfait, contempla, autour de lui, sa petite troupe décimée par une seule volée de flèches. Pendant ce temps, les retardataires avaient eu le temps de monter à bord.

Apsyrtos se mit à proférer des injures à l'adresse des Argonautes. Emporté par sa colère, il ne vit pas les jumeaux, Calaïs et Zétès, fondre sur lui du ciel. Tout à coup, deux poignes solides le saisirent chacune par un bras et l'arrachèrent de son cheval. Il poussa un cri de surprise. Sans comprendre, il se trouva projeté sur le pont de l'*Argo,* aux pieds de Jason, qui le désarma promptement. Furieux, Apsyrtos apostropha sa sœur :

— Médée! Je te donne l'ordre de rentrer immédiatement au palais. Tu as trahi notre père. Mais tu as aussi trahi la déesse Hécate pour ce maudit Grec.

— Silence! gronda Jason. C'est ton père qui n'a pas respecté sa parole. Il nous a tendu un piège.

— La Toison d'or ne doit pas quitter la Colchide. Elle appartient aux rois de ce pays.

— Oui. Et tu comptais bien t'en emparer, dès que tu serais devenu roi, rétorqua Jason.

— Je te conseille de me relâcher! explosa Apsyrtos. La flotte de mon père est prête à lever l'ancre. Vous ne pourrez lui échapper. Si tu me rends la Toison et que Médée me suit, je tâcherai de le convaincre de se montrer indulgent.

— Il faudrait pour cela que tes navires puissent rattraper l'*Argo*.

Apsyrtos voulut s'échapper, mais Jason le fit enchaîner et enfermer dans la cabine, à l'arrière. Pollux, qui l'emmenait, lui flanqua un solide coup de poing pour le faire taire.

— Quel bavard! dit-il en revenant.

Médée s'était mise à trembler.

— Je connais mon père, dit-elle. À présent, il ne me lâchera plus, dût-il me faire poursuivre jusqu'aux confins du monde.

— Nous allons garder ton frère avec nous. Il nous servira d'otage au cas où la flotte d'Æétès nous rattraperait. Nous le libérerons lorsque nous serons loin.

Sous l'impulsion puissante des rameurs, l'*Argo* eut tôt fait de s'écarter du rivage. Lorsque l'armée arriva sur la plage, il était trop tard. Par dépit, les archers colchidiens tirèrent quelques flèches, qui retombèrent dans les flots. Les Grecs étaient déjà hors de portée.

Cependant, Apsyrtos n'avait pas menti : lorsque les Argonautes eurent atteint la haute mer, ils distinguèrent, au loin vers l'est, une vingtaine de galères qui se dirigeaient vers eux. Jason cracha un juron. Æétès n'avait pas perdu de temps. Fort heureusement, aucune galère ne pouvait rivaliser de vitesse avec l'*Argo*. Tirant fermement sur leurs avirons, les Grecs finirent par distancer la flotte colchidienne. Mais cela ne suffit pas à rassurer Médée.

— Il ne faut pas relâcher l'effort, dit-elle. Mon père n'abandonnera jamais. Il n'existe personne de plus orgueilleux que lui. Il a dû promettre la mort à ses capitaines s'ils revenaient sans moi. Il arrivera un jour où nous serons obligés d'affronter leur flotte.

Jason partageait cette opinion. Æétès mettrait un point d'honneur à reprendre la Toison d'or et sa fille, sans doute pour la faire mettre à mort ensuite. Or les Argonautes étaient trop peu nombreux pour risquer un affrontement avec la flotte ennemie. Aussi naviguèrent-ils à une allure soutenue toute la journée, longeant les côtes à bonne distance afin de ne pas se laisser piéger dans une anse. Lorsque la luminosité fut trop faible pour naviguer, ils firent une escale sur un rivage désert, guidé par les yeux perçants de Lyncée. Ils repartirent avant même le lever du soleil.

Ils voyagèrent ainsi pendant plusieurs jours. Mais un matin, alors qu'ils venaient de contourner une pointe rocheuse, ils se trouvèrent soudain face à une demi-douzaine de galères qui semblaient les attendre.

— Nous sommes perdus, gémit Médée en se serrant contre Jason.

— Ce n'est pas possible! Comment ont-ils fait pour prendre une telle avance sur nous?

— Ce ne sont pas les Colchidiens, s'écria tout à coup Ancée. On dirait… des navires troyens.

— Ce n'est pas mieux! grommela Jason. Les Troyens sont ennemis de nos alliés doliones. Et le roi Laomédon ne doit pas avoir oublié que nous avons trompé sa surveillance lorsque nous avons franchi le détroit à sa barbe en naviguant de nuit.

Pris au piège, ils se préparèrent à livrer combat.

42

L'angoisse de Médée

Cependant, la flotte troyenne ne semblait pas vouloir attaquer. Un seul navire se dirigeait vers l'*Argo* vue. À son bord, une silhouette colossale agitait les bras en signe de bienvenue.

— Héraclès! s'écria Jason.

Aussitôt, des cris d'enthousiasme montèrent des bancs des rameurs.

Un peu plus tard, le géant montait à bord de l'*Argo*. Ce furent de joyeuses embrassades, d'autant plus qu'il n'était pas seul. Son écuyer Hylas le suivait, lui aussi heureux de retrouver ses compagnons.

— Nous pensions ne jamais te revoir! s'exclama Jason.

Ce fut Héraclès qui répondit.

— Les naïades de Pégae ont essayé par tous les moyens de lui faire aimer les femmes, mais cet idiot n'a rien voulu savoir. Alors, elles ont fini par le libérer. Et un jour, je l'ai retrouvé errant sur les rives de l'étang!

Hylas écarta les bras et grogna :

— Idiot, idiot… chacun est libre de ses goûts, tout de même!

— Et Polyphème? demanda Orphée.

— Oh, lui, il a trouvé une épouse à son goût et il a fondé un village avec une poignée de Mysiens. Ils l'ont choisi pour chef. J'ai passé un peu de temps avec eux. Ensuite, Hylas et moi avons rejoint Cyzique. Après la mort de notre ami Cyzicos, le capitaine Pirès a été élu roi. C'est un homme bon et courageux. Il était ravi de me voir arriver, car les Troyens lui avaient déclaré la guerre. Après la bataille malheureuse qui nous avait opposés, il était normal que je me joigne à lui.

Il éclata de son rire sonore.

— Les Troyens ont bien regretté de l'avoir défié. Quelle belle bataille cela a été! Il faut dire que nombre d'entre eux étaient opposés à cette guerre et se sont ralliés à nous. Ils voulaient renverser Laomédon, cet ignoble despote. Son propre fils, Priam, était si scandalisé par son comportement qu'il s'est enfui de Troie et nous a rejoints. Avec l'aide des Doliones et de leurs alliés, les Percotéens, nous avons envahi la ville malgré les remparts construits par Poséidon. Laomédon et ses fidèles ont été tués. Et j'ai aidé Priam à prendre sa place sur le trône. Il va sans dire que les Troyens se portent mieux à présent.

Il montra fièrement les six navires de sa flotte.

— Je m'en suis emparé tout seul! s'exclama-t-il en se frappant sur la poitrine. Ils sont à moi, avec leur équipage. Sauf celui-là!

Il indiqua une superbe galère qui approchait à son tour de l'*Argo*.

— Après cette belle victoire, j'ai décidé de vous rejoindre pour vous aider. Le jeune Priam s'est joint à moi. Il voulait lui aussi participer à la conquête de la Toison d'or. Il souhaitait faire la connaissance de tous ces héros dont je lui avais parlé. Alors, où en êtes-vous? Il semblerait que vous ayez réussi?

Jason le prit par le bras et l'amena jusqu'à la cabine arrière où il lui montra la fourrure magnifique. Un peu plus tard, un jeune homme de belle allure monta à bord de l'*Argo*.

— Voici Priam, le nouveau roi de Troie! le présenta Héraclès.

Forts de la présence du géant et de sa flotte, les Argonautes n'avaient plus rien à craindre des Colchidiens. On décida de faire escale pour la journée sur la côte proche, dont les habitants, de modestes pêcheurs, les accueillirent avec hospitalité.

Jason narra à Héraclès leurs aventures depuis le moment où ils s'étaient quittés.

— Ah, grogna le géant, j'aurais aimé participer à cette bataille contre les Fils du Dragon. Ce dut être un grand moment!

— Atalante a failli y perdre la vie, le tempéra Jason.

— Leur maudite carcasse n'aurait pas résisté à ma massue d'olivier! clama-t-il.

Les festivités qui suivirent restèrent longtemps dans les mémoires. Chacun avait une anecdote à raconter. On fit de nombreuses libations aux dieux qui les avaient aidés, ainsi qu'à la mémoire de ceux qui avaient péri au cours du voyage.

Priam fut très vite adopté par les Argonautes. Un sentiment d'amitié était né entre Pélée et lui.

Plus tard, au cœur de la nuit, Médée s'isola avec Jason. Le jeune homme pensa qu'elle s'était enfin décidée à devenir vraiment sa compagne. Mais elle repoussa doucement ses avances.

— Mais pourquoi? demanda-t-il, frustré.

— Je ne peux pas. Pas encore. Je sais bien que je t'ai demandé de m'emmener pour que je devienne ta femme, mais il m'est… difficile de m'y résoudre.

Il la contempla. À la lueur blême de la lune, son visage reflétait un mélange improbable d'angoisse et de désir.

— Tant que je reste vierge, dit-elle, la gorge nouée, je demeure la grande prêtresse d'Hécate. Mais je crains, si je perds ma virginité, de déclencher sa colère. Il faut attendre… qu'elle accepte que je devienne ton épouse.

Jason comprit que, depuis le départ, sa compagne vivait dans une crainte permanente. Il la prit contre lui, respira longuement son parfum.

— N'aie crainte, murmura-t-il. Je respecterai ta virginité tant que tu le souhaiteras.

Médée soupira et se serra violemment contre Jason. Elle ne désirait pourtant rien tant que s'offrir à lui. Elle se mit à pleurer doucement.

— Pourquoi faut-il que je ne puisse mener une vie normale? dit-elle. Parfois, j'ai l'impression que je n'apporterai que le malheur à ceux qui m'aimeront.

— Héra a accepté que nous devenions mari et femme, Médée. Tu dois avoir confiance en elle.

Elle acquiesça en silence. Ils restèrent un long moment sans parler, savourant le plaisir d'être ensemble, de sentir leurs mains nouées. Soudain, Médée dit d'une voix sourde :

— Tu as raison, pardonne-moi. Mais peut-être est-ce la vengeance d'Hécate qui commence à me frapper. Elle essaie de me rendre folle.

43

Le roi Diomède

Deux jours après l'arrivée d'Héraclès, les Colchidiens n'étaient toujours pas en vue.

— Peut-être ont-ils renoncé à nous poursuivre, dit Jason.

Héraclès soupira. Il espérait bien que Jason se trompait, et qu'il allait pouvoir livrer un beau combat. Mais on n'allait pas attendre ainsi indéfiniment pour le seul plaisir du fils de Zeus…!

— Le but de notre voyage n'est pas encore atteint, objecta Jason. Nous devons nous rendre en Thrace. Il existe, près d'Aornos, une montagne qui ouvre sur les Enfers. C'est là que nous devons mener le spectre de Phryxos.

Le jeune homme n'oubliait pas sa promesse faite à l'âme de son noble ancêtre, présence discrète à laquelle tous à bord s'étaient habitués. Orphée le mit en garde :

— Il faudra nous montrer prudents. Diomède, le roi des Bistoniens, qui règne sur Tirida, est un tyran sanguinaire. On dit que les portes de la ville sont ornées de crânes humains. Or, il nous faut lui demander le droit de passage sur ses terres.

Soudain joyeux à l'idée d'un despote à combattre, Héraclès frappa dans sa main avec sa massue d'olivier et rugit :

— Par les dieux, vous ne serez pas seuls. Je vous accompagnerai. Il ferait beau voir que ce petit roi nous refuse le passage.

Deux jours plus tard, la flotte arrivait en vue de la Thrace. Les Argonautes débarquèrent dans un petit port peuplé de barques de pêcheurs et de quelques galères marchandes. Il régnait sur les lieux une atmosphère lourde et inquiétante. Le regard des habitants était fuyant, marqué par la crainte. Les Argonautes avaient pourtant arboré un pavillon indiquant qu'ils venaient en paix. Mais ils comprirent très vite que leur inquiétude avait une autre origine.

Jason laissa l'*Argo* sous la garde d'Ancée et de quelques hommes. À l'inverse Atalante et Alceste décidèrent d'accompagner les hommes. Mais Médée refusa de descendre à terre.

— Je préfère rester à bord, dit-elle. Ce pays ne m'inspire aucune confiance. Et puis, je veux surveiller Apsyrtos. Je crains qu'il ne cherche à s'échapper pour aller prévenir les autres.

Jason n'insista pas. Orphée lui-même, pourtant originaire de Thrace, confirma la réputation de barbarie de son pays.

— On y pratique encore souvent des sacrifices humains, soupira-t-il. La vie d'un homme n'a ici aucune valeur.

La route qui menait vers Tirida était un chemin mal entretenu, emprunté par des chariots tirés par des bœufs faméliques. Les paysans qu'ils croisèrent en chemin affichaient tous un air résigné de chien battu. Arrivés devant la cité, ceinturée par d'épais remparts, les Argonautes constatèrent qu'Orphée avait dit la vérité : les portes d'entrée, hautes comme quatre hommes, étaient entourées de colonnes constituées de couronnes de crânes humains empilées les unes sur les autres.

Héraclès se réjouit. Il lui tardait de flanquer une bonne correction au roi qui tyrannisait la région. Mais, à sa grande déception, l'accueil ne fut pas du tout hostile. L'armée, pourtant puissante, ne s'opposa pas à leur entrée et le géant dut renoncer à son envie de se battre. Un capitaine aux allures de dogue convia Jason à se rendre aussitôt au palais. Le souverain connaissait déjà les exploits des Argonautes, colportés par les navires marchands, et il brûlait de les entendre de la bouche même des héros.

Le palais était cerné de sinistres piliers ornés de crânes. Cela expliquait sans doute les visages résignés des habitants. Mais si Diomède n'inspirait aucune sympathie, il reçut fort aimablement les Argonautes. Le visage sec et triangulaire, encadré par de longs cheveux noirs et sales, il fixa sur ses visiteurs un regard inquisiteur. Sa bouche s'étira sur un sourire de carnassier, aux dents pointues et fines.

— Soyez les bienvenus, dit-il. Dans toutes les îles de la mer d'Égée, on ne parle que de vos exploits. Dites-moi ce que je puis faire pour vous être agréable.

Jason le salua, puis s'écarta et le spectre de Phryxos apparut. Sa présence provoqua un mouvement de recul de la cour. Diomède pâlit.

— Voici l'âme de Phryxos, que je dois mener près d'Aornos, répondit Jason. Je te demande le droit de passage sur ton royaume, car cette cité est située à quelques jours de marche en direction du nord.

Les yeux de Diomède se plissèrent, puis il écarta les bras.

— C'est un honneur de t'accorder cette autorisation, ami Jason. Je vais donner des ordres pour qu'on te laisse passer. Mais j'espère que tu me feras le grand plaisir d'assister aux festivités que je veux donner en ton honneur et en celui des Argonautes. Parle-moi de cette mystérieuse Toison d'or. A-t-elle autant de pouvoirs qu'on le prétend?

Même si l'atmosphère du palais ne les inspirait guère, ils furent bien obligés d'accepter. Et, à la grande contrariété d'Héraclès, Diomède se montra un hôte attentionné.

Au matin, il indiqua lui-même la route que les Argonautes devaient emprunter.

— Il n'est pas nécessaire que vous partiez tous. Ce n'est pas un voyage périlleux. À une demi-journée de marche, vous devrez traverser une vallée où paissent de grands chevaux noirs. Ensuite, la route vous mènera de village en village jusqu'à

Aornos. On dit en effet que l'une des entrées du Tartare se trouve là. J'ignore exactement où, mais les villageois doivent le savoir.

Jason le remercia. Quelques instants plus tard, il se mettait en route en compagnie d'Héraclès, Orphée, Atalante, Méléagre et des fils de Borée. L'ombre de Phryxos les suivit, glissant silencieusement à l'écart. Les autres Argonautes, sur l'insistance de Diomède, resteraient ses invités jusqu'à leur retour.

Une certaine inquiétude taraudait le jeune homme. L'atmosphère de Tirida témoignait de la cruauté et de la tyrannie de Diomède. Tout sonnait faux chez lui. Peut-être, comme le pensait Héraclès, ce roi était-il lâche. Le nombre des Argonautes avait en effet de quoi l'inquiéter, même si son armée était trois fois plus nombreuse. Mais Jason ne pouvait s'empêcher de redouter un piège.

Après avoir traversé la plaine où travaillaient des paysans en haillons, courbés sur des champs clairsemés et emplis de pierraille, ils se dirigèrent vers la vallée cernée de collines indiquée par le roi. Au loin, ils aperçurent les silhouettes des chevaux noirs qu'il avait évoqués. Tout à coup, un vieux paysan vint à eux.

— Pardonnez-moi, Messeigneurs, dit-il, mais je vois que vous vous allez vers ce vallon.

— C'est exact, vieil homme, répondit Jason.

— Vous ne devriez pas. L'endroit est extrêmement dangereux.

— Pourquoi? Le roi Diomède lui-même nous a indiqué cette route.

En entendant le nom du souverain, l'homme pâlit, puis recula.

— Alors, excusez-moi, seigneur! Je ne vous ai rien dit.

Puis il se mit à courir aussi vite que le lui permettaient ses jambes usées. Jason fronça les sourcils.

— L'attitude de ce vieillard est bien surprenante, s'étonna Héraclès.

Jason hocha la tête.

— Mais elle est révélatrice. Elle signifie que je ne m'étais pas trompé. Il y a bien un piège.

— Pourtant, je ne vois rien d'inquiétant, dit Atalante.

Héraclès tonna :

— Eh bien, nous devons y passer pour rejoindre Aornos, et, par les dieux, rien ne nous empêchera de le faire! Tant pis pour le piège!

Ils poursuivirent leur chemin en redoublant de prudence, puis s'engagèrent dans le vallon. Ils ne remarquèrent rien de particulier.

Soudain, Atalante poussa un cri.

— Là! Regardez!

Elle désignait, sur le sol, un squelette humain sur lequel séchaient des lambeaux de chair noircie. Jason et ses compagnons s'approchèrent avec circonspection.

— C'est curieux, dit Méléagre. On dirait que la chair a été écrasée, et non pas déchiquetée, comme l'auraient fait les crocs d'un lion ou d'un loup. Je me demande quel animal a pu faire ça.

Plus loin, ils découvrirent d'autres ossements, et même des cadavres à demi dévorés, certainement très récents, sur lesquels s'acharnaient quelques charognards. Pour une raison inconnue, personne n'avait pris soin d'incinérer les restes de ces malheureux. Une onde de tristesse intense pénétra Jason. À sa manière, Phryxos l'avertissait que nombre d'âmes en peine hantaient cette vallée maudite, incapables de trouver l'entrée des Enfers. Jason regarda autour de lui, mais il n'y avait que ses compagnons et, au loin, les silhouettes noires des chevaux. Pourtant, il lui sembla discerner, par endroits, des ombres furtives glissant au-dessus du sol.

— Il s'est passé ici des drames terrifiants, dit-il à ses compagnons. Nous sommes entourés de spectres.

Sur le qui-vive, ils poursuivirent leur progression. Et soudain, ils virent. Au loin, l'un des chevaux s'acharnait sur un cadavre ainsi que l'aurait fait un fauve. Atalante poussa un cri.

L'instant d'après, les chevaux noirs tournèrent la tête vers eux. Puis, avec un ensemble surprenant, ils se mirent à galoper dans leur direction.

— Voilà le piège! s'écria Jason. Ces chevaux sont anthropophages.

44

Les chevaux carnivores

Mais il en fallait plus pour impressionner Héraclès. Il brandit sa massue et se plaça devant ses compagnons, attendant le premier cheval de pied ferme. L'animal bondit et tenta de le mordre au bras. Mal lui en prit. Un imparable coup de massue l'assomma. De leur côté, les Argonautes paraient les attaques des fauves à l'aide de leurs boucliers, puis ripostaient avec leurs glaives. Jason parvint à toucher l'une des cavales à la gorge. Un flot de sang jaillit, qui attira aussitôt les autres chevaux sur l'animal blessé. Il s'ensuivit un carnage épouvantable qui permit aux Argonautes de reprendre leur souffle. Les chevaux cannibales s'acharnèrent sur leur congénère jusqu'à ce qu'il n'en reste plus que les os. Pendant ce temps, Héraclès n'avait pas cessé le combat. Chaque animal qui se lançait sur lui recevait un coup de massue ou un vigoureux coup de poing. Peu à peu, le géant assomma tous les chevaux. Enfin, il éclata de son rire sonore et lança son cri de victoire en direction des cieux. Essoufflés, Jason et ses compagnons le contemplèrent. S'il n'avait été présent, ils auraient eu sans doute beaucoup de difficultés à triompher des monstres.

— Ce traître de Diomède devra nous fournir une explication, déclara Jason. En nous envoyant délibérément à la mort, il a bafoué les lois de l'hospitalité. Nous allons lui ramener ses monstres.

Après avoir attaché les fauves survivants, au nombre d'une vingtaine, ils rebroussèrent chemin en direction de Tirida. Jason envoya Calaïs et Zétès prévenir leurs compagnons de se tenir prêts au combat.

Voyant arriver les mangeurs d'hommes enchaînés, les habitants de Tirida se terrèrent chez eux. À des bribes de conversation, Jason apprit que Diomède utilisait ces chevaux anthropophages pour semer la terreur dans son propre peuple, afin d'assurer son pouvoir. Mais pourquoi s'en était-il pris aux Argonautes? L'explication lui apparut, évidente : Diomède voulait s'emparer de la Toison d'or.

Bousculant sans ménagement les gardes qui tentèrent de s'opposer à leur passage, Jason et ses compagnons se dirigèrent vers le palais, toujours suivis des chevaux carnassiers. Ceux-ci, domptés, obéissaient sans difficulté. Jason saisit le plus puissant d'entre eux par la longe et entra avec lui dans la salle du trône. Diomède, prévenu, avait ordonné à ses gardes de s'interposer.

— Sois maudit, roi Diomède! tonna le jeune homme, ta traîtrise a échoué. Tu vas payer tes crimes.

Blême de peur, le souverain s'égosilla :

— Tuez-les! Tuez-les tous!

Puis il disparut derrière le trône. Jason fit signe à Héraclès de lâcher les chevaux sur la garde royale. Une terrible bataille s'ensuivit, qui gagna bientôt toute la cité. Les Argonautes, prévenus par les Fils de Borée, avaient saisi leurs armes et s'étaient répandus dans la ville. Alceste et Admète de Phères, combattant côte à côte, attaquèrent à eux seuls un petit poste de garde. Atalante et Méléagre, postés sur les toits, tiraient flèche sur flèche contre les soldats de Diomède. Ceux-ci, pourtant trois fois plus nombreux, cédèrent le pas devant la détermination des assaillants.

Dans la grande salle du palais, Héraclès et Jason tuaient les gardes royaux les uns après les autres. La massue d'olivier de l'un et l'épée magique de l'autre faisaient des ravages dans les rangs ennemis. Malgré leur nombre, les soldats de Diomède finirent par s'enfuir, abandonnant leurs morts sur le terrain.

Deux statues d'Égée, la déesse à tête de chèvre des Thraces, encadraient le trône. Jason pensait que Diomède s'était réfugié là ; mais, derrière, il découvrit un passage secret s'enfonçant dans les entrailles du palais. Il s'y engagea, suivi par Héraclès.

Ils débouchèrent bientôt sur une grande salle souterraine où régnait une odeur écœurante de viande pourrie. Des torches fumantes éclairaient les lieux d'une lueur rougeâtre et mouvante. Plusieurs autres chevaux mangeurs d'hommes piaffaient dans des stalles. Des chaînes de bronze les retenaient attachés à de solides anneaux fixés dans la muraille, et ils hennissaient de fureur, énervés par le vacarme des combats. Avec horreur, les deux Argonautes constatèrent que les mangeoires étaient remplies non de foin, mais de chair humaine. Les fauves se cabrèrent et mordirent leurs chaînes avec férocité lorsqu'ils avancèrent.

Soudain, un colosse à la peau grise et écailleuse se dressa devant eux. Derrière, ils aperçurent Diomède. Le géant, dont le visage massif et les yeux rapprochés trahissaient le manque d'intelligence, s'interposa entre les Argonautes et le roi. C'était un être difforme aux bras démesurément longs, armé d'une grande massue hérissée de pointes de bronze. Il se rua sur Héraclès, l'arme haute. Un combat d'une violence inouïe s'engagea alors ; les coups portés faisaient trembler les voûtes des écuries. Jason en profita pour se lancer à la poursuite de Diomède, qui avait détalé sans demander son reste. Mais le roi se trouva pris au piège. L'autre extrémité du souterrain débouchait sur une arène entourée de gradins, dont le sol était parsemé de restes humains. C'était en cet endroit que Diomède jetait ses ennemis, voire ses invités, en pâture à ses chevaux anthropophages. Et il conviait la cour à ce spectacle effrayant.

Tout à coup, derrière Jason, Héraclès surgit, portant le cadavre du gardien colossal et difforme, le crâne éclaté par un coup de massue imparable. Voyant sa retraite coupée et son dernier défenseur mort, Diomède se jeta aux pieds de Jason.

— Pardonne-moi! supplia-t-il. Je voulais m'emparer de la Toison d'or. Mais je le regrette. Tu peux piller ma ville, emporter des esclaves, faire ce que tu veux. Mais épargne-moi!

Jason le considéra avec mépris. La lâcheté de cet individu dépassait tout. Il était prêt à sacrifier son peuple pour sauver sa misérable existence.

— Tais-toi, cloporte. As-tu éprouvé quelque pitié pour les malheureux que tu as livrés à tes monstres pour ton seul plaisir?

— C'étaient des ennemis! se justifia l'autre.

— Les Argonautes ne sont pas tes ennemis. Tu nous as pourtant envoyés à la mort dans ce vallon.

— Pardonne-moi! gémit le souverain en se traînant sur le sol jonché de débris humains.

— Par les dieux, aie au moins le courage de mourir comme un homme, en te battant! hurla Jason.

— Nooon! Épargne-moi, pleurnicha l'autre, abandonnant toute dignité.

Écœuré, Jason le repoussa avec violence. Il lui répugnait de frapper cette larve humaine. Il hésita un instant, puis retourna dans les écuries. Dans les stalles, les chevaux anthropophages grondaient d'impatience, excités par l'odeur du sang. Il les détacha.

Quelques instants plus tard, les chevaux noirs pénétraient dans l'arène, dont Jason referma toutes les issues avant de sortir lui-même. Pris au piège, Diomède poussa un glapissement de terreur. Il tenta, comme nombre de ses victimes avant lui, de s'agripper au mur qui cernait l'arène funeste, mais celui-ci était parfaitement lisse, et il retomba sur le sable en hurlant comme un dément. Jason et Héraclès virent les monstres se précipiter sur lui pour leur horrible festin.

— Tel tue par la dent meurt par la dent, dit Jason en faisant une grimace. Combien ce roi maudit a-t-il ainsi fait périr d'innocents? Plusieurs milliers, si on en juge par le nombre de colonnes de crânes.

— Ce lâche n'a même pas eu le courage de nous affronter directement, grogna Héraclès. Il ne méritait pas mieux.

Peu désireux de s'attarder, ils remontèrent jusqu'à la salle du trône, où les soldats survivants rendaient les armes l'un après l'autre. Malgré leur supériorité numérique, les guerriers de Diomède n'avaient pas tenu longtemps face aux Argonautes et à leurs alliés. Doliones, Percotéens et Troyens avaient, pour une fois, combattu ensemble. Priam et Pélée avaient livré bataille côte à côte, rivalisant d'audace. Lorsque Jason les retrouva, ils étaient rouges du sang de leurs ennemis, mais rayonnants.

À la nuit tombée, la victoire était complète. Partout les soldats de Diomède se soumettaient. Jason ordonna le pillage des coffres du roi, mais demanda d'épargner les habitants, qui avaient déjà assez souffert de la tyrannie de leur souverain.

Soudain, Alceste arriva vers lui en courant. Elle était en larmes.

— Jason! Jason! Viens vite! Admète a été gravement blessé. Je crois qu'il est en train de mourir.

45

Le présent d'Artémis

Jason se précipita à l'endroit où Admète de Phères était tombé. L'un des fils de Diomède s'était caché dans le palais et avait attendu la fin des combats. Puis, au moment où les siens avaient déposé les armes, il avait brandi sa javeline et l'avait projetée dans le dos du Thessalien. L'arme avait transpercé la poitrine d'Admète de part en part. Alceste avait réagi immédiatement en foudroyant l'agresseur d'une flèche précise en plein cœur. Puis elle avait couru chercher Jason.

Couché sur le flanc, le souffle court et irrégulier, Admète gémissait et se maudissait de ne pas s'être montré plus prudent. La pointe de la lance, couverte de sang, ressortait par devant. Il était impossible de l'ôter. Jason pesta en lui-même. S'ils avaient eu la Toison d'or avec eux… Mais celle-ci était restée à bord de l'*Argo*. Le temps qu'on aille la chercher, Admète scrait mort. Le blessé leva vers lui des yeux emplis de souffrance.

— Pardonne-moi, compagnon, articula-t-il avec difficulté. Je crois que ma vie s'arrête ici. J'aurais pourtant aimé vivre ton retour à Iolcos et l'avènement de ton règne.

— Ne parle pas trop, mon frère. Nous allons implorer l'aide d'Apollon. Je suis sûr qu'il viendra te secourir.

Un sourire ressemblant à une grimace déforma les traits d'Admète.

— Je ne crois pas. Je sais que mon heure est venue. Il ne pourra rien contre le pouvoir des Moires.

Alceste s'écria :

— Je ne veux pas que tu meures! Souviens-toi de ce que t'a promis la déesse Artémis : « Lorsque sera venu pour toi le moment de partir, tu ne périras pas si une personne que tu aimes s'offre à mourir à ta place ». C'est moi qui vais partir.

— Non! s'insurgea Admète. Je refuse!

— Écoute-moi, mon bien-aimé, insista-t-elle doucement. Phères a besoin de son roi. Que se passerait-il si tu ne revenais pas de cette expédition? Le royaume sombrerait dans le chaos. Tu dois vivre!

Admète tenta de lutter, mais la jeune femme avait déjà pris sa décision. Elle prit le visage couvert de sang de son mari dans ses mains et posa un long baiser sur sa bouche pour bâillonner ses supplications. Puis elle s'éloigna sans l'écouter, pour ne pas faiblir.

Tout à coup, un vent violent et glacial, venu de nulle part, balaya la cité, éteignant les incendies épars allumés par la bataille.

— Que se passe-t-il? gronda Jason. D'ordinaire, le vent attise le feu.

Chacun ressentit, au plus profond de lui-même, un sentiment d'anxiété inexplicable. On eût dit qu'une ombre gigantesque planait au-dessus de la cité, la plongeant dans des ténèbres pires que celles de la nuit. Alceste frissonna.

— La Mort vient me chercher, dit-elle à Jason. Amène-moi hors de la ville. Pour l'instant, Admète ne risque rien. Il survivra tant que je serai vivante. Mais il faut nous dépêcher.

Impressionné par la détermination d'Alceste, Jason n'osa lutter contre sa volonté. Abandonnant le mourant à la garde de Castor et Pollux, il sortit de Tirida en compagnie d'Orphée, d'Héraclès, d'Atalante et de Méléagre. Le spectre de Phryxos, qui s'était tenu à l'écart pendant les combats, les suivit.

Quelques instants plus tard, le petit groupe avait quitté la cité. Alceste semblait savoir où elle allait, guidée par une force supérieure. Jason avait l'esprit vide. Il ne pouvait supporter l'idée de perdre l'un ou l'autre de ses amis. Il s'en voulut d'être impuissant à lutter contre l'inéluctable. Mais il ne pouvait aller contre la volonté des dieux. D'Alceste ou d'Admète, l'un des deux devait périr en ce jour.

Ils arrivèrent dans un endroit dépourvu de végétation, où se dressaient des rochers acérés, semblables à des crocs. La lune fuyant par-dessus des nuages affolés inondait le paysage d'une lumière pâle intermittente. Le vent froid avait redoublé de violence, emportant des nuées de chauves-souris silencieuses.

Alceste fit signe à ses compagnons de rester en retrait. Puis, elle se défit lentement de ses vêtements et marcha en direction de la pleine lune. Elle leva les bras et invoqua la déesse des forêts :

— Artémis, écoute-moi! Tu as fait autrefois la promesse à Admète de Phères de le libérer de la mort le jour où il serait sur le point de mourir, à condition qu'un être qui l'aime accepte de prendre sa place. Ce jour est venu et je désire mourir pour lui. Viens et prends ma vie, Artémis, je t'en conjure!

Pétrifiés par le désespoir, les Argonautes n'osaient plus faire un geste. Ils aimaient tous Alceste et aucun ne désirait la perdre, même pour sauver Admète. Mais elle avait fait son choix et ils devaient le respecter. Minés par l'angoisse, ils se demandaient ce qui allait se passer à présent.

Cependant, l'un des Argonautes refusait l'inexorable. Près de Jason, Héraclès avait saisi sa lourde massue, bien décidé à en découdre avec qui tenterait de faire du mal à la jeune femme.

— Qu'elle vienne, la Mort, gronda-t-il. Elle ne me fait pas peur.

Soudain, un craquement formidable se fit entendre et une faille sans fond s'ouvrit dans les entrailles de la terre, à quelques pas seulement devant Alceste. Du cœur des ténèbres jaillit un char sans aurige, tiré par quatre chevaux noirs. Une brume verte délétère environnait l'attelage.

Alceste hésita un court instant, puis s'avança vers le char. Au moment où elle allait monter, résignée, une silhouette sombre se matérialisa et lui tendit la main. Hadès s'était déplacé en personne pour venir prendre la jeune femme. Il avait ôté le casque magique qui le rendait invisible, celui-là même que lui avait emprunté Persée bien longtemps auparavant pour vaincre Méduse.

C'était plus que ne pouvait en supporter Héraclès. Brandissant sa massue, il courut près d'Alceste et se plaça devant elle. La jeune femme hurla, mais le géant n'en eut cure. Il fixa Hadès dans les yeux et clama :

— Regarde-moi bien, dieu des Ténèbres! Je suis Héraclès, fils de Zeus et d'Alcmène. Je te mets au défi d'emporter notre compagne et de faire périr son mari!

Hadès marqua un instant de recul.

— Tu oses te dresser contre moi! répondit une voix caverneuse.

— Descends de ton char et bats-toi! riposta le géant.

Le dieu des morts leva la main pour le calmer.

— Je n'ai pas l'intention de me battre contre toi, Héraclès. Je n'aime pas les combats, dans lesquels trop d'hommes jeunes trouvent la mort avant que leur heure ne soit venue.

— Serais-tu lâche? explosa Héraclès, bien décidé à en découdre.

Mais l'insulte n'eut aucun effet sur Hadès.

— Tes provocations ne me touchent pas. Je puis lutter contre toi et te vaincre. Mais le moment n'est pas venu pour toi de rejoindre mon royaume. Et mon frère me tiendrait rigueur de ta mort. Je te le demande, sois raisonnable, tu ne peux t'opposer au Destin. Les dieux eux-mêmes sont impuissants contre lui. Et le destin d'Admète de Phères, ou de celle qui a choisi de mourir à sa place, est de me suivre.

— Bats-toi! s'obstina Héraclès.

Hadès poussa un profond soupir. Puis il descendit de son char et dégaina une longue épée coulée dans un métal inconnu, d'un noir de jais, qui reflétait l'éclat de la lune comme du vif-argent. Héraclès n'attendait que cela. Il brandit son énorme massue et se jeta sur Hadès. Mais celui-ci était d'une autre trempe que les adversaires habituels du colosse. Un combat titanesque s'engagea sous la pleine lune. Très vite, il apparut que les deux adversaires étaient de la même force. Hadès, immortel, avait compté infliger quelques blessures sérieuses à l'insolent afin de le décourager. Mais son épée ne rencontrait souvent que le vide. Héraclès bénéficiait d'une agilité surprenante pour un homme de sa taille. Toutefois, les formidables coups de massue qu'il assénait au dieu des Morts n'avaient presque aucun effet sur lui. La lourde épée noire les parait sans difficulté.

La bataille dura plusieurs heures sans qu'aucun avantage ne se dessinât en faveur de l'un ou de l'autre. Ni l'un ni l'autre ne donnait de signes de fatigue. Jason tremblait pour Héraclès, et aussi pour Admète. N'allait-il pas périr malgré tout? Mais Calaïs était venu lui apporter des nouvelles du mourant. S'il souffrait le martyre, il était toujours conscient, et s'inquiétait de ce qui était arrivé à Alceste.

Au bout de quatre heures d'affrontement, Hadès leva la main pour interrompre le combat.

— Tu es un rude adversaire, Héraclès. Mais tu ne peux me vaincre.

— Tu ne me vaincras pas non plus! répliqua le géant, heureux toutefois de reprendre un peu son souffle.

— Je suis désolé, Alceste doit me suivre, reprit le dieu des morts.

Tout à coup, alors que le combat allait reprendre, un grondement se fit entendre, montant des profondeurs insondables de la terre. Puis un autre char apparut, tiré également par quatre chevaux noirs, et conduit par une femme très belle, coiffée d'un casque d'or blanc. Ses longs cheveux couleur d'argent flottaient sous le souffle des vents glacés qui remontaient de la faille. Perséphone.

Elle descendit de son véhicule et s'approcha d'Alceste, plus morte que vive. La déesse lui adressa un sourire bienveillant, puis se tourna vers son mari.

— Cette femme est trop jeune pour mourir, mon bien-aimé. Tu as le pouvoir de lui accorder la vie. Par amour pour moi, je te demande de les laisser vivre, elle et son mari.

Hadès rengaina son épée, vint à elle et lui prit les mains.

— Je n'aspire qu'à te faire plaisir, ma douce Coré, mais je ne peux aller contre le Destin, tu le sais. Si je ne redescends pas aux Enfers avec l'âme qui doit quitter cette terre en cette nuit, l'équilibre des mondes en sera bouleversé et le chaos risque de s'installer.

La déesse secoua la tête, puis elle se tourna vers le spectre, qui observait la scène de loin.

— S'il te faut seulement une âme, dit-elle, emporte celle de Phryxos. Il attend depuis si longtemps de trouver aux champs Élysées la place qui lui revient. Et libère Alceste et Admète. Artémis avait une idée derrière la tête lorsqu'elle leur a fait ce présent étrange. Elle souhaitait mettre leur amour à l'épreuve. Ils en ont triomphé avec le plus grand courage. Je voudrais qu'ils vivent longtemps et heureux. Ils le méritent, car quel dieu juste et bon aurait le cœur de briser un amour aussi fort et aussi généreux?

Hadès soupira :

— J'aurais dû avoir cette idée avant toi, ma bien-aimée. Qu'il en soit donc ainsi! Phryxos, approche!

L'ombre glissa jusqu'à eux, puis Hadès monta sur son char, invitant le fantôme à le suivre. L'instant d'après, l'attelage s'enfonça dans le gouffre. Perséphone contempla les Argonautes et Alceste, en larmes, qui s'était agenouillée devant elle, les yeux pleins de reconnaissance.

— Remets tes vêtements, tu risques de prendre froid, ajouta la déesse, amusée. Ce serait dommage de tomber malade à présent.

Puis elle remonta sur son char et disparut à son tour dans les entrailles de la terre. Aussitôt après, la faille se referma dans un gigantesque craquement.

Reprenant ses esprits, Alceste se rhabilla, puis se mit à courir en direction de Tirida, impatiente de retrouver Admète. Elle courait si vite que même Atalante eut peine à la suivre. Lorsqu'elle arriva près de lui, elle eut juste le temps de voir la lance qui l'avait frappé se diluer peu à peu dans le néant. Stupéfait, Admète vit sa terrible plaie se refermer et sentit la douleur disparaître. Mais cela n'avait pas d'importance. N'osant croire au retour d'Alceste, il avança la main vers elle, lui toucha la joue pour s'assurer qu'elle était bien là, qu'elle était vivante. La jeune femme se jeta dans ses bras en pleurant de joie.

— Que s'est-il passé? demanda-t-il. Sommes-nous vraiment sauvés tous les deux?

Jason lui posa la main sur l'épaule.

— Je crois que, tant que vous vous aimerez aussi fort, vous bénéficierez de la protection de Perséphone.

— Et la mienne, elle ne compte pour rien, peut-être? s'indigna Héraclès.

Alceste se blottit affectueusement contre lui, tandis que les autres éclataient de rire.

Le lendemain, les Argonautes décidèrent d'élever un autel à la gloire de Perséphone et d'Hadès. Le trône de Tirida ayant trouvé un nouveau roi, ils regagnèrent l'*Argo,* bien décidés, cette fois, à rejoindre Iolcos au plus vite.

Malheureusement, dès que le navire fut en vue, Jason comprit qu'il était arrivé quelque chose. Au loin, Ancée lui adressait de grands signes affolés. Il pensa aussitôt à Médée et se mit à courir. Le pilote était dans tous ses états.

— Médée a tué son frère, souffla-t-il.

46

Le crime de Médée

Jason se précipita à bord, gagna la cabine où Apsyrtos était retenu prisonnier depuis leur départ de Colchide. Persuadé que les siens finiraient par rattraper l'*Argo,* il n'avait pas tenté de s'échapper, se contentant, de temps à autre, d'insulter les Argonautes et de leur décrire les supplices qu'il leur ferait subir personnellement quand il les aurait vaincus. Ils s'étaient habitués à ses grands élans de colère. Quand ils étaient partis pour Tirida, quelques jours plus tôt, il les avait gratifiés d'injures toutes plus senties les unes que les autres, auxquelles ils n'avaient pas prêté attention.

Mais il ne recommencerait jamais plus. Son corps inerte gisait à terre. Il avait été égorgé avec une telle violence que sa tête était à moitié décollée du tronc. Une large tache pourpre maculait le sol de la cabine autour de lui. Dans le fond de la salle, accroupie contre les coffres où ils avaient entassé leur butin, Médée regardait fixement devant elle, sans rien voir. Elle tenait encore en main le poignard acéré avec lequel elle avait commis son crime.

Dès qu'elle aperçut Jason, elle se releva et se précipita dans ses bras.

— Médée! dit-il avec stupeur. Pourquoi as-tu fait ça?

— Il avait tranché ses liens et il voulait m'obliger à le suivre, répondit-elle d'une voix agressive. J'ai refusé. Il m'a insultée et battue. Il disait qu'il allait me tuer parce que j'avais trahi notre père. Alors, j'ai dégainé mon poignard et je l'ai frappé.

Jason la prit par les épaules et l'observa. Elle n'était plus elle-même. Le regard halluciné, elle semblait vibrer d'une étrange force intérieure.

— Il voulait nous séparer, insista-t-elle.

— Et tu l'as tué…

Elle leva vers lui des yeux luisant d'une inquiétante détermination.

— Je n'ai fait que nous défendre. Personne jamais ne pourra nous séparer, mon bien-aimé.

Jason la serra contre lui, mal à l'aise.

Plus tard, Jason interrogea Ancée. Le pilote baissa la tête, embarrassé.

— Personne n'a rien entendu, dit-il d'une voix sourde. Peut-être dit-elle la vérité. Nous ne prêtions pas trop attention au prisonnier. Il était solidement attaché et il n'avait jamais tenté de s'échapper. J'ignore comment il a pu faire pour se débarrasser de ses liens. Je les avais encore vérifiés ce matin.

— Tu accuses Médée d'avoir menti? s'insurgea Jason. Crois-tu qu'elle l'aurait tué délibérément?

— Non. Bien sûr. Sans doute Apsyrtos avait-il bien préparé son coup.

Mais Jason sentit qu'Ancée n'était pas convaincu. Le jeune homme se prit la tête entre les mains. Pourquoi Médée aurait-elle tué Apsyrtos sinon pour les raisons qu'elle avait données? Celui-ci avait effectivement dû dissimuler un poignard ou un objet tranchant sans que personne ne s'en aperçoive et il avait attendu le moment propice, qui s'était présenté lorsque les Argonautes avaient rejoint Tirida. Lorsqu'il avait pu se débarrasser de ses liens, il avait demandé à sa sœur de le suivre, ce qu'elle avait refusé. C'était la seule explication plausible.

La seule…

Mais il ne pouvait s'empêcher de penser au regard luisant de Médée.

Un peu plus tard, Héraclès vint trouver Jason et lui expliqua qu'il ne les accompagnerait pas à Iolcos.

— Je t'y retrouverai plus tard, lorsque tu seras devenu roi, et je compte sur toi pour m'accueillir avec des festivités grandioses. Mais pour l'instant, je dois ramener le jeune Priam à Troie. Je ne tiens pas à ce qu'un usurpateur quelconque tente de s'emparer du trône en son absence.

Après des adieux chaleureux, la flotte d'Héraclès quitta les côtes de Thrace en direction de l'orient. Jason regarda longuement s'éloigner les navires de son ami. Le colosse au rire tonitruant allait lui manquer. D'autant plus qu'il lui restait une cérémonie peu agréable à accomplir.

Il avait décidé de ne pas livrer Apsyrtos aux flammes selon le rituel thessalien. Désireux de respecter la coutume colchidienne, il fit sacrifier une vache. On préleva ensuite la peau de cette dernière et on y enveloppa le défunt. On suspendit ensuite le corps, ainsi protégé, aux branches du plus beau saule qu'ils purent trouver à proximité du port. De cette manière, Jason espérait que le respect des traditions de son pays apaiserait l'âme d'Apsyrtos.

Mais, selon Médée, toujours aussi rigide, la découverte du corps de leur prince ne calmerait certainement pas les Colchidiens, qui se montreraient plus acharnés que jamais à les retrouver. Ils considéreraient sans valeur la cérémonie des Argonautes, puisqu'elle aurait été célébrée par l'ennemi. Ils recommenceraient le rituel, ce qui les retarderait plusieurs jours. Son ton était si glacial que Jason se demanda un moment si elle n'avait pas sacrifié son frère simplement pour ralentir la flotte de son père. Mais il chassa cette mauvaise pensée.

Pourtant, le soir même, Orphée vint le trouver, seul à seul, encore plus embarrassé qu'Ancée.

— Jason. Pardonne-moi si je te cause de la peine, mais mon cœur m'ordonne de te parler.

— Qu'as-tu à me dire? demanda Jason, sur la défensive.

— Tu devrais te méfier de Médée. Je crains qu'elle ne t'ait pas dit la vérité.

— Comment cela? répliqua-t-il sèchement.

— Je la soupçonne d'avoir tué son frère alors qu'il était encore attaché.

— Pourquoi aurait-elle fait ça?

— Peut-être existait-il de la haine entre eux. Parce qu'il voulait de la séparer de toi.

— Comment peux-tu la soupçonner? riposta Jason, élevant la voix.

Orphée conserva son calme.

— Avant que nous procédions à ses funérailles, je suis retourné dans la cabine et j'ai examiné le corps d'Apsyrtos. Je n'ai vu aucune blessure sur ses poignets et ses chevilles, ce qui aurait été le cas s'il avait tenté de se libérer seul. Il aurait dû forcer sur ses liens.

— Et tu en conclus?

— Soit que quelqu'un l'a libéré, soit... que Médée l'a tué alors qu'il était encore ligoté.

— Tu oses soupçonner la femme que j'aime? s'emporta Jason.

Orphée leva les mains pour le calmer.

— Pardonne-moi, Jason. Je ne voulais pas t'offenser, mais seulement te mettre en garde.

Jason ne répondit pas. Il en voulait à Orphée. Mais il ne pouvait s'empêcher de penser qu'il avait eu la même idée peu de temps auparavant.

— Mais pourquoi aurait-elle commis un fratricide? Un crime puni par les dieux!

— Je l'ignore, Jason.

Le soir, tandis que Jason inspectait l'*Argo* avant le départ, Hélicé vint le trouver.

— Seigneur, viens vite! Ma maîtresse est malade. Elle s'est mise à trembler sans raison. J'ai peur pour elle.

Jason sauta à terre et rejoignit le campement. Au moment où il arrivait, Médée s'éloignait d'un pas incertain. Inquiet, Jason la suivit, accompagné par la jeune esclave. Dans le crépuscule naissant, Médée se rendit à l'endroit où avait été exposé le corps de son frère. En le découvrant, suspendu aux branches du saule, elle éclata soudain en sanglots. C'était la première fois que Jason la voyait pleurer depuis la mort d'Apsyrtos. Jusqu'à présent, elle s'était enfermée dans un mutisme farouche. Peut-être était-ce pour elle une manière de se défendre, de refuser le crime qu'elle avait commis. Ses larmes étaient une libération, l'explosion d'une douleur trop longtemps contenue.

Elle s'avança d'un pas d'automate vers l'arbre et gémit :

— Par les dieux! Qu'ai-je fait? Qu'ai-je fait?

Vivement ému, Jason s'approcha d'elle. Elle se jeta dans ses bras en pleurant. Une violente bouffée d'amour et de compassion l'envahit. Il était sûr à présent d'une chose : celle qui avait tué Apsyrtos et celle qu'il tenait serrée contre lui n'était pas la même femme.

47

L'île des Sirènes

Ayant satisfait au rituel funéraire d'Apsyrtos, Jason pensait pouvoir reprendre la mer et gagner enfin Iolcos. Mais le lendemain, au moment de partir, une tempête effroyable se leva, interdisant au navire de quitter le rivage. Les flots noirs se couvraient d'une écume épaisse, tandis que des tornades violentes balayaient les côtes de Thrace. Des éclairs éblouissants illuminaient ce spectacle d'apocalypse. Après avoir tiré leur vaisseau à l'abri sur la grève, les Argonautes avaient trouvé refuge dans le village voisin du port.

Le soir venu, l'ouragan ne semblait pas vouloir s'apaiser. Amphiaros le devin remuait doucement la tête en fermant les yeux. Ses prédictions lui venaient régulièrement au travers de rêves éveillés. Jason se rapprocha de lui. Lorsque l'augure rouvrit les paupières, ses yeux étaient rouges de sang et son visage reflétait une profonde angoisse. Il prit les mains de Jason dans les siennes et souffla d'une voix rauque, marquée par l'épuisement.

— Ce n'est pas une tempête ordinaire, Jason. C'est la colère de Zeus. Médée doit être purifiée pour le crime qu'elle a commis. Sinon, le Maître de la foudre t'empêchera toujours d'atteindre Iolcos.

— Que dois-je faire?

— Il faut te rendre à Æliaka, l'île de la magicienne Circé. C'est un long voyage, car Æliaka se trouve de l'autre côté de la

Grèce. Et une fois sur place, nous devrons nous méfier de Circé elle-même. On dit qu'elle transforme en animaux tous les hommes qui l'approchent. Mais elle seule peut purifier Médée, parce qu'elle est sa tante.

— C'est bien. Nous partons pour Æliaka.

Le lendemain, la tempête s'était calmée comme par enchantement. Pendant les jours qui suivirent, l'*Argo* prit la direction du sud, laissant Samothrace et Lemnos sur la droite et longeant d'innombrables autres petites îles. Le soir venu, le navire faisait escale dans l'une ou l'autre afin de renouveler les provisions d'eau douce et les vivres. La plupart du temps, les habitants se montraient accueillants.

Un matin, alors qu'une nouvelle île se profilait au loin, dans la lumière aveuglante du soleil, cernée de plages dégagées, un phénomène étrange eut lieu. Une mélodie captivante, envoûtante, irrésistible se fit entendre. Fascinés, les Argonautes écoutèrent cette musique inconnue, magnifiée par des voix féminines. Se rapprochant de l'île, ils distinguèrent, au loin, les silhouettes voluptueuses de femmes vêtues uniquement de leurs longues chevelures. Chacun songea aussitôt à Lemnos et aux souvenirs merveilleux qu'ils en avaient emportés, et qui réjouissaient encore les mémoires. Jason ordonna que l'on mît le cap sur cette île inconnue.

Toutefois, à bord, les femmes s'étonnèrent de l'attitude de leurs compagnons. Atalante avait beau écarquiller les yeux, elle ne voyait rien de particulier. Rien, sinon des oiseaux étranges, de grande taille, qui contemplaient l'*Argo* avec curiosité. Comme le navire approchait, Atalante distingua mieux ces singulières créatures. Elle se rendit compte alors qu'il s'agissait de monstres à tête de femme. Leurs bouches se hérissaient de canines démesurées, et leurs pattes se terminaient par des serres semblables à celles d'un aigle.

Atalante se tourna vers Jason. Mais celui-ci semblait ne rien entendre, subjugué par quelque chose qu'elle ne voyait pas. Elle le saisit par le bras et le secoua.

— Que fais-tu? Ne vois-tu pas que nous allons droit sur cette île?

— Bien sûr! répondit-il d'une voix bizarre. N'entends-tu pas la beauté du chant de ces femmes? Elles nous promettent de connaître près d'elles des félicités incomparables. Nous devons les rejoindre.

— Des femmes? s'écria Atalante. Mais tu es fou!

— Ils sont envoûtées, intervint Médée. Je sais ce que sont ces créatures. On les appelle des Sirènes. Elles attirent les marins par des chants mélodieux. Lorsqu'ils abordent, il est déjà trop tard. Ils s'aperçoivent qu'ils ont affaire à des monstres épouvantables, qui les réduisent en miettes avant de les dévorer.

— Que pouvons-nous faire? demanda Alceste d'une voix angoissée. Même Admète refuse de m'écouter. Nous allons droit vers la mort.

Soudain, Atalante eut une idée. Elle rejoignit Orphée, qui battait la mesure avec enthousiasme, envoûté lui aussi, et pressé de mettre le pied sur l'île. Atalante lui tendit sa lyre et dit doucement :

— Ces femmes chantent magnifiquement, Orphée. Ne crois-tu pas qu'il serait gentil de leur offrir, en retour, ta plus belle chanson?

Orphée acquiesça, prit la lyre offerte par Apollon, et se mit à chanter. L'instant d'après, la mélodie des Sirènes ne possédait plus le même charme aux oreilles des Argonautes. Elle ne pouvait se comparer avec le chant et la voix d'Orphée.

Puis la musique harmonieuse se transforma en une cacophonie de criaillements et de caquètements insupportables. Pire encore, les silhouettes séduisantes des femmes nues s'estompèrent et laissèrent la place à d'horribles créatures. Alors ils comprirent.

— Faites demi-tour! s'écria Jason, prenant conscience qu'ils avaient failli tomber dans un piège.

Sur l'île, les Sirènes se mirent à hurler de dépit en voyant leurs proies leur échapper. Un homme pourtant n'avait pas entendu la chanson d'Orphée et continuait à écouter les voix des monstres, toujours sous le charme. Soudain, constatant que l'*Argo* s'éloignait de l'île, il poussa un rugissement de frustration, plongea dans les flots et se mit à nager en direction de la grève.

— Boutès, non! s'exclama Jason. Reviens!

Ses compagnons hurlèrent pour l'avertir du danger. Mais il ne les écoutait pas. Il était presque arrivé à mi-distance de l'île quand il se produisit un autre phénomène inouï. Une lumière surnaturelle inonda la mer, puis un char flottant, d'or et de nacre, se matérialisa devant Boutès, tiré par quatre dauphins. Une silhouette merveilleuse apparut, que Méléagre reconnut immédiatement.

— Aphrodite, murmura-t-il, émerveillé.

Cette fois, tous les Argonautes, y compris les femmes, ne purent détacher leur regard de la déesse de l'amour. Il émanait d'elle un sentiment de joie et de plénitude qui effaçait tout le reste. D'un pas léger, elle sauta sur l'eau, sans s'y enfoncer, et marcha jusqu'à l'endroit où se trouvait Boutès. Puis, en riant, elle lui tendit la main et l'attira à elle. Stupéfait, il se mit, lui aussi, à marcher sur les vagues, qui s'étaient apaisées autour du char. Bien qu'ils fussent éloignés, les Argonautes entendirent parfaitement ce qu'elle lui dit.

— J'ai rarement rencontré un homme aussi beau que toi, joli marin. Acceptes-tu de me tenir compagnie quelque temps dans mon île de Cythère?

Pas un instant le jeune homme ne songea à refuser. Il avait toujours rencontré un franc succès auprès des femmes, mais jamais il n'aurait osé imaginer que la déesse de l'amour elle-même succomberait à ses charmes. Il se tourna vers ses amis et leur adressa un signe d'adieu. Aphrodite et lui remontèrent sur le char qui s'éloigna aussitôt. La lumière merveilleuse s'estompa peu après, mais il restait encore dans l'air un parfum indéfinissable, magique, qui laissait dans le cœur le bien-être et la paix.

Pendant ce temps, les Sirènes n'avaient pas cessé de hurler, mais leurs cris horribles n'avaient plus aucun effet sur les marins. Jason prit Atalante par l'épaule.

— Sois remerciée, ma sœur bien-aimée. Sans toi, nous aurions tous péri.

— Oh, nous étions de taille à combattre ces horreurs!

— Sans doute, dit-il, mais ce ne sont pas elles qui nous auraient tués. Regarde!

Il indiqua, à peine visibles en direction de la grève, une barrière de rochers affleurants, sur laquelle les vagues semblaient se déchiqueter.

— Les Sirènes attirent les marins vers ces rochers pour que les navires s'y éventrent et coulent. Elles dévorent ensuite les blessés et les cadavres.

— Alors, partons vite d'ici!

Deux mois plus tard, sous la protection de Zeus, l'*Argo* parvenait enfin en vue d'Æliaka.

48

La purification de Médée

Æliaka était gouvernée par un roi renommé pour sa sagesse, Alcinoos. Son épouse, Arétè, et lui firent bon accueil aux Argonautes, leur offrant de loger au palais tout le temps qui serait nécessaire pour obtenir la purification de Médée.

Pendant le voyage, Jason et elle n'avaient pu bénéficier d'une grande intimité. Le navire ne se prêtait pas à de tendres conversations. Les étapes nocturnes sur les plages ne leur étaient pas plus favorables. Atalante et Méléagre, tout comme Admète et Alceste, s'éloignaient pour être tranquilles. Quant aux autres, ils se réjouissaient de la présence des esclaves de Médée, toutes des filles magnifiques que leur maîtresse autorisait à se laisser séduire par les Argonautes. Elle, en revanche, désirait toujours que Jason respectât sa virginité. Elle ne parvenait pas à chasser l'horreur de son crime de son esprit. Tant qu'elle n'aurait pas été purifiée, elle ne s'accorderait aucun droit à une vie normale. Depuis ce drame, elle parlait peu. Elle restait la plupart du temps perdue dans un rêve intérieur. Jason avait peine à cerner sa personnalité complexe. Parfois, elle faisait preuve de la plus extrême gentillesse. À d'autres moments, elle se montrait jalouse et possessive, notamment vis-à-vis d'Atalante, en qui elle voyait une rivale potentielle.

En elle, deux personnes en conflit semblaient se livrer une lutte sans merci. Celle qu'il aimait, la Médée qu'il avait connue à Aea, était belle, aimante, généreuse, volontaire et courageuse.

Elle n'avait pas hésité à braver les foudres de son père pour le sauver du feu des taureaux aux sabots d'airain. Plus tard, elle avait marché sans faiblir au-devant du Gardien, sachant pourtant que sa magie n'était pas assez puissante pour maintenir la monstrueuse créature endormie très longtemps.

Mais parfois, cette femme attachante s'effaçait devant un personnage complètement différent, un être insaisissable, partagé entre la peur et l'arrogance, qui pouvait se montrer cassant, voire méprisant. Elle était alors dévorée par une jalousie excessive, une possessivité étouffante. Déchirée par ces deux personnalités contradictoires, Médée était habitée par un violent désir de se donner à lui, mais elle se refusait en pleurant dès qu'il posait la main sur elle.

Jason ne l'en aimait que plus, et il était bien décidé à tout faire pour la libérer de ses angoisses.

À Drépane, la capitale de l'île, une chambre était réservée au couple, car les oracles avaient lu dans les astres que Médée devait épouser Jason. Aussi ce dernier lui proposa-t-il le mariage dès que Circé l'aurait purifiée. Mais Médée réserva sa réponse, sans lui fournir d'explications. Après une sensation de vive frustration, il comprit que la peur dominait encore chez elle. Tous les jours, elle s'isolait en compagnie de ses servantes pour pratiquer des sacrifices en l'honneur d'Hécate. Elle n'en parlait jamais ensuite. Jason avait tenté d'en apprendre plus auprès d'Hélicé, mais celle-ci était restée muette.

Jason s'imaginait parfois que Médée n'était plus amoureuse de lui. Mais ses regards démentaient ses craintes. Elle l'aimait, d'autant plus fort sans doute que leur amour restait chaste.

Il espérait que les choses évolueraient lorsque Circé l'aurait purifiée.

La magicienne résidait dans la région orientale de l'île, à l'écart de la capitale. Alcinoos entretenait avec elle des relations de stricte courtoisie. Circé inspirait une grande crainte à tous les habitants, y compris au roi. On la disait immortelle, car elle vivait là depuis des temps immémoriaux. Elle sortait rarement de son repaire. Ses serviteurs, des êtres sombres aux visages dissimulés sous de longs capuchons, venaient régulièrement à Drépane pour acheter de la nourriture, des épices, des outils ou des pièces d'étoffe. Lorsque Circé les accompagnait, elle arrivait sur un char étrange, fabriqué à partir du squelette d'un animal marin géant, dont les roues étaient faites d'os soudés entre eux. Il était tiré par des serpents ailés aux yeux couleur de rubis qui poussaient des cris épouvantables. Ces jours-là, les habitants osaient à peine sortir de chez eux tant ils étaient effrayés. Circé n'avait pourtant jamais fait de mal à aucun habitant de Drépane. Mais on savait que des navires marchands disparaissaient régulièrement de l'autre côté de l'île. La légende affirmait que Circé les attirait sur les récifs acérés qui marquaient l'entrée de la baie où elle résidait. Les naufragés survivants étaient ensuite transformés en animaux, porcs, moutons ou chèvres, puis dépecés vivants et dévorés. Personne n'osait s'aventurer sur le domaine de Circé, un massif rocailleux couvert d'une forêt d'arbustes épineux noirs, peuplés d'araignées géantes et de serpents.

La veille du départ pour le palais de la magicienne, Jason s'étonna auprès de Médée.

— Comment se fait-il que Circé soit ta tante? Elle vit pourtant très loin de la Colchide.

— Elle a quitté le pays voilà bien longtemps, mais elle est l'une des sœurs de Chalciopé, l'épouse de Phryxos. Ma propre mère descendait d'une autre sœur de Chalciopé, Tyrésis. Circé est donc mon arrière grand-tante, à de nombreuses générations de distance. Elle seule peut m'accorder la purification pour mon crime.

Le remords la taraudait. Même si elle n'éprouvait guère d'affection pour Apsyrtos en raison de sa brutalité, elle s'en voulait profondément de l'avoir tué. Elle finit par avouer à Jason ce qui s'était vraiment passé.

— Apsyrtos n'a jamais tenté de m'enlever, dit-elle. Je suis allée le voir, pour savoir s'il avait de l'eau et de la nourriture. Il m'a injuriée, comme il le faisait régulièrement. D'habitude, je n'y accordais aucune importance. Mais cette fois, je… je ne sais pas ce qui m'a pris. J'avais emporté un poignard avec moi. Alors, bien qu'il fût ligoté, je l'ai frappé à la gorge avec sauvagerie. Je n'étais plus moi-même. Lorsque j'ai recouvré mes esprits, Apsyrtos était étendu à mes pieds, baignant dans son sang, presque décapité. J'ai compris que je l'avais tué. J'étais terrorisée. Et puis, quand tu es arrivé, tout s'est de nouveau brouillé dans mon esprit. J'ai inventé cette histoire pour me justifier. Jason, je t'ai… menti.

De lourdes larmes coulèrent enfin de ses yeux. Jason la prit contre lui et la serra longuement, bouleversé.

Au matin, ils quittèrent Drépane pour le palais de Circé, un peu inquiets. La magicienne avait fait savoir par l'un de ses serviteurs qu'elle attendait Médée et Jason seuls. Personne d'autre ne devait les accompagner. Certains Argonautes voulurent passer outre, mais le jeune homme leur demanda de n'en rien faire.

— Je ne veux pas provoquer la colère de Circé, dit-il. Ne vous faites pas de souci. N'oubliez pas qu'Héra, Athéna et Aphrodite veillent sur moi. Elle n'osera pas risquer de les mécontenter. Et puis, je ne viens pas en ennemi.

— Les marins qu'elle fait griller pour les dévorer non plus, objecta Calaïs sombrement.

— Si dans quatre jours vous n'êtes pas revenus, nous partirons à votre recherche, compléta Zétès.

La route menant au palais de Circé n'était qu'un chemin de terre incertain, parce que peu emprunté. À proximité de Drépane, il traversait des champs et des prés où travaillaient des paysans qui saluèrent de loin Médée et Jason. On savait qui ils étaient et leurs exploits étaient contés, le soir, à la veillée.

Comme ils se rapprochaient du domaine de Circé, les cultures et les habitations coquettes disparurent, laissant la place à une végétation sauvage. Plus loin, ils découvrirent un étroit défilé entre deux hautes falaises de schiste noir qui délimitaient la frontière entre le royaume d'Alcinoos et les terres de la magicienne. De l'autre côté s'étendait un paysage lugubre. Les arbres étaient chétifs, maculés de parasites, emprisonnés dans un réseau de lianes poisseuses dont émanaient des relents de végétaux en décomposition. Le chemin, de plus en plus rocailleux, serpentait au cœur d'une forêt sombre que la lumière du soleil ne parvenait pas à percer. Des créatures indéfinissables rampaient, glissaient au ras du sol peuplé de ronces. De temps à autre, ils croisaient des monticules faits d'ossements humains.

Par moments, ils entrevoyaient des créatures aussi effrayantes que bizarres, mélanges d'animaux différents : des boucs à tête de serpent, des loups à queue de scorpion, des rats à huit pattes qui ressemblaient à des araignées.

— Ce sont des chimères, souffla discrètement Médée. Seule la magie peut créer de tels animaux.

Jason gardait la main sur son épée, mais les chimères se contentaient de les observer de loin sans attaquer. Enfin, la forêt devint moins dense et une demeure apparut. Construite dans la même pierre noire que les falaises, elle était érigée sur l'extrême pointe d'un promontoire rocheux dominant la baie. Une haute tour surplombait la mer. Des oiseaux noirs aux cris désagréables tournoyaient tout autour en vols lents et circulaires. Parfois, l'un d'eux piquait en direction des flots et disparaissait à la vue.

— Ces oiseaux servent d'espions à Circé, chuchota Médée de peur d'être entendue. Elle voit à travers leurs yeux, ce qui lui permet de savoir tout ce qui se passe sur l'île et sur la mer.

Pour pénétrer dans le palais de la magicienne, il leur fallut franchir un rempart peu élevé. Deux serviteurs aux longues robes noires et aux visages masqués les menèrent à l'intérieur, jusqu'à une salle sombre, ouverte sur une terrasse dominant la mer. Les quelques lampes à huile ne parvenaient pas chasser les ténèbres. Au fond, assis sur un thronos de granit, un personnage surprenant les observait. Jason s'était attendu à rencontrer une femme très âgée. Mais le temps ne semblait pas avoir de prise sur Circé. Sa longue robe pourpre la dissimulait entièrement, jusqu'à couvrir sa tête. Seul son visage apparaissait. Mais celui-ci paraissait étonnamment jeune. À ses côtés étaient assises deux chimères de grande taille, des aigles à la peau écailleuse et pourvus d'une queue de lézard. Les créatures s'agitèrent à l'arrivée de Médée et de Jason.

— Approchez! dit Circé d'une voix grave et rauque, mais indéniablement féminine.

Ils obéirent. La magicienne les contempla d'un œil perçant. Puis elle déclara :

— La cérémonie de la purification est prête. Suivez-moi!

Elle se leva, suivie des deux aigles-reptiles, puis les guida vers un escalier taillé dans la roche, qui s'enfonçait sous la terre. Trois ou quatre niveaux au-dessous, ils se retrouvèrent dans une vaste chambre circulaire creusée dans la falaise. L'endroit était encore plus sombre que le palais. Seules deux torches fumeuses l'éclairaient. Au centre de la salle trônait une table de pierre. Quatre serviteurs sans visage attendaient, près d'une cage où une truie couinait de terreur. Sur un signe de Circé, ils s'emparèrent de l'animal. Pendant que trois d'entre eux le maintenaient fermement, le quatrième lui trancha la gorge à l'aide d'un grand couteau. Ils recueillirent ensuite son sang. Les soubresauts et les cris de l'animal pétrifièrent Médée.

— Le sang de cette truie va te purifier de ton crime, dit sèchement Circé. Déshabille-toi.

Après une légère hésitation, Médée obéit. Elle se défit de tous ses vêtements, puis, sur un ordre de la magicienne, s'allongea sur la table. Circé s'approcha de la jeune femme.

— Sais-tu pourquoi tu dois être purifiée?

— J'ai tué mon frère Apsyrtos. C'est un crime terrifiant, puni par les dieux. La purification apaisera leur colère et apportera la paix à l'âme d'Apsyrtos.

— Regrettes-tu ton geste?

— De tout mon cœur et de toute mon âme.

Circé resta un long moment immobile, puis, après une dernière hésitation, elle prononça des paroles mystérieuses, dans une langue inconnue semblant venir du fond des âges. Ensuite, elle s'écarta de la table de pierre et adressa un signe aux serviteurs. Ceux-ci saisirent les récipients contenant le sang chaud de la truie et le versèrent lentement sur le corps de Médée, qui ne put retenir un gémissement de frayeur. Le liquide pourpre coula autour d'elle, s'égoutta sur le sol. Lorsqu'ils eurent terminé, Circé revint vers Médée et ajouta :

— Tu dois rester ainsi la nuit entière et méditer sur ton crime. Si le spectre d'Apsyrtos vient te hanter, tu ne dois pas tenter de t'enfuir, car, alors, il s'acharnerait sur toi jusqu'à la fin de tes jours.

Médée, les mains jointes sur la poitrine, leva un regard angoissé vers sa tante, puis acquiesça d'un signe de tête.

Derrière Circé, Jason ne pouvait détacher ses yeux du corps maculé de sang de sa compagne. Il aurait voulu subir cette épreuve à sa place. Mais c'était impossible. Il adressa une supplique muette à Héra pour qu'elle aide la jeune femme au cours de la nuit à venir. Car la salle était glaciale. Circé se tourna vers lui. D'un geste sec, elle lui ordonna de quitter les lieux.

De retour dans la salle du trône, la magicienne invita Jason à s'asseoir près d'elle, sur un *diphros*[1], un siège pliant apporté par un esclave muet. Circé médita un long moment, puis déclara :

— Demain, Médée sera purifiée de son crime. Cependant, je dois te mettre en garde, Jason. Une terrible malédiction pèse sur elle. Hécate a lâché derrière elle ses cinquante chiens fantômes. On ne peut les voir, mais ils sont toujours là, prêts à semer le malheur sur ses pas.

— Pourquoi s'acharne-t-elle ainsi sur Médée? demanda Jason, bouleversé.

---

[1] Diphros : sorte de siège pliant.

— Hécate savait que la Toison d'or devait regagner la Thessalie et qu'elle ne pourrait s'y opposer. Mais Médée, grâce à qui tu as triomphé, était sa grande prêtresse. Et elle t'a suivi. L'amour qu'elle te porte est puissant, exclusif. La grande Magicienne en est jalouse. Médée a tué son frère sous l'emprise de la folie, frappée par la vindicte d'Hécate. La purification va l'apaiser un peu, mais son désir de vengeance resurgira un jour ou l'autre. Tant que Médée conservera sa virginité, Hécate patientera, car c'est pour elle une manière de vous faire souffrir. Mais si Médée devenait vraiment ta femme, plus rien ne pourrait arrêter la vengeance de la déesse.

— Veux-tu dire que nous sommes condamnés à vivre un amour chaste jusqu'à la fin de notre vie? À ne jamais avoir d'enfants?

Circé baissa la tête et soupira :

— Vous restez libres de choisir. La seule chose raisonnable serait qu'elle reste ici, avec moi, et qu'elle tente de t'oublier. Mais je sais qu'elle refusera. De plus, les signes montrent que vous deviendrez mari et femme.

— N'y a-t-il rien d'autre à faire pour apaiser définitivement Hécate?

— Rien. Zeus lui-même craint ses colères. Elle n'accepte pas que l'une de ses servantes la trahisse pour épouser un homme. Sauf si elle en donne elle-même l'autorisation, comme elle le fit pour ma sœur Chalciopé. Mais cette manœuvre était destinée à lui permettre de s'emparer de la Toison d'or. Médée a agi de sa propre initiative. Elle savait, en te suivant, qu'elle attirerait sur elle la malédiction d'Hécate.

— Je comprends mieux à présent son comportement parfois étrange.

— Médée connaissait le prix à payer. Et pourtant, elle ira jusqu'au bout de son amour pour toi. Pour cela, tu dois l'aimer. De toutes tes forces. Mais méfie-toi : la rancune d'Hécate ne s'éteint jamais et sa vengeance peut frapper bien des années plus tard, au moment où tu t'y attendras le moins.

Le lendemain, Jason attendit avec impatience le retour de Médée. Lorsqu'elle remonta de la crypte, la jeune femme était toujours nue, couverte de sang noir séché. Elle grelottait de froid. Jason eut envie de la couvrir de son manteau, mais il devait respecter le rituel de purification jusqu'au bout. Circé invita sa nièce à descendre jusqu'à la grève où Médée se lava dans les flots glacés afin d'ôter le sang. Lorsqu'elle sortit des vagues, la peau bleuie, Jason put enfin la réchauffer.

Plus tard, elle lui confia qu'elle n'avait pas cédé à la terreur qui l'avait hantée toute la nuit. Elle avait lutté avec courage.

— Le spectre d'Apsyrtos ne m'a pas rendu visite, dit-elle. Mais, à chaque instant, j'avais peur de le voir surgir devant moi. Je ne sais combien de fois je lui ai demandé de me pardonner. À présent, je me sens mieux.

Jason la serra longuement contre lui. Jamais il n'avait éprouvé un amour plus fort pour une femme. Peu lui importait que leur amour restât chaste, pourvu qu'elle fût près de lui.

Après avoir remercié la magicienne, ils reprirent le chemin de Drépane. Dès qu'ils les virent, leurs compagnons Argonautes vinrent à eux en courant. Jason et Médée comprirent aussitôt qu'il s'était passé quelque chose.

— Il va falloir nous préparer au combat, Jason. On a signalé l'arrivée de la flotte de Colchide. Elle sera là dès demain.

49

Le jugement d'Alcinoos

— Mais comment ont-ils pu nous retrouver? s'étonna Jason.

— Ils ont probablement découvert le corps d'Apsyrtos, suggéra Médée. On a dû leur dire qu'il avait été tué par sa sœur. Ils en ont conclu que je devais être purifiée. Or la seule personne qui pouvait accomplir ce rituel était ma tante, Circé.

La jeune femme avait vu juste. Le lendemain, la flotte colchidienne, forte d'une dizaine de navires, pénétra dans le port de Drépane. Sans doute avaient-ils perdu plusieurs galères au cours de leur périple. Le commandant n'était autre que Thorgos, le capitaine des gardes royaux d'Æétès. Il se présenta immédiatement devant le roi Alcinoos. Jason, Médée et les Argonautes étaient présents.

— Seigneur! dit Thorgos d'une voix arrogante, je suis envoyé par mon roi, le grand Æétès de Colchide, pour retrouver sa fille et la lui ramener. Elle a commis un crime impardonnable sur la personne de son frère, le prince Apsyrtos. Nous exigeons que tu nous la livres.

Alcinoos répliqua sèchement :

— Tu exiges? Qui es-tu donc pour exiger qu'un roi t'obéisse? Je ne vois autour de toi que quelques navires et un équipage épuisé. Oserais-tu t'attaquer à moi si je refuse?

Thorgos hésita un instant. Il pensait que la puissance de sa flotte suffirait à impressionner Alcinoos. Mais celui-ci disposait de forces non négligeables. Et s'il s'alliait à l'équipage de l'*Argo*, la victoire était plus que douteuse. Le colosse préféra se montrer conciliant.

— Pardonne mon emportement, seigneur, dit-il d'un ton plus accommodant. Nous avons quitté la Colchide depuis bien longtemps, et j'ai perdu la moitié de mes navires dans l'expédition. À cause de cette femme! dit-il en montrant Médée du doigt.

— La princesse Médée a été purifiée par sa tante, la magicienne Circé, répondit Alcinoos d'une voix forte. Elle et les Argonautes sont mes invités. En t'attaquant à eux, c'est à moi que tu t'attaques, car je me dois, en tant qu'hôte, de les protéger.

— Tu sais quel est son crime. Mais tu ignores peut-être qu'elle est aussi la grande prêtresse d'Hécate.

— Je le sais.

Thorgos ne sut que répliquer. Alcinoos déclara :

— Ne crois-tu pas qu'il serait plus sage d'éviter un affrontement entre nous. Trop d'innocents y perdraient la vie. Acceptes-tu de me nommer juge en cette affaire?

Après une longue hésitation, Thorgos acquiesça. Le roi se tourna alors vers Jason.

— L'acceptes-tu également?

— Oui, seigneur. J'ai confiance en ton jugement.

— Bien. Je vous ferai part de ma décision dans deux jours. D'ici là, celui qui prendra les armes contre l'autre sera considéré par moi comme un ennemi.

Dans la journée qui suivit, Médée ne put toucher à rien. Elle était affaiblie par sa longue nuit de veille. Une terreur nouvelle hantait son esprit fragile.

— Je ne veux pas retourner en Colchide. Mon père ne me pardonnera jamais de l'avoir trahi. Même si Circé m'a purifiée, lui me punira.

Le désespoir de la jeune femme toucha profondément la reine Arétè, qui aurait voulu la réconforter.

— Ton père ne peut aller contre la décision des dieux. Alcinoos peut exiger par serment que l'on ne te fasse aucun mal.

Médée leva des yeux emplis de larmes vers la reine.

— Par serment? Mais mon père se moque des serments. En Colchide, c'est la mort qui m'attend. Et pas une mort douce. Il me fera subir mille tortures avant. C'est un être cruel et sanguinaire, comme son ami, le roi d'Epire, Échétos le Mauvais. Sans raison, celui-ci a puni sa propre fille, Métopé, d'une manière terrifiante.

Médée s'arrêta de parler, le visage déformé par la peur. Puis, d'une voix sourde, elle poursuivit :

— Métopé a été enfermée dans une haute tour sans fenêtre. Là, on lui a enfoncé des clous de bronze dans les yeux. Puis on l'a enchaînée et on lui a fait moudre du grain, comme un âne aveugle. Mais ce n'est pas du blé, ce sont des grains de métal. Echétos lui a dit qu'elle serait libérée le jour où ils seraient transformés en farine. Autant dire qu'elle est condamnée à cette torture ignoble jusqu'à sa mort.

Horrifiée par ce récit, Arétè consola Médée, puis se rendit auprès du roi. Il était impensable de rendre Médée aux Colchidiens. Habilement, elle tenta de l'influencer, sachant que ce n'était pas une tâche facile. Alcinoos était réputé pour sa sagesse et sa clairvoyance. Il écoutait les différents avis sans jamais interrompre ses interlocuteurs, se montrait bienveillant avec chacun, à tel point que l'on pouvait croire qu'il approuvait chaque point de vue. Mais Arétè le connaissait depuis trop longtemps pour savoir que nul ne pouvait faire dévier son jugement. La seule solution consistait à connaître sa décision avant qu'elle soit rendue officielle, et à agir en conséquence. Et pour cela, la reine, qui était encore une très belle femme, disposait d'arguments auxquels le roi ne restait jamais insensible. Alcinoos, amusé par l'insistance de sa femme, finit par céder.

Arétè courut aussitôt près de Jason et de Médée.

— Je connais le jugement que le roi va rendre demain. Il a décrété que Médée repartirait avec les Colchidiens si elle est encore vierge, et donc capable de reprendre sa charge de grande prêtresse d'Hécate. Dans le cas contraire, elle restera avec les Argonautes.

Jason pâlit. L'avertissement de Circé lui revint aussitôt en mémoire. La reine poursuivit :

— Je ne sais ce qui s'est passé entre vous, mais il est encore temps de vous marier. Je peux faire venir un prêtre d'Héra qui célébrera vos noces dans l'heure qui suit.

Médée et Jason se regardèrent. Tous deux savaient de quelles conséquences funestes leur mariage risquait d'être suivi. Mais refuser cette alliance signifierait la mort de la jeune femme. Médée n'hésita guère.

— Je n'ai pas d'autre désir que de devenir ton épouse, dit-elle. C'est pour cela que j'ai quitté la Colchide. C'est sans doute aussi pour cela que j'ai tué mon frère. Je suis prête à assumer et à subir la colère d'Hécate. Mais peut-être se montrera-t-elle indulgente lorsqu'elle verra la force de mon amour pour toi.

— Je te protégerai! dit Jason en la prenant dans ses bras.

Il se tourna vers la reine.

— Sois remerciée pour tout ce que tu as fait pour nous, Arétè. Tu peux faire venir le prêtre d'Héra.

La cérémonie fut célébrée dans une grande discrétion, en raison de la présence des Colchidiens en ville. Puis Jason et Médée s'échappèrent pour une trop courte nuit.

Le lendemain, tout le monde se réunit dans la grande salle du trône pour écouter le jugement d'Alcinoos. Celui-ci confirma ce qu'il avait dit à la reine. Un médecin s'isola avec Médée, et confirma qu'elle n'était plus vierge. Alcinoos décida qu'elle resterait avec Jason. Les Argonautes poussèrent de grands cris de joie, cependant que Thorgos faisait grise mine : il avait échoué.

— Jamais plus je n'oserai me présenter devant Æétès, dit-il. Il me fera écorcher vif, ainsi que mes hommes.

— Tu n'es pas obligé de regagner la Colchide, dit le roi. Il existe des terres fertiles près de la cité de Corcyre. Tu peux t'y installer si tu le souhaites.

Ainsi les Colchidiens s'établirent-ils en Adriatique.

Un peu plus tard dans la journée, Alcinoos prit sa femme par la main et l'entraîna pour une promenade en amoureux dans les jardins du palais.

— Je vois que Jason et Médée ont su mettre à profit l'information que tu leur as portée.

Arété resta interdite.

— Tu savais que je leur dirais…

Il eut un petit sourire malicieux.

— Tu as fait ce qu'il fallait pour me faire parler. Et j'ai décidé de les aider. Par ton intermédiaire.

— Nous ne pouvions pas laisser la princesse Médée repartir pour la Colchide. Cela aurait été l'envoyer à la mort.

Le roi fronça les sourcils.

— Non, bien sûr, mais… ils ne sont pas sauvés pour autant. Car je doute que la déesse Hécate pardonne aussi facilement à sa grande prêtresse de l'avoir trahie.

50

Médéios et Ériopis

Après le départ des Colchidiens, Jason décida de répondre à l'invitation du roi Alcinoos, qui conviait les Argonautes à demeurer quelque temps à Drépane. Cela faisait à présent près de deux années qu'ils naviguaient et bataillaient. Un peu de repos leur ferait le plus grand bien, d'autant plus qu'Alceste attendait un enfant.

Le roi offrit aux Argonautes une vaste terre fertile, sur un domaine vierge de l'île, à l'opposé du domaine de Circé. Et les navigateurs se transformèrent pour un temps en cultivateurs et en éleveurs, travaux qu'ils connaissaient tous pour les avoir pratiqués dans leur enfance.

L'invitation d'Alcinoos n'était pas tout à fait désintéressée. Du fait des incursions épisodiques de pillards venus de la mer, il perdait régulièrement des hommes au combat, qui laissaient derrière eux des veuves et des orphelins. La présence des Argonautes permettrait de compenser la disparition de ces guerriers, en assurant une descendance à ces femmes esseulées. Les Argonautes ne rechignèrent point à cette tâche. Ils avaient passé une année à Lemnos, ils restèrent trois ans à Drépane.

Pour Médée et Jason, ce fut une période de sérénité et de bonheur. Neuf mois après leur arrivée à Drépane, un superbe garçon leur naquit, qu'ils appelèrent Médéios. Jason partageait son temps entre la pêche, la chasse et la culture de la vigne.

Souvent, les Argonautes se réunissaient pour des fêtes au cours desquelles ils organisaient des jeux. Ils s'affrontaient amicalement à la boxe, au lancer de javelot, au tir à l'arc, à la course, discipline où Atalante triomphait immanquablement.

Deux ans après la naissance de Médéios, Jason et Médée lui donnèrent une petite sœur, Ériopis, une adorable petite poupée blonde aux grands yeux bleus. Au cours de ces trois années, contrairement à ce que redoutait le couple, Hécate ne se manifesta pas une seule fois. Médée avait fini par espérer que la Magicienne lui avait pardonné. Cependant, sa tante, Circé, qui lui rendit visite à la naissance de ses enfants, la rappela à l'ordre.

— Ne te fais pas trop d'illusions. Tu sais comme moi que la vengeance d'Hécate peut te frapper bien des années après, au moment où tu t'y attendras le moins. Garde-toi d'oublier de lui faire régulièrement des sacrifices. Peut-être te laissera-t-elle tranquille.

Mais Médée n'avait pas attendu les conseils de sa tante pour adresser des incantations et des sacrifices à la déesse.

Trois ans après leur arrivée, Méléagre reçut un message de la part de son père, le roi Œnée. Celui-ci avait appris qu'il résidait dans l'île d'Æliaka en compagnie de ses amis Argonautes. Comme son royaume, situé à l'ouest de la Grèce, n'était guère éloigné, il les invitait à lui rendre visite. Méléagre fut vivement ému de ce courrier. Cela faisait bientôt cinq ans qu'il n'avait pas revu ses parents et ils lui manquaient. Ce serait l'occasion de leur présenter Atalante, dont il était toujours très amoureux.

Jason, qui espérait s'être fait oublier d'Hécate, commençait à se lasser de sa vie calme. Il devait encore ramener la Toison d'or à Iolcos. Le message d'Œnée fut donc le signal du départ. Quelques jours plus tard, après bien des adieux déchirants, l'*Argo* quitta la petite île et mit le cap au sud-est.

Le voyage se déroula sans incident et, quelques jours plus tard, ils arrivèrent à Calydon, le royaume d'Œnée.

Le retour de Méléagre chez les siens, à Calydon, fut triomphal. Sa mère, Althée, accueillit Atalante comme si elle avait été sa propre fille. Elle connaissait l'histoire du nourrisson abandonné sur le mont Parthénion. Le roi donna un repas somptueux pour honorer ses invités. On festoya jusque tard dans la nuit.

Cependant, Méléagre avait remarqué le front soucieux d'Œnée. Le lendemain, il lui posa la question.

— Quel souci obscurcit l'esprit de mon père?

Le souverain hésita, puis répondit :

— Pardonne-moi, mon fils. Mais je dois t'avouer que mon message n'était pas tout à fait désintéressé. Depuis quelques mois, un monstre terrifiant dévaste les terres de mon royaume. Il s'agit d'un sanglier de très grande taille. On le dit aussi gros qu'un bœuf. Il saccage champs et vergers. Je n'ai plus la force de l'affronter moi-même. Il y a six mois, j'ai réuni mes meilleurs chasseurs pour le tuer.

La voix d'Œnée s'était altérée.

— Il les a tous tués, jusqu'au dernier. J'ai alors envoyé des messagers par toute la Grèce, invitant les plus grands héros à chasser ce monstre. Ils sont venus nombreux. J'avais promis sa peau et ses défenses à celui qui parviendrait à l'abattre. Mais pas un n'a réussi, et plusieurs y ont perdu la vie. Le grand Thésée lui-même, le roi d'Athènes, a tenté de le tuer. Il a été gravement blessé et n'a eu la vie sauve que grâce au courage de ses compagnons qui ont réussi à détourner l'attention de la bête. Trois d'entre eux en sont morts.

— Mais d'où vient ce sanglier? s'étonna Méléagre.

Œnée poussa un grand soupir.

— Il a été envoyé par Artémis. Le devin a compris ce qui s'était passé. L'été dernier, lors des sacrifices rituels destinés aux dieux de l'Olympe, j'ai oublié d'honorer Artémis. J'ai redoublé ensuite de générosité, mais la déesse est vindicative. Elle s'est vengée en envoyant cette créature maudite. L'oracle a prédit que de grands malheurs allaient frapper Calydon. Je me demande où cela va s'arrêter.

Il serra les poings et ajouta :

— Car ce n'est pas tout. Il me faut supporter la présence des deux frères de ta mère, tes oncles Iphiclès et Plexippos. Ils sont orgueilleux comme des paons, provocateurs, et ils n'ont aucun scrupule à profiter de mes largesses. Ils sont arrivés dès qu'ils ont appris l'épreuve que traversait le royaume. Ils ont dit qu'ils allaient me débarrasser de ce fléau. Mais ils sont là depuis plus d'un mois et ils n'ont encore rien fait. Ils préparent leur stratégie, disent-ils pour se justifier. Althée était heureuse de revoir ses frères au début, mais elle commence à les trouver encombrants, elle aussi. Comment leur dire de déguerpir? Je n'ai appris ta présence à Drépane que dernièrement. Ce fut une grande lueur d'espoir pour moi. J'étais sûr que tu viendrais.

Méléagre prit son père par les épaules.

— Et tu avais raison, père. Ne te fais pas de souci. Je vais organiser cette chasse. Tous mes compagnons seront heureux de te rendre service. Cela fait plus de trois ans qu'ils n'ont pas eu l'occasion d'accomplir d'exploit.

Le jeune homme eut tôt fait de préparer la battue. Iphiclès et Plexippos, frustrés de se voir voler la vedette, exigèrent d'y participer.

— Nous sommes les meilleurs chasseurs de toute la Grèce, se vanta Plexippos sans vergogne.

Bien entendu, Atalante voulut, elle aussi, se joindre à l'expédition. L'apprenant, les deux oncles de Méléagre entrèrent dans une fureur noire.

— Il est hors de question de laisser une femme participer à cette chasse! s'exclama Iphiclès.

— Elle va nous porter malheur! renchérit Plexippos.

Touché dans ce qu'il avait de plus cher, Méléagre réagit promptement.

— Il suffit, mes oncles. N'oubliez pas que c'est moi qui conduis cette battue. Atalante est mon épouse et elle nous suivra si elle en a envie. Si cela ne vous convient pas, personne ne vous oblige à venir.

Il les aurait giflés qu'il ne les aurait pas plus humiliés. Ils lui jetèrent un regard chargé de haine, mais furent bien obligés de céder.

Cependant, Mélas, le devin de Calydon, prévint Œnée :

— La colère d'Artémis est loin d'être calmée, dit-il sombrement. Cette chasse apportera d'autres malheurs. Plusieurs héros périront au cours de la bataille qui les opposera à ce monstre.

Œnée frémit. Il songea aussitôt à son fils.

— Prends garde, Méléagre, dit-il. Mélas a prédit que plusieurs d'entre vous allaient perdre la vie dans cette expédition.

Le jeune homme le rassura.

— N'aie crainte, père. Aurais-tu oublié que je suis immortel?

Œnée eut un sourire triste. Il se garda bien de répondre que seuls les dieux étaient vraiment immortels. La bûche qui garantissait la vie de Méléagre était toujours dans le palais, veillée jour et nuit par un garde de confiance. Mais était-ce suffisant? Il décida de placer trois nouveaux soldats près du premier.

51

La chasse au sanglier de Calydon

Le lendemain, les Argonautes se rendirent dans la région où l'on avait repéré le sanglier deux jours plus tôt. Chacun s'était muni de son arme préférée, javeline, épieu, hache ou épée.

Parvenus sur les lieux, ils découvrirent avec horreur les reliefs d'un épouvantable festin, au cours duquel des êtres humains avaient été tués et dévorés par le monstre. Il n'en subsistait que des morceaux impossibles à identifier, sur lesquels s'acharnaient des régiments de mouches. Des armes brisées retrouvées à proximité prouvaient qu'il s'agissait là de chasseurs malchanceux.

Une étude des empreintes les informa que la bête était à la tête d'une petite harde de sangliers de taille plus modeste.

— Ce n'est pas un vieux solitaire, conclut Pélée. Il s'est déjà constitué une famille. Il faut les tuer tous.

De la bauge partaient plusieurs pistes. Devant le danger, Méléagre aurait préféré que l'on restât groupés, mais nombre de chasseurs voulaient le poursuivre pour leur compte personnel. Il eut beau insister, rien n'y fit. Jason lui posa la main sur l'épaule.

— Nous n'y pouvons rien, dit-il. Artémis a semé la discorde entre nous. Chacun n'a plus qu'une idée en tête : tuer ce monstre de ses propres mains.

— Eh bien moi, je ne céderai pas à cette folie.

— Je reste avec toi.

— Où est Atalante? s'inquiéta soudain Méléagre.

— Elle a suivi une piste en compagnie d'Ancée. Mais elle a promis de revenir te prévenir si elle débusquait la bête.

Plus loin, Plexippos et Iphiclès complotaient. Ils n'avaient pas pardonné l'affront de leur neveu. Près d'eux chevauchaient deux centaures, Hylaeos et Rhoecos, qui chassaient toujours en leur compagnie.

— Cette femme nous portera malheur! grommelait Iphiclès.

— Il faudrait la mettre hors d'état de nuire! gronda Plexippos.

— Mais comment? repartit le premier. Elle court plus vite que n'importe lequel d'entre nous.

L'un des hommes-chevaux intervint.

— Nous, nous pouvons la rattraper. Nous avons repéré la piste qu'elle a suivie.

— Nous pourrions... lui faire découvrir le plaisir que peuvent apporter des centaures! s'esclaffa le second.

Les deux frères se regardèrent, puis leurs traits s'éclaircirent d'un sourire mauvais.

— Alors, poursuivez-la, dit Iphiclès. Et faites-en ce que vous voulez.

Aussitôt, les centaures se mirent à galoper dans la direction suivie par la jeune femme.

De son côté, Atalante n'avait pas mis longtemps à distancer le pauvre Ancée, bien incapable de soutenir le rythme soutenu qu'elle lui imposait. La piste du monstre était toute fraîche. Elle était sûre de le débusquer rapidement. Mais elle n'avait pas l'intention de le tuer seule. Elle reviendrait avertir Méléagre. Ils s'étaient promis qu'ils le tueraient ensemble.

Tout à coup, un fracas de branches cassées et un martèlement de sabots la figèrent sur place. Elle crut un instant qu'il s'agissait du monstre et se préparait à fuir lorsqu'elle aperçut deux centaures. Elle reconnut avec soulagement les deux compagnons des oncles de Méléagre. Mais l'inquiétude s'empara d'elle quand elle les vit foncer sur elle. Elle comprit qu'ils avaient décidé de la violer. En une fraction de seconde, elle saisit son arc et le pointa sur eux. Ils s'arrêtèrent d'un coup. Puis, estimant qu'elle n'oserait pas tirer, ils se ruèrent sur elle avec un bel ensemble. Mal leur en prit. Deux flèches mortelles sifflèrent, qui leur transpercèrent le cœur. Ils moururent sans avoir eu le temps de comprendre. Ancée, hors d'haleine, arriva à ce moment-là. Elle n'eut pas besoin de lui expliquer ce qui s'était passé.

— Ils n'ont eu que ce qu'ils méritaient! souffla-t-il.

Atalante lui montra la piste.

— Le sanglier n'est pas très loin d'ici, dit-elle. Nous devons prévenir Méléagre.

— D'accord. Mais je crois que je vais t'attendre ici. Je suis trop fatigué pour te suivre.

La jeune femme acquiesça, puis se mit à courir. Ancée resta seul. Il empoigna son énorme hache, au cas où le sanglier approcherait.

Un peu plus tard, Atalante avait rejoint Méléagre. Son intuition se confirma très vite : la piste qu'elle avait levée était la plus fraîche. Déjà, d'autres groupes de chasseurs s'en étaient rendu compte et s'étaient lancés sur les traces du monstre. Méléagre et Jason suivirent la jeune femme. Malgré le long effort déjà fourni, elle courait encore en tête et ils avaient peine à la suivre.

Tout à coup, un hurlement terrible déchira les murmures de la forêt.

— Ancée! s'exclama Jason.

Ils accélérèrent l'allure.

Mais il était déjà trop tard. Le malheureux Ancée avait été éventré et emporté sur plusieurs dizaines de mètres, laissant derrière lui une traînée sanglante. On retrouva sa hache rougie du sang de la bête dans un fourré. Jason ne put que constater la mort de leur compagnon.

— L'animal l'a chargé, mais il n'a pas été assez rapide pour l'éviter, soupira-t-il, partagé entre la douleur et la rage.

— Je n'aurais jamais dû le laisser seul! se lamenta Atalante.

— Ancée a réussi à le blesser! dit Méléagre pour la consoler. Il est mort en combattant, comme il l'a toujours rêvé.

Plus loin gisaient les cadavres des deux centaures, sur lesquels le sanglier s'était acharné également.

— Mais où est-il parti maintenant? demanda Méléagre.

L'explication leur fut fournie aussitôt. Plus loin retentirent d'autres cris. Des chasseurs avaient débusqué l'animal. Ils se remirent en route. La piste dévalait une colline menant à un étang. D'autres Argonautes y affrontaient le sanglier. Pélée, Télamon et Eurytion avaient cerné le monstre alors qu'il s'était jeté dans une mare de boue proche de l'étang. Iphiclès et Plexippos arrivaient également par un autre sentier, en hurlant leur cri de guerre. Iphiclès s'arrêta à bonne distance. Tandis que les trois premiers chasseurs pointaient leurs javelines sur la bête, il tira posément une flèche qui vint se ficher dans le cuir épais du sanglier. Cette blessure insignifiante n'eut d'autre effet que d'attiser sa colère. Le monstre souffla bruyamment et fonça sur les trois hommes. Conscients que leurs javelines ne réussiraient pas à l'arrêter, ils reculèrent. Mais Télamon trébucha sur une racine et s'écroula. Pélée voulut lui porter secours et lança son javelot sur le sanglier. Il se planta dans son flanc, sans pour autant l'affaiblir. Furieux, l'animal tourna sur lui-même pour tenter de s'en débarrasser. Ce faisant, il aperçut Eurytion, qui s'approchait derrière lui, la lance prête à frapper. Le sanglier reporta sa fureur sur lui et chargea.

— Fuis! hurla Jason qui dévalait la colline en courant, en compagnie d'Atalante et de Méléagre.

Mais, les pieds enfoncés dans le sol boueux, Eurytion n'eut pas le temps de s'écarter. Avec horreur, tous virent le malheureux jaillir dans les airs, puis retomber lourdement, comme un pantin désarticulé. Le sanglier aperçut alors sur les deux frères, embourbés dans la vase.

— Ils vont se faire massacrer! cria Jason.

Il était trop loin pour que son javelot ait une chance d'atteindre sa cible. Pendant ce temps, Plexippos et Iphiclès continuaient à décocher des flèches, dont aucune ne réussit à blesser le monstre sérieusement. Énervé, le sanglier se rua sur Pélée et Télamon, qui avait réussi à se relever. Voyant le danger, Atalante se figea, banda son arc. Une flèche sûre jaillit, qui vint se planter dans l'oreille du sanglier. Celui-ci poussa un grognement formidable et s'arrêta de courir. Profitant de l'hésitation de la bête, Jason et ses compagnons se rapprochèrent. Alors qu'il allait les charger à leur tour, Atalante lui lança deux nouvelles flèches qui lui crevèrent les yeux. Fou de douleur, le monstre se mit à tourner sur lui-même, à la recherche de ses adversaires. Profitant d'un moment où il s'était immobilisé, Méléagre saisit fermement son épieu, fonça sur le monstre et le lui planta dans le flanc, au défaut de l'omoplate. L'arme s'enfonça avec difficulté. Mais la bête, blessée à la tête, était très affaiblie. Méléagre, projeté en arrière par un sursaut violent, revint à la charge, empoigna de nouveau son javelot et l'enfonça de toutes ses forces. La pointe finit par atteindre le cœur. Enfin, le monstre s'écroula, mort.

Sans attendre, Méléagre courut vers Eurytion, sur lequel étaient déjà penchés les autres. Mais le jeune homme n'avait pas survécu à l'attaque.

— Le devin Mélas ne s'était pas trompé, souffla Méléagre, épuisé. Artémis nous a pris deux de nos compagnons au cours de cette chasse.

— Pas deux, quatre, intervint Plexippos. Nos amis centaures Hylaeos et Rhoecos sont morts, eux aussi.

— Ce n'est pas le sanglier qui les a tués, rectifia Atalante. C'est moi.

Iphiclès laissa exploser sa colère.

— Toi? Et comment vas-tu justifier ton crime?

— Il n'y a pas de crime, riposta la jeune femme en saisissant son arc. Ils voulaient me violer. Je n'ai fait que me défendre.

— Te violer? s'exclama Méléagre.

— Elle ment! hurla Iphiclès. Comme toutes les femmes. J'avais bien dit qu'elle nous porterait malheur. Ils sont morts par sa faute.

— Il suffit! coupa Méléagre. Hylaeos et Rhoecos n'ont eu que ce qu'ils méritaient. Et s'ils étaient encore vivants, c'est moi qui les tuerais.

Iphiclès refusa de discuter. Il se dirigea vers la dépouille du sanglier, suivi de son frère, et dégaina son glaive.

— Peut-on savoir ce que vous faites, mes oncles?

— Nous allons prendre ce qui nous revient, répliqua sèchement Iphiclès. C'est ma flèche qui a touché cet animal en premier. Sa peau et ses défenses m'appartiennent.

— Certainement pas. Elles appartiennent à Atalante.

— Quoi?

— Vos flèches l'ont à peine effleuré. En revanche, celles de mon épouse étaient mortelles. Elle l'a touché à la tête. Mon épieu n'a fait qu'achever la bête ; j'estime que le trophée lui revient.

Les Argonautes approuvèrent vigoureusement.

— C'est faux! gronda Plexippos. Prends garde, Méléagre : tu pourrais regretter de t'opposer à nous.

— Est-ce une menace, mes oncles? répliqua le jeune homme. N'oubliez pas que l'on ne peut me tuer.

Iphiclès laissa échapper un juron de fureur, puis s'en fut en compagnie de Plexippos, bien décidé à se venger de cet affront public.

— Bon débarras, souffla Jason.

Atalante, avec fierté, se saisit de son long poignard pour dépecer sa victime.

52

La vengeance d'Iphiclès et de Plexippos

La chasse avait été menée à son terme, et le monstre qui dévastait le pays n'était plus désormais qu'un mauvais souvenir. Mais le tribut à payer était lourd. Ils avaient perdu Eurytion, l'ami fidèle, et Ancée, le pilote de l'*Argo,* que tous appréciaient pour sa profonde connaissance de la mer. Pélée se reprochait la mort d'Eurytion. Il estimait que sa javeline avait rendu la bête ivre de fureur et que son ami avait payé cette erreur de sa vie. Quant à Atalante, elle ne se pardonnait pas d'avoir abandonné Ancée.

La victoire avait un goût très amer.

Le lendemain, Œnée organisa des jeux funèbres pour les deux hommes. Malgré ces pertes douloureuses, le roi éprouvait un vif soulagement. Pendant tout le temps qu'avait duré la chasse, il avait redouté que la colère d'Artémis ne mît la vie de Méléagre en péril. Des gardes s'étaient relayés pour surveiller le coffre contenant la précieuse bûche, mais il avait tremblé pour son fils. Personne ne s'en était approché, mais la déesse n'avait pas besoin d'agir directement. Aussi, lorsqu'il avait vu son fils revenir en portant victorieusement la peau du sanglier, il l'avait longuement serré dans ses bras.

En revanche, quand Plexippos et Iphiclès étaient venus se plaindre, Œnée leur avait sèchement répondu :

— Cela fait trop longtemps que vous vivez à mes dépens. L'une de vos flèches a peut-être touché l'animal en premier, mais c'est Atalante et mon fils qui l'ont tué. Les autres chasseurs en ont témoigné.

Iphiclès voulut réagir, mais son frère lui saisit le bras pour le faire taire. Les deux hommes sortirent furieux de la salle du trône. Le soir, ils avaient quitté Calydon et ne furent même pas regrettés par leur sœur.

Les jeux terminés, Atalante et Méléagre firent une promenade dans la petite ville de Calydon, dont ils étaient devenus les héros. Les gens les saluaient sur leur passage, les interpellaient, leur proposaient une boisson, des fruits. Un drapier leur offrit même une pièce d'étoffe dont le lin avait été cultivé par deux bons amis, des paysans tués par le monstre quelque temps auparavant. Des enfants les suivaient, leur constituant une petite cour. Atalante commençait à aimer cette ville où régnait une ambiance joyeuse.

Soudain, un homme s'avança vers eux et aborda Méléagre.

— Pardonne-moi, seigneur, j'ai un message pour toi de ton ami Ogmios. Je suis son cousin Halésus. Il a entendu parler de ton exploit lors de la chasse au sanglier géant et il aimerait te revoir.

Le visage de Méléagre s'éclaira.

— Ogmios? Mais pourquoi n'est-il pas venu lui-même? Lissos est à côté de Calydon.

L'homme eut l'air embarrassé.

— Cela lui est malheureusement impossible, seigneur. Il n'a pas eu ta chance. Il y a deux mois, il a voulu affronter le sanglier, comme tant d'autres, mais il a été gravement blessé. Il a perdu l'usage de ses jambes. Ta visite lui ferait le plus grand bien. C'est pourquoi il m'a envoyé vers toi.

Méléagre s'assombrit.

— Pauvre Ogmios. Il était mon meilleur ami lorsque nous étions enfants. Dis-lui que je pars immédiatement.

Méléagre se tourna vers Atalante.

— Veux-tu m'accompagner?

— Vous allez avoir certainement beaucoup de choses à vous dire. Je crois que je vais rester ici. Alceste m'a demandé de lui tenir compagnie aujourd'hui.

Atalante, comme elle l'avait promis, passait l'après-midi en compagnie d'Alceste. Tout à coup, un soldat affolé vint les trouver.

— Princesse, dit-il, le roi te demande de toute urgence.

Une vague d'angoisse submergea la jeune femme. Elle se rendit immédiatement dans la salle du trône. Œnée et Althée l'attendaient, l'air bouleversé. Les yeux de la reine étaient rougis par les larmes. Atalante pensa aussitôt qu'il était arrivé malheur à Méléagre. Elle eut l'impression que ses jambes ne pouvaient plus la porter.

— Que se passe-t-il?

— Ah, ma fille, dit le roi. C'est terrible. Méléagre est en danger. Quelqu'un s'est introduit dans le palais et a tué le garde qui veillait sur le coffre contenant la bûche des Moires, à laquelle on a mis le feu. Lorsqu'on s'en est aperçu, il était trop tard, la bûche était entièrement consumée.

— Ce qui veut dire, sanglota Althée, que mon fils n'est plus protégé. Il n'est plus immortel. Nous l'avons cherché partout. Il n'est pas là.

— Non, bien sûr. Il est parti dans l'après-midi pour rendre visite à son ami Ogmios, à Lissos.

Œnée se mit à trembler.

— Ogmios? Mais ce n'est pas possible. Il a été tué il y a deux mois par le sanglier.

Atalante blêmit.

— Par les dieux! On lui a tendu un piège!

Elle expliqua la rencontre qu'ils avaient faite le matin même. Le roi réagit promptement.

— Vite! Il faut envoyer une troupe pour rechercher Méléagre.

Mais Atalante n'écoutait déjà plus. Elle se précipita dans ses appartements, prit ses armes et gagna la piste reliant Calydon à

Lissos. Jason et plusieurs Argonautes l'accompagnèrent, ainsi que les membres de la garde royale. Jamais elle n'avait couru aussi vite. Peu à peu, tous ses compagnons furent contraints de ralentir l'allure. Jason se montra le plus résistant, mais lui aussi fut obligé d'abandonner.

Au bout d'une heure, Atalante se retrouva seule. Elle arriva ainsi dans une forêt de chênes et de pins si dense que la lumière perçait à peine les sous-bois. Tout à coup, elle eut l'impression que son cœur s'arrêtait de battre. Un homme était étendu sur la mousse, près d'une source. Elle reconnut immédiatement son époux. Elle s'agenouilla près de lui.

— Méléagre!

Le jeune homme vivait encore, mais son visage était d'une pâleur inquiétante. Du sang coulait aux commissures de ses lèvres. Aux traces de sang alentour, elle comprit qu'il s'était traîné sur plusieurs mètres pour se rapprocher de la source.

— Méléagre! Ne meurs pas! gémit-elle.

Il tenta de lui sourire, mais ne réussit qu'une grimace.

— J'ignorais ce qu'était souffrir jusqu'à présent, souffla-t-il. Ce n'est pas très agréable.

Il se mit à tousser. Même en cet instant, il ne pouvait s'empêcher de faire de l'humour.

— Nos amis vont bientôt être là, dit la jeune femme. Ils vont te ramener à Calydon.

— Je ne crois pas que j'aurai la force de les attendre.

— Que s'est-il passé? Qui t'a attiré dans ce guet-apens?

— Mes chers oncles, Iphiclès et Plexippos. Ils ne m'ont pas pardonné d'avoir tué le sanglier géant moi-même.

— C'est exact! s'esclaffa une voix aigre derrière Atalante.

Elle se redressa d'un bond. Les deux hommes avaient surgi des profondeurs de la forêt. Mais ils n'étaient pas seuls. Plusieurs dizaines de guerriers les accompagnaient, parmi lesquels la jeune femme reconnut le traître Halésus. Elle posa la main sur la garde de son épée. Plexippos pointa un doigt accusateur sur elle.

— Tu as tué nos compagnons centaures! grinça-t-il. Tu vas payer tes crimes. Mais avant, nous allons te donner la leçon que tu mérites.

Des rires gras et obscènes saluèrent les paroles de Plexippos.

— Fuis! hurla Méléagre.

Atalante lui jeta un dernier regard, puis se précipita dans une trouée du cercle d'individus qui la cernaient. Deux hommes tentèrent de s'emparer d'elle. Deux coups d'épée précis leur tranchèrent la gorge. Des cris de rage retentirent derrière elle. La poursuite s'engagea. Mais, malgré l'effort qu'elle venait de fournir, Atalante disposait encore d'une bonne réserve d'énergie. La colère la portait. Tout en courant, elle rengaina son épée, prit son arc. Soudain, elle se retourna et décocha une flèche précise. L'un de ses poursuivants s'effondra en râlant, le cou transpercé. Plexippos s'égosilla :

— Chienne! Tu ne perds rien pour attendre!

Peu à peu, la fatigue finit par mordre les membres de la jeune femme. De temps à autre, elle s'arrêtait pour tirer une flèche qui ne manquait jamais son but. Elle avait réussi à distancer ses ennemis, mais elle comprit qu'elle ne tiendrait plus très longtemps. Ils commençaient à regagner du terrain sur elle. Le sang battait à tout rompre à ses tempes. À bout de souffle, elle repéra une butte couronnée d'un bosquet de pins. Elle s'y rendit. S'ils voulaient l'avoir, ils le paieraient très cher. Rassemblant ses dernières forces, elle obliqua pour gagner la butte. Sa position en surplomb lui donnerait un léger avantage.

Mais ses ennemis étaient trop nombreux, encore une bonne cinquantaine. Ces scélérats n'avaient laissé aucune chance à Méléagre. Elle se posta au milieu du bosquet, arma son arc. Les traits sifflèrent, abattant un homme après l'autre. L'immonde Halésus, qui avait joué sur la générosité et l'amitié de Méléagre, fut cloué contre un arbre par une flèche puissante qui lui transperça l'abdomen à la hauteur de l'estomac. Il mit longtemps à mourir.

Puis ce fut le tour d'Iphiclès, qui avait tenté de contourner le promontoire. Plexippos hurla de colère et de douleur en voyant son frère mort, mais n'osa pas avancer. Atalante avait réussi à les maintenir à distance.

Cependant, sa réserve de flèches n'était pas inépuisable. Tout à coup, elle comprit qu'elle avait la dernière en main. Elle banda son arc, mais ne tira pas. Elle se rendit compte alors que les bandits étaient en train de l'encercler. Ils allaient tous charger en même temps. Ivre de colère, elle bondit vers l'endroit où elle avait repéré Plexippos et se mit à courir. L'autre réagit immédiatement, pensant qu'elle tentait une nouvelle fois de s'enfuir. Il se montra et voulut lui barrer la route. Mal lui en prit. La dernière flèche siffla et vint se planter dans son œil droit avec une telle puissance qu'elle traversa le crâne et ressortit de l'autre côté. Plexippos poussa un glapissement de terreur et de souffrance avant de s'écrouler. Cette fois, Atalante ne put franchir le cercle de ses ennemis. Elle dégaina son épée et son poignard et s'apprêta à vendre chèrement sa vie. Les premiers qui l'approchèrent sentirent leur ventre s'ouvrir sous des coups imparables. Mais ils étaient beaucoup trop nombreux. Atalante fut bientôt acculée contre un arbre.

Tout à coup, des hurlements jaillirent des sous-bois. Stupéfaits, tous marquèrent un temps d'arrêt. Puis les Argonautes surgirent au pied de la butte. Atalante comprit qu'elle était sauvée. Ses compagnons ne l'avaient pas abandonnée. Elle se jeta dans la bataille avec une ardeur redoublée. Les combats ne durèrent guère. Les bandits tentèrent de fuir dans les profondeurs de la forêt. Mais les Argonautes ne leur en laissèrent pas le temps. Ils furent tous exterminés jusqu'au dernier.

Malgré ses multiples blessures, Méléagre était encore en vie. En la voyant revenir, il dit à Atalante, d'une voix à peine audible :

— Je voulais te revoir une dernière fois.

Sa main ensanglantée se crispa sur celle d'Atalante.

— Je voulais te remercier pour tout ce que tu m'as donné. Les dieux de l'Olympe ne sont certainement pas aussi heureux que je l'ai été avec toi. Mon seul regret, c'est de ne pas t'avoir donné de fils. Je pensais que nous avions le temps.

Soudain, ses yeux fixèrent intensément ceux d'Atalante, comme s'il voulait imprimer à jamais son visage en lui. Puis il retomba en arrière, cédant d'un coup à la mort. Atalante poussa un cri déchirant, fait de colère, d'impuissance et de douleur.

De nouveaux jeux funèbres furent organisés pour la mort du prince Méléagre. Effondré, Œnée ne cessait de répéter que c'était la colère d'Artémis qui s'était exprimée. Une terrible colère l'avait saisi, dirigée contre ses deux beaux-frères. Il aurait aimé les tuer lui-même. Mais la vengeance ne lui aurait jamais rendu son fils.

Cependant, Atalante voulait quitter Calydon au plus vite. Sans Méléagre, la ville avait perdu tout son charme.

— Nous allons repartir, décida Jason.

Quelques jours plus tard, l'*Argo* quittait les côtes de la Grèce occidentale en direction du sud. Atalante s'était enfermée dans un mutisme dont rien ne semblait pouvoir la sortir. Alceste et Médée ne savaient que faire pour tenter de lui faire oublier son chagrin.

Cependant, un matin, une incoercible envie de vomir la saisit sans raison. Inquiète, elle s'en ouvrit à son amie Alceste. Celle-ci, qui avait déjà été mère deux fois, ne fut pas longue à comprendre : Atalante attendait un enfant…

53

Charybde et Scylla

La découverte qu'elle portait un enfant de Méléagre fut un baume sur la douleur vive d'Atalante. Elle l'inquiéta également, car pas un instant elle n'avait songé qu'elle pourrait être mère un jour.

Jason, attendri, se montrait très attentionné envers elle. Ce qui lui valait des remarques acerbes de la part de Médée, que sa jalousie n'avait pas abandonnée. Elle considérait que, n'ayant pas le même sang que lui, Atalante ne pouvait en aucun cas lui tenir lieu de sœur. Et dès lors, le sentiment qui les reliait n'avait rien à voir avec un lien fraternel.

À la vérité, les deux femmes ne s'aimaient guère. En raison de leurs caractères affirmés et prompts à s'emballer, il leur arrivait souvent de se heurter. Même si Médée s'était montrée compatissante après la mort de Méléagre, leur inimitié avait très vite repris le dessus.

Agacé par ces querelles, Jason trouvait refuge auprès de ses compagnons, et particulièrement auprès du sage Mopsos, qui aimait une femme dans chaque ville traversée, mais se gardait bien de s'attacher.

— Mais pourquoi ne sont-elles pas aussi douces qu'Alceste ? se lamentait Jason.

Il aurait été plus simple de rester célibataire. Mais il les aimait toutes les deux, d'un amour différent, et il ne pouvait se passer d'elles. Atalante était la confidente, la compagne des bons et des mauvais jours, une amie indéfectible qui aurait donné sa vie pour lui, comme il aurait donné la sienne pour elle.

Il éprouvait pour Médée un amour passionné, tumultueux, semé d'orages et de bouillantes réconciliations. Médée avait mauvais caractère, c'était ainsi. Mais lorsque l'un des Argonautes, y compris celle qu'elle s'obstinait à considérer comme sa rivale, était dans la peine, elle faisait montre de générosité et de compassion. Elle était aussi une bonne mère, attentionnée envers ses enfants. Ceux-ci s'étaient très vite adaptés à la vie sur le bateau, dont ils étaient les petits princes.

Cependant, malgré les trois années de paix écoulées, l'inquiétude n'avait pas tout à fait quitté Médée. Elle savait que la colère d'Hécate n'était pas calmée et qu'elle pouvait la frapper à tout moment.

Le navire avait pris la direction du sud pour contourner la presqu'île du Péloponnèse. Erginos, le fils de Poséidon, avait remplacé le malheureux Ancée en tant que pilote. Ayant été lui aussi formé par Typhis, il connaissait bien la mer et ses dangers. Depuis le départ de Calydon, la mer s'était montrée clémente. Pourtant, un matin, une barre nuageuse épaisse se forma au nord-est. En quelques instants, un violent ouragan se leva, venant de la terre, qui repoussa l'*Argo* vers le large. Jason ordonna d'affaler la voile pour remonter contre le vent à la rame. Mais bientôt, le navire fut pris dans un fort courant qui les emporta en direction du sud-ouest.

— Que se passe-t-il? demanda Jason.

— Je l'ignore, répondit Erginos. Typhis ne m'a jamais parlé de ce phénomène.

Ils avaient l'impression d'être pris au centre d'un puissant fleuve marin. Ils tentèrent de s'en écarter, mais les efforts des rameurs se révélèrent inefficaces. Pour comble de malheur, la tempête les rattrapa et des trombes d'eau s'abattirent sur le pont de l'*Argo,* détrempant les marins.

— Je n'y comprends rien, hurla Erginos pour couvrir le vacarme de l'ouragan. Nous avons fait les sacrifices rituels pour mon père et pour la déesse Alcyoné. Et nous n'avons commis aucune offense envers l'un ou l'autre.

— Les dieux sont parfois imprévisibles, répondit Jason.

Inquiet pour sa famille, il se rendit à l'arrière. Les femmes et les enfants avaient trouvé refuge dans la cabine. Les petits, inconscients du danger, trouvaient amusant la manière dont l'*Argo* bondissait sur les flots. En revanche, leurs mères tentaient de masquer la peur qui les habitait. Médée était particulièrement pâle. Elle restait prostrée, tenant ses deux enfants serrés contre elle.

— Que se passe-t-il? demanda Alceste.

— Ne vous inquiétez pas, répondit Jason. C'est une tempête un peu forte, mais l'*Argo* en a affronté de plus sévères. Par précaution, nous essayons de regagner la terre ferme.

Il ne précisa pas que, jusqu'à présent, toutes leurs tentatives s'étaient soldées par des échecs. Médée ne fut pas dupe. Elle le regarda, l'air affolée.

— Nous n'y parviendrons pas, dit-elle d'une voix brisée par la peur.

Ému par sa détresse, Jason la prit dans ses bras.

— Ne dit pas cela. Erginos est un bon pilote. Et il est le fils de Poséidon. Le dieu des mers ne peut vouloir nous détruire.

— Cette tempête n'est pas naturelle, répondit-elle dans un souffle. Elle n'est pas non plus l'œuvre de Poséidon.

Un cri au-dehors rappela Jason sur le pont. Erginos vint à lui, en proie à une vive inquiétude.

— Jason, il faut absolument que nous réussissions à nous écarter de ce maudit courant. Il nous entraîne vers Charybde et Scylla. Nous devons les éviter ou nous sommes perdus.

Jason blêmit. Ces deux féroces divinités étaient connues de tous les marins. Le premier, Charybde, était une montagne élevée, dont le sommet se perdait dans les nuages, et qui crachait sur les navires des rochers embrasés. Le second, Scylla, était un gigantesque maelström vers lequel étaient inéluctablement entraînés les vaisseaux qui tentaient d'échapper à la montagne de feu. Ils étaient alors engloutis dans les profondeurs de la mer[1].

— Charybde et Scylla sont au moins à trois jours de navigation, objecta Jason.

— À ce rythme-là, nous y serons demain, répondit Erginos. Il n'y a aucune île où nous pouvons espérer accoster.

L'*Argo* poursuivait sa route à une vitesse stupéfiante. Ils tentèrent de mettre le cap perpendiculairement au courant, mais dès qu'ils parvenaient à lui échapper, des lames profondes surgissaient, qui les ramenaient au cœur du fleuve marin, et il fallait recommencer. Il ne faisait plus de doute désormais qu'une divinité inconnue s'acharnait sur eux.

— Il n'y a rien à faire, gronda le pilote. Nous ne pouvons pas sortir de ce maudit courant.

L'angoisse s'accrut avec le crépuscule. Les ténèbres s'abattirent peu à peu sur le navire. Recrus de fatigue, les Argonautes avaient rentré leurs rames. Il ne servait à rien de lutter contre les éléments. Le voyage continua ainsi, sans que Jason et ses compagnons puissent distinguer quoi que ce fût. Les seules lueurs étaient celles des fanaux du navire, bien insuffisants pour percer la nuit épaisse qui les entourait. La pluie continuait de tomber.

Malgré leur épuisement, ils ne pouvaient pas trouver le sommeil. Seuls les enfants s'étaient endormis. Lorsque Jason leur rendit visite pour les rassurer, il les trouva blottis contre leurs mères. Médée était livide.

— Tout cela est de ma faute, gémit-elle. Hécate se venge. C'est pour cela que nous ne pouvons sortir de ce courant infernal.

— Pourquoi nous frapperait-elle seulement maintenant?

---

[1] Il s'agit là d'une interprétation personnelle. Dans la mythologie grecque, Charybde était un monstre qui engloutissait et rejetait les eaux d'un détroit trois fois par jour. Dans l'Odyssée, il est décrit avec douze pieds et six têtes. Plus tard, cet endroit fut identifié avec le détroit de Messine.

— Je ne sais pas… je ne sais pas.

— N'oublie pas que nous sommes sous la protection d'Héra. Elle ne nous abandonnera pas.

— Héra ne m'a sans doute pas pardonné l'assassinat d'Apsyrtos, gémit Médée.

— Circé t'a purifiée.

Mais rien ne semblait pouvoir calmer la jeune femme.

Après une nuit interminable, une lueur apparut à l'orient. La mer ne s'était pas calmée, et le fleuve marin emportait l'*Argo* toujours plus loin. Bientôt, une côte se dessina vers l'ouest, ténébreuse, encore chargée des vestiges de la nuit, lambeaux de nuages épais et noirs, que des spirales monstrueuses semblaient enrouler autour d'un cratère élevé. Le cœur broyé par l'angoisse, les Argonautes constatèrent que la base de la masse nuageuse rougeoyait, reflet du feu intense qui couvait dans les entrailles de la montagne.

— Charybde! s'exclama Jason d'une voix marquée par la crainte. Le courant nous entraîne droit vers lui.

— Mon père! hurla Erginos. Aide-nous! Je suis ton fils! Tu ne peux vouloir nous faire périr ainsi.

L'instant d'après, les Argonautes se joignirent à lui, adressant de vibrantes suppliques au dieu des mers et des océans.

Pendant quelques instants, il ne se passa rien. L'*Argo* se rapprochait inexorablement de Charybde. Bientôt, ils entendirent le grondement formidable qui sourdait de ses flancs torturés par la lave en fusion. À l'endroit où le pied de la montagne entrait en contact avec la mer jaillissaient d'énormes geysers de vapeurs. Le courant entraîna irrésistiblement l'*Argo* vers une sorte de détroit dont la rive septentrionale était constituée par le volcan et la rive méridionale par une haute falaise noire qui tombait à pic dans les flots. Sur toute la largeur du chenal explosaient des gerbes d'eau de toutes tailles. Ils comprirent qu'il s'agissait des blocs de rocher projetés par Charybde qui retombaient dans l'eau.

— Impossible de passer avec une telle pluie de roches! s'exclama Erginos. Nous allons être pulvérisés.

Dans un effort désespéré, les Argonautes s'arc-boutèrent sur leurs avirons pour tenter d'échapper au courant par le sud. Ils ne réussirent qu'à se diriger vers les écueils acérés à l'entrée du passage. Heureusement, Jason s'en aperçut à temps et parvint à ramener l'*Argo* au centre du courant.

— Nous ne pouvons lui échapper, gronda Erginos d'une voix sinistre.

Une haleine infernale coulait des pentes monstrueuses de Charybde. Irrésistiblement, le navire pénétra dans le détroit. Devant eux, la pluie de pierres incandescentes parut s'intensifier, formant un rideau infranchissable. Les vagues semblaient devenues folles. Elles dansaient en tous sens et venaient claquer contre les flancs du navire avec fracas.

— Nous sommes perdus, gémit Erginos. Mon père ne nous a pas entendus.

Inexorablement, l'*Argo* était entraîné vers la zone dangereuse. Les Argonautes, pétrifiés, avaient cessé de ramer. Tout à coup, les flots furent agités par des tourbillons insolites. Puis une nuée de jolies filles surgit des profondeurs, accompagnées par des dauphins. Elles ne portaient que des algues pour tout vêtement. Erginos et Jason se précipitèrent sur la lisse.

— Des Néréides, exulta le pilote. Mon père nous a entendus.

Les divinités adressèrent des signes amicaux aux Argonautes. Puis l'une d'elles déclara :

— Mon nom est Thétis, prince Jason. Notre seigneur Poséidon nous a envoyées pour t'aider à traverser. Mes sœurs et moi allons entourer l'*Argo*. Notre présence va aveugler Charybde, qui ne saura pas où projeter ses rochers enflammés. Cependant, nous ne pourrons maintenir cette protection très longtemps. Il vous faut quitter les lieux au plus vite.

— Mais comment?

— Au lieu de lutter contre le courant, ramez dans le même sens. C'est votre seule chance.

— Nous allons être emportés vers Scylla.

— Bien sûr! Il faut le rejoindre au plus vite.

— Nous allons être broyés! s'inquiéta Jason.

— Non! Il existe un moyen de vaincre le grand Maelström. Fais-nous confiance.

Il n'était plus temps de discuter. Devant l'*Argo*, la pluie de bombes volcaniques se rapprochait inexorablement. À la hâte, les Néréides formèrent un cercle autour du navire. Fébrilement, Jason transmit ses ordres aux Argonautes. Ceux-ci poussèrent sur leurs avirons. Aussitôt, la vitesse de l'*Argo* augmenta et il pénétra dans la zone dangereuse. Autour du navire, des gerbes jaillissaient avec fracas, provoquant tourbillons, remous et jets de vapeur. Les Néréides, chevauchant leurs dauphins, filaient à vive allure pour maintenir le cercle protecteur. Pourtant, curieusement, les bombes volcaniques projetées par Charybde ne semblaient pas pouvoir les atteindre. Au voisinage de l'*Argo*, les eaux se calmaient comme par enchantement. Tout à coup, une explosion en altitude attira l'attention de Jason. Il leva les yeux et resta pétrifié d'effroi. Du sommet du volcan jaillit un rocher énorme, de la taille d'une maison, qui venait droit sur eux. Il hurla. Les autres regardèrent à leur tour et aperçurent la masse fumante et grondante qui tombait sur le navire.

— Continuez à ramer! hurla Thétis.

Le temps sembla se décomposer. Obéissant à la Néréide, les Argonautes tirèrent avec force sur leurs avirons. Mais ils avaient l'impression de ne pas avancer. Soudain, dans un fracas infernal, le bloc de roche s'abîma dans le chenal à moins de cinquante mètres derrière le bateau, provoquant un bouillonnement d'écume et un remous monstrueux. Une clameur monta du navire tandis qu'un raz-de-marée emportait l'*Argo* plus loin.

La pluie de pierres brûlantes redoubla de violence, comme si Charybde, furieux de ne plus pouvoir localiser sa proie, jetait toutes ses forces dans la bataille. Ils étaient parvenus à mi-parcours du chenal lorsque Jason vit un pan de la montagne exploser. Une brèche énorme s'ouvrit, qui vomit un flot de lave incandescent. Le fleuve de feu dévala la pente du volcan à une vitesse impressionnante. Thétis s'agrippa à un cordage et se hissa à bord. Jason nota aussitôt son regard inquiet.

— Il essaie de nous couper la route, dit-elle.

Là-bas, sur la rive volcanique, la lave entra en contact avec la mer. Il se produisit une intense émission de vapeurs qui noya la vue.

— Il faut encore accélérer, hurla la Néréide.

Tandis qu'Orphée augmentait la cadence de nage, Lyncée se porta à l'avant pour tenter de percer le brouillard rougeoyant qui s'étalait sur la mer comme une bave monstrueuse. Le navire s'enfonça d'un coup dans la masse cotonneuse, qui luisait d'un inquiétant feu intérieur.

— Nous ne voyons même plus dans quelle direction nous allons! s'écria Jason.

— Mes sœurs vont vous guider! dit Thétis.

L'instant d'après retentirent des appels stridents.

— Qu'est-ce que c'est? demanda Jason.

— Les dauphins peuvent voir dans l'obscurité, expliqua Thétis. Ils vont nous indiquer la route à suivre.

Suivant les informations transmises par ses sœurs, la Néréide donna ainsi des indications précises aux marins. Parfois, le brouillard épais était déchiré par la chute lumineuse d'une bombe incandescente qui venait percuter la surface de l'eau dans un vacarme infernal. Mais pas une ne tomba sur l'*Argo*.

Le brouillard diminua peu à peu et, bientôt, le navire émergea de l'autre côté. L'énorme masse de Charybde s'éloignait derrière eux. Mais ils n'étaient pas sauvés pour autant. Loin devant eux, à la sortie du détroit, un rugissement épouvantable se faisait entendre. La mer s'abîmait dans un gigantesque tourbillon qui aspirait tout sur son passage.

— Scylla… murmura Jason, tandis que l'*Argo* poursuivait sa course folle.

Il se pencha par-dessus la lisse.

— Tu m'as dit que nous pouvions vaincre le grand Maelström, dit Jason à la Néréide. Mais comment?

— Écoute-moi! Les navires sont détruits parce qu'ils tentent justement de résister. Comme pour Charybde, il faut, là aussi, plonger au cœur de Scylla, le plus vite que tu le pourras. Ne luttez pas. Laissez-vous porter par le courant à l'intérieur. Et accrochez-vous fermement pour ne pas être projetés par-dessus bord.

Une fois de plus, Jason décida de faire confiance à la Néréide. Elle ne les avait pas sauvés en risquant sa propre vie pour les jeter dans un danger plus grand encore. La fille des eaux lui montra le chemin en filant vers l'autre extrémité du passage. Lorsque les falaises s'écartèrent, les Argonautes virent avec horreur s'ouvrir devant eux un gouffre liquide plus vaste qu'une cité, un vortex gigantesque qui plongeait au cœur des profondeurs marines. Il était trop tard pour tenter de lui échapper. Bientôt, ils furent happés par le tourbillon géant. Le courant s'accéléra encore pour devenir vertigineux. On n'eut que le temps de rentrer les avirons. Chacun s'attacha avec des cordes au mât, aux bancs de nage, puis on laissa l'*Argo* filer vers le cœur du maelström. Le navire se mit à tanguer violemment, puis une sensation de vertige s'empara des Argonautes lorsqu'il plongea au centre même du vortex. Les Néréides s'étaient agrippées à la coque. Jason eut l'impression qu'elles riaient. Il crut un instant qu'elles lui avaient tendu un piège dans lequel ils allaient tous périr. Mais il constata que le navire poursuivait sa course au sein d'un tunnel liquide et mouvant où il n'existait plus ni haut ni bas. Parfois, une force irrésistible tentait de les arracher de leurs bancs, parfois, elle les écrasait. Les ténèbres étaient quasi totales, mais il régnait dans le maelström une lumière glauque, trouble, qui éclairait un spectacle infernal. Autour d'eux tourbillonnaient les restes de vaisseaux qui n'avaient pas eu de chance. Jason perçut la présence d'âmes de marins qui erraient dans cet abîme, incapables de trouver une sortie.

De temps à autre, le tunnel se resserrait, et Jason avait l'impression que l'*Argo* allait être broyé par les interminables muscles d'eau. Mais toujours il passait, jaillissant dans une portion plus large de la spirale. Le jeune homme jetait des coups d'œil angoissés à l'effigie d'Héra. Les yeux noirs de la déesse s'étaient mis à luire intensément. Il était sûr qu'elle leur apportait son aide en empêchant les parois mouvantes d'écraser le navire.

Enfin, après un laps de temps qui lui avait semblé des heures, une lueur apparut au bout du tunnel, qui s'enfla rapidement. Puis le navire fut aspiré vers le haut, vers la lumière. Mais c'était une clarté toute relative. L'*Argo* retomba lourdement au milieu d'une mer agitée par une nouvelle tempête. Autour d'eux, les éléments étaient déchaînés. Des lames plus hautes que le mât se lançaient à l'assaut du bateau. Jason n'eut que le temps d'ordonner aux Argonautes de saisir leurs rames et de manœuvrer pour placer le vaisseau face aux rouleaux.

Les Néréides jetèrent un cri d'adieu aux Argonautes.

— Nous ne pouvons aller plus loin. Mais prenez garde! La déesse lointaine n'a pas assouvi sa vengeance.

Sans attendre de réponse, elles disparurent. Quelques instants plus tard, une explosion épouvantable retentit. Ils se retournèrent. Au loin, très loin, montait une colonne de feu et de cendres.

— Charybde vient d'exploser! s'écria Erginos.

On eût dit que le volcan, furieux de voir sa proie lui échapper, tentait une ultime attaque, quitte à s'autodétruire.

— Nous sommes trop loin pour que les bombes puissent nous atteindre! s'écria Mopsos.

— Ce ne sont pas les bombes que je redoute, répondit Erginos. C'est ça!

Il tendit une main tremblante en direction du volcan, désignant à ses compagnons le raz-de-marée haut comme une montagne qui fonçait dans leur direction à la vitesse du vent.

54

La déesse Libye

Lorsque le raz-de-marée arriva sur lui, l'*Argo* fut soulevé avec une force inouïe vers le haut, et propulsé simultanément vers l'avant, encore plus vite qu'à l'intérieur du maelström. Un vent violent arracha ce qui restait de la voile, tandis qu'une série d'éclairs éblouissants explosait autour d'eux. Jason, solidement arrimé au mât, vit le sommet frangé d'écume de la vague immense fondre sur eux. Le navire allait être réduit en miettes. Pétrifié, impuissant, Jason regarda la crête bouillonnante se rapprocher, les submerger… et l'*Argo* bascula pour se retrouver perché au sommet de la vagie. Il eut l'impression de chevaucher une montagne liquide en mouvement. Très vite, le raz-de-marée les emporta loin de la tempête. Le ciel s'éclaircit et le soleil les inonda d'une lumière éblouissante. À la position de l'*Argo*, Jason déduisit qu'ils se dirigeaient vers le sud. Ce voyage extraordinaire au sommet de la vague dura ainsi plusieurs heures. Tout à coup, au loin, ils distinguèrent une terre, qui se rapprochait à la vitesse du vent.

— Nous sommes perdus, gémit Erginos, près de Jason. Cette vague est haute comme la moitié de l'Olympe. En touchant le rivage, elle va déferler et nous serons broyés.

— Non, mon compagnon! répondit Jason. Ton père, Poséidon, nous protège toujours. Il ne va pas permettre que nous périssions ainsi. Il faut lui accorder notre confiance.

— C'est vrai! Tu as raison. Père, pardonne-moi de douter de toi!

Comme pour confirmer les paroles de Jason, la force extraordinaire qui retenait le navire au sommet du raz-de-marée s'effaça, et le navire glissa vers l'arrière, sur le dos de la lame. Ils dévalèrent ainsi l'autre versant de la montagne liquide, jusqu'à atteindre son creux. Puis une nouvelle vague, beaucoup moins puissante, lui succéda.

Loin devant eux, la vague monstrueuse s'affaissa lentement dans un vacarme infernal, écrasant tout sur son passage. Sa puissance continua de les emporter plus loin, encore plus loin.

— Nous avons sans doute dépassé la côte! s'exclama Mopsos.

En effet, la vague déferlante avait envahi un pays inconnu. Au loin, ils distinguèrent ce qui leur sembla être une vaste étendue de sable, que les eaux inondaient. À mesure que la vague diminuait en puissance, la vitesse de l'*Argo* décroissait. Bientôt, la quille vint toucher le fond et le bateau finit par s'échouer sur le sol avec un raclement inquiétant. L'instant d'après, il basculait légèrement sur le côté.

Abasourdis, les Argonautes se défirent de leurs liens. Par chance, ils n'avaient perdu personne.

— Où sommes-nous? demanda Jason.

Autour d'eux s'étendait un désert de sable. Çà et là se dressaient quelques palmiers qui n'avaient pas été arrachés par le raz-de-marée.

— En Libye, je crois, répondit Mopsos. C'est un pays situé bien au sud de la Grèce.

— Comment avons-nous pu être projetés si loin?

— Comment, je ne sais pas, mais les dieux nous ont amenés ainsi à bonne distance d'Hécate, dit Médée, qui les avait rejoints. Nous sommes très loin de la Colchide. Il lui sera difficile de retrouver notre trace. Seul Hélios, le soleil, qui voit tout sur Terre, pourrait l'aider, mais je doute qu'il le fasse. Hécate est une divinité de la nuit et ils ne sont pas en très bons termes.

Perdus au milieu du désert, les Argonautes étaient loin d'être tirés d'affaire. Il ne leur restait presque plus d'eau douce et pour seulement deux jours de vivres. La vague gigantesque qui les avait amenés jusque-là s'était retirée, ne laissant derrière elle que des flaques que le soleil avide eut tôt fait de boire. Le soir venu, le désert était recouvert d'algues et de poissons morts, festin inattendu pour les oiseaux. Bientôt, il ne resta plus que le sable et le soleil. Dans toutes les directions, à perte de vue, ce n'était qu'une étendue de sable et de rocaille. Vers l'est, cependant, ils repérèrent quelques palmiers épars.

— Il doit y avoir de l'eau non loin d'ici, nota Orphée.

Se dirigeant vers les arbres, ils découvrirent une sorte de dépression formant un lit, qui avait drainé une partie de l'eau salée. Le cours d'eau éphémère s'éloignait vers le sud-est. Jason, Orphée, Atalante et quelques autres décidèrent de la suivre.

Ils n'eurent pas à aller loin. Au bout d'une heure de marche, la végétation devint plus dense. Ils arrivèrent au bord d'un lac entouré d'une magnifique palmeraie. Des Bédouins étonnés palabraient sur les rives tandis que des enfants tentaient de rassembler des troupeaux de chèvres affolées. Jason alla vers eux. Par chance, plusieurs d'entre eux parlaient le grec. Il se présenta.

— La bénédiction de Libye soit sur toi, Jason, répondit un vieil homme, sans doute le chef de la tribu. Peux-tu m'expliquer ce mystère? Dans l'après-midi, les rivières venant du nord se sont soudain remplies et le niveau du lac est monté soudainement, sans qu'il y ait eu de pluie. Mais c'était de l'eau salée.

Jason leur narra les aventures qui les avaient conduits au cœur du désert, et qui expliquait que le lac soit rempli d'eau de mer. Les Bédouins eurent quelque peine à admettre son histoire, mais leur étonnement ne connut plus de bornes lorsque, le lendemain, ils accompagnèrent les Argonautes jusqu'au navire échoué au milieu des sables.

— Les dieux vous ont joué un bien vilain tour, dit le vieux chef. Si vous le souhaitez, vous pouvez demeurer parmi nous.

— Sois remercié de ta générosité. Je crois en effet que nous sommes bloqués ici pour quelque temps. Mais nous voudrions regagner la mer. Comment pouvons-nous faire?

Le vieil homme le contempla avec stupéfaction.

— La mer? Nous ne connaissons pas la mer. Ici, il n'y a que le désert. Plus loin vers le nord-ouest se trouve un grand lac à l'eau salée. Les Grecs l'appellent Tritonis. Peut-être pourriez-vous aller jusque-là.

— Si ses eaux sont salées, cela veut dire qu'il communique avec la mer. Où se trouve le lac Tritonis?

— À quatre jours de marche vers l'ouest.

— Quatre jours de marche?

— Et ce n'est pas tout, ajouta le vieux chef. Vous devez traverser le territoire des Garamantes. Ce sont des pillards qui vivent dans les collines. Ils viennent régulièrement nous attaquer pour enlever des chèvres, parfois des femmes et des enfants dont ils font leurs esclaves.

Jason comprit que le vieil homme voyait d'un bon œil l'arrivée de ces nouveaux alliés qui allaient l'aider à combattre ses ennemis. Cette perspective n'inquiétait pas les Argonautes. En revanche, il était impossible de tirer le navire sur une distance aussi grande.

Jason se tourna vers Argos.

— Si nous gagnons le Tritonis à pied, pourras-tu nous construire un autre vaisseau?

Argos secoua la tête.

— Je ne crois pas. Il n'y a ici que des palmiers. Leur bois n'est pas assez solide pour fabriquer un bateau. J'ai l'impression que nous sommes condamnés à abandonner l'*Argo* ou à rester là.

— Il doit pourtant bien exister un moyen! grommela Jason.

Pendant les jours qui suivirent, les Argonautes apprirent à connaître les Bédouins. Malgré leur dénuement, ils partagèrent leur nourriture avec les navigateurs. En contrepartie, ceux-ci mirent leurs talents de chasseurs à leur disposition. Même si le gibier, composé de gerboises, de lézards, de renards des sables et de gazelles, était maigre, il permit de diversifier la nourriture, essentiellement composée de dattes, de pois chiches, de racines.

Le soir, Orphée narrait leurs aventures aux villageois ébahis. Le vieux chef, Pallhas, traduisait. Certains, sceptiques, semblaient douter de leur véracité. Mais la vue de la Toison d'or, dont on revêtit plusieurs malades incurables qui furent aussitôt guéris, chassa leurs doutes.

L'habillement des Bédouins étonnaient les Grecs. Malgré la chaleur, ils se couvraient entièrement d'un tissu bleu foncé, y compris la tête, qu'ils enveloppaient dans un voile ne laissant apparaître que les yeux. Les Argonautes comprirent pourquoi lorsque la morsure du soleil se fit cruellement sentir. Ils transformèrent alors leurs propres vêtements afin de se protéger efficacement.

— Le soleil est ici synonyme de mort, expliqua Pallhas. Aux heures les plus chaudes du jour, nous devons rester à l'abri de nos tentes. Celui qui se hasarderait au-dehors périrait, car le soleil boirait son eau. Pour nous, la nuit est apaisante, chargée de mystères. La lune nous protège.

Les Bédouins adoraient une déesse du nom de Libye. Associée à la lune, cette divinité bienfaisante leur apportait la douceur et la sérénité de la nuit après la chaleur torride du jour. Dans le village trônait une effigie de pierre, qu'ils avaient habillée de peaux de chèvre tannées et cousues entre elle. Curieusement, Libye portait deux cornes de vache sur le front. Voyant l'étonnement de Jason, Pallhas expliqua qu'elle était la fille du dieu du ciel et d'une vache sacrée venue d'Égypte[1].

---

[1] Pour les Grecs, la déesse Libye était la fille de Zeus et d'Io, la vache sacrée. Il existe indéniablement un lien avec le couple formé par Horus, dieu du soleil et de la lumière, et Hathor, souvent représentée par une femme à tête de vache, ou, plus tard, une femme coiffée de cornes. Les Égyptiens vénéraient la vache comme symbole de la maternité.

Jason passait de longues heures près du navire. Il n'avait pas renoncé à trouver le moyen d'amener le bateau jusqu'au lac Tritonis, imaginant de le démonter pièce par pièce. Mais Argos lui fit comprendre que c'était impossible.

— Le bois va travailler. Nous ne pourrons plus rassembler ce qui aura été désassemblé. Il prendra l'eau de toutes parts. Il faudrait le transporter tel quel.

— Quel dommage qu'Héraclès ne soit plus avec nous, soupira Jason. Sa force nous aurait été bien utile.

La nuit suivante, Jason dormit d'un sommeil agité. Il se trouvait dans la palmeraie. Curieusement, l'*Argo* avait été rapproché du village nomade. Soudain, une jeune femme d'une grande beauté, aux longs cheveux noirs, se matérialisa près d'un superbe palmier. Elle était vêtue de peau de chèvre. Jason comprit qu'il se trouvait face à la déesse Libye. Son regard vert se posa sur lui.

— Approche, Jason, dit la déesse d'une voix douce.

Il obéit, subjugué par l'éclat de malachite de ses yeux.

— Je sais que tu veux regagner la mer avec ton bateau. Il existe un moyen.

Elle désigna le grand palmier d'un doigt fin.

— Ces arbres peuvent t'y aider. Regarde-les bien. Observe le tronc.

L'instant d'après, Libye avait disparu. À pas lents, tandis qu'un violent vent de sable se levait, Jason s'avança vers le palmier. Presque timidement, il posa la main sur l'arbre. Et soudain, il comprit.

Son enthousiasme l'éveilla. Près de lui, Médée le regardait, les yeux gonflés par le sommeil. Il déclara :

— Je sais comment nous allons rejoindre la mer.

55

Le lac Tritonis

Le lendemain, Jason réunit ses compagnons.

— La déesse Libye m'est apparue en rêve, cette nuit, dit-il. Elle m'a montré comment déplacer l'*Argo* jusqu'au lac Tritonis.

Il s'empara d'une hache et abattit un palmier, qu'il débarrassa ensuite de ses palmes. L'arbre abattu constituait ainsi un cylindre parfait.

— Voilà! Il nous en faut une cinquantaine, sur lesquels nous ferons rouler le navire.

Une clameur d'enthousiasme salua sa trouvaille. En remerciement, on sacrifia une chèvre à la déesse. Puis on se mit au travail. Le soir même, les cinquante palmiers avaient été coupés et préparés.

— Une partie de mes hommes va vous accompagner, déclara Pallhas. Ils connaissent les dangers du désert et vous seront utiles. Mon fils Kheras les commandera.

Le soir, on donna une fête pour célébrer l'alliance et l'amitié entre les Argonautes et les Bédouins.

Grâce aux efforts conjugués des marins et des hommes du désert, l'*Argo* fut bientôt placé sur les rouleaux. À l'aide de cordes, on put le tirer. Les troncs de l'arrière étaient replacés à l'avant au fur et à mesure de la progression du navire. Ainsi les Argonautes quittèrent-ils l'oasis. Un petit troupeau de chèvres les accompagnait, qui leur fournirait du lait et de la viande.

Jason les avait troquées contre des pièces de tissus prélevées sur leur trésor de guerre.

Alors commença une longue et pénible traversée. On ne pouvait progresser que sur un sol résistant de rocaille. Dans le sable, les rouleaux se seraient enfoncés. Ils étaient parfois contraints d'effectuer de larges détours pour contourner les étendues sablonneuses.

Les Argonautes avaient fixé de solides cordages à l'avant et s'y étaient attelés. Au rythme du tambour de nage d'Orphée, ils tiraient tous ensemble, faisant progresser le navire d'un demi-mètre chaque fois.

Lorsque le soleil devenait trop ardent, il leur fallait patienter à l'ombre des tentes ou des palmiers… lorsqu'il y en avait. Ils traversaient parfois des zones arides où rien ne poussait. Ils devaient aussi prendre garde aux serpents et aux scorpions qui pullulaient dans le désert.

Un matin, ils virent que le ciel, en direction du sud, avait pris une vilaine teinte d'un gris jaunâtre. Autour d'eux s'élevaient déjà des tourbillons de sable et poussière.

— Une tempête de sable! s'écria Kheras. Il faut que nous nous mettions à l'abri.

Les Argonautes n'avaient jamais rien affronté de semblable. En quelques instants, un vent d'une rare violence se mit à souffler, et, malgré la chaleur étouffante, ils durent resserrer leurs vêtements, se couvrir le visage et s'asseoir sur le sol. Les femmes et les enfants trouvèrent refuge dans la cabine du navire. On respirait à travers l'épaisseur du tissu. Le sable s'infiltrait jusque sous les vêtements, collait à la peau, faisait crisser les dents. Il était impossible de bouger. On n'y voyait plus à six pas.

La tempête dura ainsi trois jours. Ils profitaient des rares accalmies pour boire et se nourrir. La nuit, les ténèbres étaient totales, et l'on se trouvait plongé dans un univers terrifiant, prisonnier d'une gangue de sable, les oreilles déchirées par les hurlements de l'ouragan s'accrochant aux anfractuosités de la roche, ou sifflant dans les superstructures du navire.

Lorsqu'enfin la tempête s'apaisa, ils se rendirent compte que l'*Argo* était à moitié enfoui sous le sable accumulé par les vents. Dans la cabine, les femmes et les enfants étaient épuisés et assoiffés. Le sable avait réussi à pénétrer dans leur abri. Il fallut une journée pour dégager le navire. Au soir, leurs réserves d'eau étaient à sec. Mais où trouver une source dans ce pays de rocaille?

Après le passage des éléments déchaînés, le désert retrouvait peu à peu sa sérénité habituelle. Un soleil impitoyable écrasait le sable et la roche.

— Nous allons mourir, gémit Idas, la bouche desséchée.

Cependant, Orphée étudia l'endroit où ils se trouvaient, intrigué. Au loin se dressait un ensemble de rochers élevés, aux silhouettes vaguement humaines, qui rappelait un groupe de guerriers figés.

— Qu'y a-t-il? demanda Jason.

— Héraclès m'a parlé d'un lieu semblable, répondit le poète.

Le visage de Kheras s'assombrit.

— Nous ne sommes pas loin du pays des Garamantes, dit-il. Il faut nous méfier.

— Ces guerriers de pierre marquent-ils sur leur territoire? demanda Orphée.

— Non, il commence au-delà.

— Alors, venez! Et emportez les outres.

Le poète entraîna une poignée d'Argonautes étonnés à sa suite. En chemin, il expliqua :

— Héraclès est venu ici. À l'époque, il revenait du jardin des Hespérides[1]. Il m'a dit avoir souffert de la soif. Alors, il a frappé le sol avec une telle force que l'eau a jailli. Il m'a décrit l'endroit avec précision. Héraclès a dit qu'il se trouvait au

---

[1] Les Hespérides, filles du Titan Atlas, gardaient un pommier sacré, aux fruits d'or, qui, en réalité, appartenait à Héra. Dupant Atlas, Héraclès lui fit cueillir trois pommes d'or qu'il ramena à Mycènes.

milieu d'un cercle de géants, probablement pétrifiés autrefois par le regard de Méduse. On dit que Persée est venu dans ce pays, où il a transformé le titan Atlas en montagne. Mais il a également combattu ses soldats, qu'il a figés en de gigantesques statues de pierre.

Après deux bonnes heures de marche harassantes sous le soleil, ils pénétrèrent à l'intérieur du cercle des colosses rocheux. Grâce à la végétation rare qui poussait à proximité, ils ne furent pas longs à découvrir une source jaillissant d'une anfractuosité, dont l'eau s'écoulait jusqu'à un lac de petite dimension.

— La source d'Héraclès! s'exclama Jason. Nous sommes sauvés.

— Les chèvres vont pouvoir se désaltérer! ajouta Canthos d'Eubée, qui s'occupait du troupeau.

Et, tandis que les Argonautes, rafraîchis, se remettaient à la tâche, le berger menait les bêtes au point d'eau, où elles purent boire à leur tour.

Le lendemain matin, l'*Argo* n'était pas encore arrivé à la hauteur du troupeau gardé par Canthos. En s'éveillant, le berger remarqua que deux chèvres avaient disparu. Derrière le cercle de géants de pierre s'élevait un massif rocailleux élevé, où poussaient quelques arbustes épineux et des cactus. Inquiet, il se mit à leur recherche. Suivant leurs traces, il se retrouva bientôt sur les flancs de la montagne. Tout à coup, il aperçut deux hommes vêtus de peau de bête, qui tiraient ses deux chèvres encordées. Furieux, il se porta à leur rencontre, bien décidé à reprendre son bien. Soudain, une demi-douzaine d'individus hirsutes surgirent d'une anfractuosité et le chargèrent, armés de massues et de javelots grossiers. Comprenant qu'il n'aurait pas le dessus, Canthos rebroussa chemin, poursuivi par un ennemi vindicatif. Il arriva enfin en vue de la plaine où les Argonautes continuaient de tirer le navire.

Il se crut sauvé, mais tout à coup, une douleur violente lui traversa le dos, et le souffle lui manqua. Il tenta en vain de reprendre sa respiration, s'écroula à genoux, levant les bras pour appeler à l'aide. Un second coup lui transperça la poitrine et il s'effondra sur la rocaille. Au prix d'un effort surhumain, il parvint à se relever et tituba jusqu'au lac, près des chèvres. Il eut le temps d'apercevoir une silhouette au loin, puis sa vue se brouilla et il s'écroula sur le sol rocailleux.

Jason était venu avertir Canthos de se tenir prêt à partir. Il vit son compagnon s'écrouler. Hurlant pour alerter les autres, il courut jusqu'à lui. Canthos respirait difficilement. Son regard anxieux s'accrocha à celui de Jason. Il refusait de mourir. Il savait que la Toison d'or pouvait le sauver. Mais il avait déjà perdu trop de sang.

— Ce fut un plaisir et un honneur de vivre toutes ces aventures avec toi, compagnon, souffla-t-il.

Il ne put en dire plus et mourut dans les bras de Jason. Une douleur profonde broya le cœur de l'Argonaute. Il poussa un rugissement de colère. La mort de son ami réclamait vengeance.

Bientôt, les autres l'entourèrent.

— Ce sont les Garamantes! dit Kheras.

— Il faut les poursuivre et les tuer! s'écrièrent Pollux et Castor.

Mais Kheras tempéra leur détermination.

— Prenez garde. Ces montagnes sont très dangereuses.

— Ces chiens ne nous font pas peur, répliqua Jason.

— Ce ne sont pas eux qu'il faut craindre, précisa le jeune bédouin. Il rôde d'étranges créatures plus haut dans la montagne.

— Comment ça?

— Une légende raconte qu'il y a bien longtemps, le héros Persée a traversé ce pays en portant la tête de Méduse fraîchement coupée. On dit que des gouttes de son sang sont tombées sur le sable et que des monstres en sont nés. On prétend que seuls les Garamantes peuvent vivre sur leur territoire, parce qu'ils ont passé un pacte avec eux.

— À quoi ressemblent ces créatures?

— Ce sont des serpents qui rappellent ceux qui composaient la chevelure de Méduse. Leur venin est foudroyant et pétrifie celui qui est mordu. Ils ne sont pas très gros, à peine la longueur d'un bras. Mais on peut passer à côté d'eux sans les voir, car ils ont l'aspect de la roche.

— Peut-on les tuer?

— Aucune de nos armes n'est assez puissante pour cela. Ils sont aussi durs que la pierre.

— Nous ne pouvons tout de même pas laisser la mort de Canthos impunie, s'exclama Jason. Nous allons poursuivre ces maudits Garamantes.

— Alors, nous irons avec vous, répondit Kheras. Nous vous aiderons à éviter les nids de serpents-pierres. Il faut éviter les endroits où vous verrez des alignements sinueux d'éclats rocheux. C'est le résultat de la mue de ces monstres. Cela veut dire qu'ils ne sont pas loin.

Après avoir ramené le corps du malheureux Canthos, Jason laissa le navire sous la garde d'une douzaine d'Argonautes, puis se dirigea vers les montagnes avec le reste et les Bédouins. Kheras, anxieux, surveillait le sol, prêt à donner l'alerte.

Il leur fallut peu de temps pour débusquer le repaire des Garamantes. C'était un village troglodytique situé sur une plate-forme rocheuse adossée à la montagne. Dans la roche s'ouvraient une douzaine de cavernes aménagées. Sur la gauche, un précipice dominait une vallée desséchée, à la végétation clairsemée. Quelques chèvres paissaient une herbe rare, poussée au creux d'anfractuosités.

Les Garamantes, furieux de voir leur territoire investi, se ruèrent sur les Argonautes en brandissant leurs massues et en poussant des cris gutturaux. Une violente bataille s'engagea. Mais les pillards étaient loin de posséder la science du combat des Grecs. Ceux-ci, bien que deux fois moins nombreux, eurent tôt fait de mettre l'ennemi en déroute.

— Ils fuient, triompha Zétès.

En effet, les Garamantes, des plus jeunes aux plus âgés, déguerpirent devant la détermination des Argonautes, abandonnant plusieurs morts et blessés sur le terrain. Les vainqueurs se livrèrent à un sac en règle du village, délivrant au passage une vingtaine de femmes et d'enfants Bédouins, enfermés au fond d'une caverne. Cependant, une sourde inquiétude ne quittait pas Jason. Il lui semblait que les Garamantes avaient abandonné leurs grottes un peu vite.

— Hâtez-vous! dit-il à ses compagnons. Cet endroit ne me dit rien qui vaille.

Se fiant à son intuition, ils quittèrent rapidement le village, empruntant le chemin rocailleux qu'ils avaient suivi pour venir. Celui-ci s'enfonçait entre deux parois rocheuses hautes comme deux hommes. Peu désireux de rester dans cet endroit propice à un guet-apens, Jason se mit à courir. Tout à coup, devant lui, un objet étrange tomba. On eût dit un morceau de bois pétrifié. La chose inconnue demeura immobile, se fondant à la pierraille environnante. Puis elle se mit à bouger, glissant sur le sol pour se mettre à l'abri d'un rocher.

— Les serpents-pierres, souffla Kheras.

La couleur de l'animal se confondait parfaitement avec la rocaille. Mais, à présent qu'il se déplaçait, on distinguait sa tête vaguement rectangulaire, et la langue noire qui sortait de sa gueule hérissée de deux crochets.

Jason scruta les hauteurs. Il repéra immédiatement des Garamantes.

— Ils nous jettent des serpents! hurla-t-il. Protégez-vous.

Ils se mirent à courir, levant leur bouclier au-dessus de leur tête. Malheureusement, Mopsos ne fut pas assez rapide et il reçut un serpent sur les épaules. D'un geste vif, il le saisit, le projeta sur le sol, mais l'animal, furieux, parvint à le mordre au talon. Le jeune homme poussa un cri de douleur. Jason se porta à son secours. Mopsos souffrait visiblement beaucoup.

— Par les dieux, rugit Jason, nous n'avons pas emporté la Toison d'or!

Atalante et Orphée, ayant repéré l'ennemi au-dessus d'eux, armèrent leurs arcs et décochèrent flèche sur flèche, tuant plusieurs Garamantes. Les autres prirent la fuite. Mais une douzaine de serpents-pierres barraient la route des Argonautes.

— Impossible de les tuer! s'exclama Calaïs. Nos épées ne parviennent pas à les entamer.

Jason dégaina l'épée d'Héphaïstos et s'avança vers les reptiles, qui se mirent à siffler de manière menaçante. S'abritant derrière le bouclier d'airain, il leva l'épée et frappa le serpent le plus proche à la tête. Celle-ci sembla exploser sous l'impact. Un choc dur retentit sur le bouclier. Un autre reptile avait attaqué et s'était heurté au bouclier. Jason riposta et le tua, lui tranchant la tête d'un coup imparable. Il lui fallut près d'une demi-heure pour éliminer tous les serpents et libérer le passage. Malheureusement, lorsqu'il revint vers Mopsos, celui-ci avait disparu. À sa place se trouvait un bloc rocheux de forme vaguement humaine, autour duquel ses compagnons pleuraient en silence. Mopsos s'était pétrifié. Ils ne pourraient même pas incinérer son corps. Une grande tristesse envahit Jason. En ce jour, il avait perdu deux compagnons très chers.

Le chemin du retour se déroula dans un silence douloureux. Des images revenaient à l'esprit de Jason, qui lui brouillait la vue. Il ne pourrait jamais oublier le courage de Canthos, qui n'avait pas hésité à l'accompagner dans l'antre du Gardien de la Toison d'or. Comme il garderait toujours en mémoire la sagesse de Mopsos, qui les avait prévenus de la colère de Cybèle. Mopsos, qui ne parlerait jamais plus avec les oiseaux.

Après avoir célébré les funérailles de leurs compagnons, les Argonautes se remirent en route, s'évertuant à tirer leur navire sur les rouleaux, peinant encore plus dès que le terrain accusait une légère pente. Il leur fallut douze jours pour atteindre le lac Tritonis.

Un matin, ils découvrirent, au loin, un horizon verdoyant qui indiquait la présence d'eau. Calaïs et Zétès prirent leur envol pour reconnaître les lieux. À mesure qu'ils s'élevaient dans les airs, une vaste étendue d'eau se dessina, cernée par des bosquets de palmiers et d'arbustes aux fleurs multicolores. Ils repérèrent également les tentes d'autres Bédouins. Mais, aussi loin que la vue pouvait porter, ils ne virent aucune ouverture indiquant que le lac Tritonis était relié à la mer.

— Son eau est salée, pourtant, rétorqua Jason lorsqu'ils lui firent part de ce qu'ils avaient vu. Il doit bien exister un passage.

— Cela ne veut rien dire, répondit Zétès. Nous avons longé les côtes. En direction du nord, il y a de la végétation partout. On dirait un immense marécage.

Deux jours plus tard, l'*Argo* parvenait enfin sur les rives du Tritonis, au grand étonnement des indigènes, qui avaient remarqué de loin cet étrange équipage et étaient accourus en masse. Renseignés par Kheras, ils s'offrirent à aider les Argonautes à remettre le navire à l'eau.

Le lendemain, après qu'Argos eut effectué une dernière inspection, le navire retrouva l'élément liquide. Nantis d'une bonne provision d'eau douce et de vivres, les Argonautes embarquèrent et mirent le cap sur la rive nord, si éloignée qu'on la distinguait à peine.

Pendant plusieurs jours, ils errèrent ainsi le long de la rive septentrionale du Tritonis, à la recherche d'un passage. Le lac n'était guère profond dès que l'on s'approchait de la côte et l'*Argo* menaça plusieurs fois de s'échouer sur des bancs de sable. Mais il leur fallut se rendre à l'évidence : ce bras était impossible à trouver.

Au bout de quinze jours de recherche, le découragement finit par gagner Jason. Il songeait parfois à renouveler l'expérience du roulage. Les palmiers ne manquaient pas. La seule voie envisageable était une trouée située au nord, encadrée par deux chaînes de montagnes. Malheureusement, cette trouée était envahie par une végétation luxuriante, qu'il aurait fallu détruire pour pouvoir passer. C'était tout à fait impossible.

— Pourtant, les indigènes nous ont dit que ce maudit passage existait! s'écria Jason.

— Mais ils ont été incapables de nous l'indiquer avec exactitude, rétorqua Orphée.

— Peut-être n'avons-nous pas fait ce qu'il fallait. Nous avons négligé les divinités de ce lac. Nous devons leur faire des offrandes si nous voulons qu'elles se montrent clémentes.

Il se rendit dans la cabine arrière où était entreposé leur trésor de guerre. Au cours de la journée lui était revenu le souvenir des deux trépieds de bronze offerts par Néphélé de la part d'Héra, lors de leur voyage à Dodone. Peut-être le moment était-il venu de les utiliser. Il en eut la confirmation lorsqu'il ouvrit le coffre contenant les trépieds. Ceux-ci se mirent aussitôt à luire comme jamais ils ne l'avaient fait. Jason s'en empara et revint près de ses compagnons. Puis il fit préparer un autel sur lequel il exposa les trépieds.

— À présent, je fais l'offrande de ces deux objets à la divinité qui saura nous montrer comment rejoindre la mer.

Il avait à peine prononcé ces mots qu'un personnage inattendu se matérialisa dans les eaux vertes du lac. C'était un vieillard à la longue barbe parsemée d'algues vertes et noires. Il portait une couronne de corail et affichait un visage grognon. Deux magnifiques Néréides sortirent des eaux à sa suite.

— Ah, tout de même! s'exclama-t-il. Je me demandais quand tu allais enfin penser à moi! Cela fait pourtant quelques années que j'attends ta venue. Héra m'a promis ces deux trépieds si j'acceptais de t'aider.

Il s'approcha et contempla les trépieds sans quitter son air bougon.

— Hum, oui, ils sont beaux. Je reconnais là le talent d'Héphaïstos.

Il les prit en main, les examina sous tous les angles. Enfin, son visage daigna s'éclairer.

— C'est bien. Je vais vous aider.

Après avoir confié les trépieds aux Néréides, il fit signe à Jason d'embarquer. Les Argonautes obéirent immédiatement, de peur de le contrarier. Le dieu du lac les suivit à bord et se mit à fouiner partout d'un œil inquisiteur, y compris dans la cabine où s'étaient réfugiés Alceste, Médée et les enfants. Mais son aspect insolite n'impressionna pas du tout le petit Médéios qui leva vers lui des yeux plein de curiosité.

— Comment t'appelles-tu? demanda-t-il.

— Je suis le dieu Triton! répondit l'intéressé. Et toi?

— Mon nom est Médéios. Je suis le fils de Jason, qui commande l'*Argo,* répondit fièrement le petit garçon.

Il engagea une conversation animée avec le vieux bonhomme, qui le prit dans ses bras sous le regard inquiet de Médée. Tous deux revinrent ensuite sur le pont. Tenant toujours l'enfant dans ses bras, Triton indiqua à Jason la route à suivre, vers un point situé à l'ouest, dans l'axe de la trouée.

Lorsqu'ils furent arrivés sur les lieux, Jason observa :

— Nous avons déjà essayé par ici, mais les bancs de sable nous empêchent de passer.

— Et ils continueront de vous interdire le passage si je ne vous aide pas. Mais je vais tirer votre navire.

Jason crut qu'il avait mal entendu. Triton avait l'aspect d'un vieillard. Il ne voyait pas comment il serait capable de tracter l'*Argo* sur toute la longueur du passage. Amusé, le dieu eut un petit rire, puis, toujours avec l'enfant dans les bras, il sauta lestement par-dessus bord. Médéios éclata d'un rire joyeux.

— Attachez des cordes solides au bateau! clama Triton.

Ils s'exécutèrent. Le dieu marin les enroula autour de son torse. Il ordonna ensuite aux Argonautes de monter à bord, ce qu'ils firent sans discuter. Mais Triton prit Médéios, qui s'amusait beaucoup, sur ses épaules, puis commença à enfler. Il atteignit très vite la taille d'un grand arbre, mesurant deux fois la hauteur du mât. Avant qu'ils aient eu le temps de réagir, il s'enfonça dans la trouée végétale, traînant le navire derrière lui comme il l'aurait fait avec un jouet. Sur le passage du bateau, la végétation s'écartait. Il leur semblait naviguer sur une mer de feuilles. La quille raclant le fond marécageux, il fallut près d'une demi-journée au dieu Triton pour parvenir de l'autre côté de la barrière montagneuse. Bientôt, la végétation s'éclaircit et les Argonautes, qui avaient un peu attrapé la nausée, aperçurent enfin une étendue d'un bleu profond. La mer! Ils poussèrent des cris de joie. Après un dernier effort, Triton s'enfonça dans les flots et tira le navire sur l'eau. Médéios, perché sur son cou, riait aux éclats.

Le dieu remonta ensuite sur la grève et reprit une taille humaine. Rendant l'enfant à son père, il déclara d'une voix à peine audible :

— Écoute bien, Jason. Ton fils est un petit garçon très courageux. Mais veille bien sur lui. Un terrible danger le menace.

Triton huma l'air.

— Je sens… des chiens autour de lui. De redoutables chiens fantômes engendrés par la nuit.

Jason blêmit. Les paroles de Circé lui revinrent aussitôt en mémoire. Elle avait prononcé une mise en garde semblable. Se pouvait-il qu'Hécate ait retrouvé leur trace? Il s'inclina devant le dieu.

— Sois remercié de ton aide, ô Triton. Je te promets de rester sur mes gardes.

Le dieu marin poussa un dernier grognement, puis plongea sous les eaux où il disparut.

56

Talos, l'homme d'airain

L'avertissement de Triton ne cessait de hanter Jason. Il n'avait osé s'en ouvrir à Médée, pour ne pas l'inquiéter. Depuis qu'ils avaient échoué en Libye, elle se montrait encore plus amoureuse. Ses crises d'angoisse avaient disparu. Elle était persuadée qu'Hécate avait renoncé à sa vengeance.

— Sans doute pense-t-elle avoir éliminé l'*Argo* avec la tempête qu'elle a déchaînée contre nous, disait la jeune femme avec confiance.

Son enthousiasme et son amour de la vie la rendaient plus belle qu'elle ne l'avait jamais été. Elle en avait même oublié la jalousie qui l'opposait à Atalante.

Le soir, lors des escales sur les côtes de la Libye, les filles dansaient au son de la lyre d'Apollon, et c'était un spectacle dont les Argonautes ne se lassaient jamais. Seul Jason restait en éveil, ne s'éloignant jamais de Médéios et d'Eriopis.

— Tu es le plus attentif des pères, lui disait parfois Médée. Mais tu ne devrais pas trop d'inquiéter pour eux. Jamais des enfants n'auront eu autant de héros pour les protéger. Tu sais que tu peux faire confiance à Atalante. En attendant la naissance de son fils, elle veille sur eux avec encore plus de férocité que toi.

Jason ne pouvait lui dire qu'il s'était ouvert à la jeune femme de la menace qui pesait sur Médéios.

L'une des dernières escales des Argonautes devait être la Crète, où ils parvinrent par un bel après-midi. La crique où ils avaient débarqué était située non loin d'un petit village de pêcheurs nommé Kato Zakros, dans la partie orientale de l'île. Il était construit à l'intérieur des terres pour protéger les habitants des incursions de pirates. Jason s'y rendit en compagnie de quelques compagnons afin de demander aux indigènes l'autorisation de chasser sur leur territoire.

Le chef du village, Agraulos, les reçut avec réserve. Il se détendit un peu lorsqu'il apprit qu'il avait affaire aux Argonautes, dont la réputation avait atteint les rives de la Crète.

— Je me réjouis de voir de si grands héros. Pardonnez-nous notre méfiance, mais nos côtes sont souvent la cible d'attaques de pirates. Bien entendu, vous pouvez chasser et prendre de l'eau douce à nos sources. Cependant, je vous conseille de ne pas vous attarder.

Jason décela une crainte dans la voix d'Agraulos.

— Je te promets qu'aucun de nous ne vous fera de tort.

— Je le crois, Jason. Mais c'est vous qui êtes en danger.

— Pourquoi?

— Le roi Minos, qui règne sur cette île, a conclu une alliance avec le dernier des hommes d'airain, un être féroce nommé Talos. Il est haut comme dix hommes, et invulnérable. Minos l'a chargé de détruire les navires étrangers qui tenteraient de s'en approcher. Seuls les bateaux crétois peuvent aborder. Il projette des rochers énormes sur les autres. Il lui faut une semaine pour faire le tour de l'île. Il devrait être de retour ici dans deux jours.

— Nous essaierons d'être repartis avant. Mais cela nous laisse peu de temps.

Agraulos soupira.

— Croyez-moi, il vaut mieux éviter ce monstre. J'étais à Cnossos lorsque les Sardes ont tenté de nous envahir, il y a quelques années. Nous n'avons pas eu à combattre. Talos s'est chargé à lui seul de les anéantir. Lorsque les navires ennemis se sont approchés, il s'est plongé dans un grand feu qu'il avait lui-même allumé. Le métal dont il est fabriqué a été chauffé au rouge. Il a marché ensuite contre les Sardes, qu'il a pris dans ses bras par dizaines pour les serrer contre son torse incandescent. J'entends encore les hurlements d'agonie de ces malheureux. Bien sûr, c'étaient des ennemis, mais ils sont morts d'une bien horrible façon. Mes compagnons et moi-même étions pétrifiés. Ce qui restait des Sardes n'était pas beau à voir. Pas un n'a survécu. Je revois encore le visage en feu de ce démon de bronze. Il s'échappait de sa bouche immense un rire effrayant, car il prend plaisir à massacrer. Il est censé nous protéger, mais nous le redoutons, car il a aussi pour tâche de visiter chacune des quatre-vingt-dix cités crétoises pour y lire les lois imposées par Minos. Tous nous devons nous y soumettre, sous peine de provoquer la colère du roi, qui déchaîne alors Talos sur nous. Certains villages ont été ravagés parce que certains de leurs habitants avaient osé se révolter.

Lorsqu'il revint au navire, Jason avait peine à masquer son inquiétude. Celle-ci s'accentua lorsqu'Argos lui dit :

— Le navire a subi une avarie au cours de l'échouage. Il y a une voie d'eau dans la coque. Ce n'est pas très grave, mais nous ne pourrons pas reprendre la mer avant cinq à six jours.

Jason lui expliqua alors le danger qu'ils encouraient avec Talos. Argos répondit :

— Je ne peux rien faire, Jason. Le bateau ne peut pas naviguer. Si nous remontons à bord, il nous faudra moins de deux heures pour couler.

— Que pouvons-nous faire dans ce cas?

— Je ne sais pas. Peut-être est-il possible de raisonner ce Talos… Nous ne sommes pas ennemis de la Crète.

Le soir même, il exposa la situation à ses compagnons. Ils tombèrent d'accord sur le fait qu'il serait très difficile de composer avec ce monstre qui se réjouissait de lutter contre des adversaires n'ayant aucune chance de le vaincre. Ils en conclurent qu'ils devaient se préparer au combat. Mais comment triompher d'un être réputé invulnérable?

L'un d'eux, un berger thessalien du nom de Poeas, leva la main.

— Il y a peut-être une chance de le tuer, dit-il. Mon grand-père m'a raconté autrefois une légende concernant les hommes de la race d'airain. Il est vrai qu'ils étaient invulnérables et qu'ils vivaient beaucoup plus longtemps que nous. Cependant, ils avaient un point faible : les chevilles. On dit qu'ils ne possédaient qu'une seule veine reliant cette cheville à leur cœur et à leur cerveau, et que leur sang est blanc comme du lait. Si nous parvenions à le frapper au talon avec une flèche puissante, peut-être en mourrait-il.

— Mais par quel moyen percer une peau de métal? objecta Jason.

Médée intervint.

— Je peux vous aider, dit-elle. Je sais fabriquer un liquide empoisonné qui ronge jusqu'aux métaux les plus résistants. Cependant, il faudra s'approcher assez près de Talos pour lui décocher une flèche de grande taille, qui répandra le venin. Cela sera très dangereux.

— Je le ferai! s'écria aussitôt Atalante.

Jason lui jeta un regard embarrassé. Il savait qu'il ne pourrait pas lui faire changer d'avis si elle avait décidé d'affronter le géant de métal. Ce fut Médée qui répondit :

— Nous connaissons tous tes qualités d'archère, Atalante. Tu es certainement la meilleure d'entre nous. Mais tu n'es pas en état de combattre ce monstre actuellement. N'oublie pas que tu portes l'enfant de Méléagre. Tu n'as pas le droit de le mettre en danger. Surtout qu'il faut plus de force que d'adresse pour cette mission. Nous devrons fabriquer un arc de dimensions inhabituelles pour abattre Talos.

Elle se tourna vers le berger.

— Après Atalante, tu es le plus adroit des archers, Poeas, et tu es plus puissant qu'elle. Tu es sans doute celui qui a le plus de chance de réussir.

— J'accepte, dit-il simplement.

Tout le monde appréciait Poeas. C'était un colosse doux et effacé, une force de la nature qui aimait les animaux et qui prenait un soin jaloux des chèvres que l'on élevait à bord pour leur lait. Il bénéficiait aussi d'une adresse surprenante au tir à l'arc, art guerrier dans lequel seule Atalante et Héraclès pouvaient le surpasser.

La journée suivante fut occupée à la fabrication de l'arc géant et du liquide empoisonné. Il avait été convenu, malgré tout, de tenter d'éviter le combat avec Talos, et Jason devait entamer des négociations avec lui dès qu'il apparaîtrait.

Au matin, les Argonautes furent réveillés par un bruit sourd et régulier en provenance de l'ouest. Jason bondit hors de sa tente et s'avança en direction de la source du vacarme. Sous ses pieds, le sol vibrait au rythme des pas d'une créature monstrueuse qu'il ne voyait pas encore. Soudain, elle apparut, plus grande encore que les arbres qui bordaient la côte, pins et chênes kermès. Agraulos n'avait pas menti : il devait bien dépasser la hauteur de dix hommes. Il possédait pour toute arme une lance aussi longue que l'*Argo*. Ses yeux, larges comme des boucliers, étaient entièrement noirs, sans âme. De sa hauteur, il ne fut pas long à repérer le navire. À grandes enjambées, il s'avança dans sa direction, faisant trembler le socle rocheux à chaque pas. Courageusement, Jason se porta au-devant lui et leva la main.

— Je te salue, Talos! dit-il.

Le monstre s'arrêta, baissa la tête et rugit d'une voix ressemblant au grondement du vent dans une caverne :

— Qui es-tu pour oser m'aborder ainsi?

— Mon nom est Jason, fils d'Æson. Je commande le navire *Argo,* que tu vois là. Nous avons fait escale hier et les habitants nous ont accordé l'autorisation de chasser et de prendre de l'eau à leur source.

La face métallique et sombre de l'homme de bronze s'éclaira d'un sourire mauvais.

— Ils n'ont aucun droit d'accorder la moindre permission. Ici, c'est moi qui décide qui doit vivre et qui doit périr. Vous êtes des étrangers, donc des ennemis. Vous n'avez rien à faire en Crète, et vous allez regretter d'avoir abordé.

Jason comprit qu'il était inutile d'essayer de faire entendre raison à ce monstre. Le jeune homme jeta un coup d'œil en direction du bosquet proche, situé sur la droite de Talos, où Poeas s'était précipité sitôt que l'on avait entendu son pas lourd. Jason estima qu'il n'avait pas encore eu le temps de prendre position. Il redouta que le géant de métal ne saisît un rocher et ne le lançât sur l'*Argo*. Mais, au grand étonnement des Argonautes, il tourna les talons et s'en fut de son allure pesante. Intrigués, Jason et quelques compagnons le suivirent, se dissimulant derrière les arbres. Talos s'arrêta au beau milieu d'une clairière. En quelques instants, de ses mains gigantesques, il arracha de grands chênes comme s'il s'était agi de mauvaises herbes et les entassa. Puis il frappa deux énormes silex l'un contre l'autre et alluma le bûcher. Sous son souffle puissant, les troncs d'arbre s'embrasèrent, et bientôt un feu impressionnant s'éleva, presque aussi haut que le monstre de bronze. Stupéfaits, les Argonautes virent alors Talos s'avancer dans le brasier et s'y asseoir en poussant un rugissement effrayant. Peu à peu, sa peau de métal chauffa, commença à rougir.

Jason et ses compagnons regagnèrent l'*Argo* au pas de course, impressionnés par ce qu'ils venaient de voir. Par précaution, il ordonna aux femmes de fuir en direction du village de pêcheurs avec les enfants. Peut-être les accueilleraient-ils s'ils ne parvenaient pas à vaincre l'homme de bronze. Mais Médée tint à rester près de Jason.

— S'il doit te tuer, dit-elle, je veux partager ton sort.

Il savait qu'il ne pourrait lui faire changer d'avis.

Derrière lui, les Argonautes prirent position, en ligne, devant le navire. Jason adressa une supplique muette à Héra, Athéna,

Apollon et Aphrodite afin qu'ils ne les abandonnent pas. Leur seul espoir reposait désormais sur Poeas.

Après deux heures d'une attente angoissante, les Argonautes entendirent un grondement formidable. Puis ils virent une silhouette colossale marcher dans leur direction depuis le cœur de la forêt. Le métal de l'homme de bronze était devenu incandescent et rougeoyait dans l'air pur de midi. Sa démarche en était devenue saccadée, comme s'il s'était enivré. Les arbres qu'il effleurait s'embrasaient les uns après les autres. L'incendie s'étendit rapidement à toute la forêt.

Il ne lui fallut guère de temps pour se retrouver face aux Argonautes. Ceux-ci s'apprêtaient à vendre chèrement leur vie quand tout à coup, le monstre s'arrêta, le regard fixé sur Médée. Ses énormes yeux noirs luisaient intensément, comme rendus liquides par la chaleur. Talos paraissait fasciné par la beauté de la jeune femme. Son souffle effrayant projetait une haleine brûlante sur les Argonautes. Jason jeta un coup d'œil discret en direction du bosquet dans lequel Poeas s'était posté. Les arbres avaient déjà pris feu et il redouta que le jeune homme ne se retrouvât prisonnier de l'incendie. Mais soudain, il le vit avancer de son pas calme et décidé, à quelques mètres derrière Talos. Si celui-ci l'apercevait, il pouvait l'écraser d'un coup de son talon incandescent. Mais le monstre ne quittait pas Médée des yeux.

Son hésitation lui fut fatale. Poeas plongea la pointe d'airain de la grande flèche dans le poison et banda son arc avec détermination. Jason ferma les yeux. Pourvu que la légende fût vraie...

Le trait siffla, se ficha dans la cheville du géant. L'homme de bronze poussa un grondement épouvantable et se retourna. Il était déjà trop tard, Poeas s'était enfui à toutes jambes. Jason craignit de voir Talos marcher sur eux. Même blessé, il était dangereux. Mais le monstre ne pouvait plus bouger. Il lâcha son énorme lance qui percuta le sol en soulevant un geyser de sable et de poussière incandescente. Le cœur broyé par l'angoisse, les Argonautes reculèrent. La créature se tenait la jambe en poussant des cris effroyables. Jason vit alors un liquide blanchâtre et fumant s'écouler de la blessure, tandis qu'une odeur nauséabonde de métal en fusion se répandait dans l'air. Enfin, après un dernier râle qui réveilla les échos des montagnes de l'ouest, Talos s'effondra, liquéfiant le sable et la roche à l'endroit où il s'était écroulé.

Les Argonautes mirent plusieurs secondes avant de comprendre qu'ils avaient réussi à vaincre le démon. Puis un formidable cri de victoire jaillit de leurs poitrines.

Plus tard, les pêcheurs, incrédules, vinrent contempler la créature vaincue, dont les membres s'étaient désagrégés sous l'effet de la chaleur. La vie l'ayant fui, il ne restait plus de Talos qu'une immense carcasse de métal noirci, dont émanait une puanteur due au liquide qui s'était échappé de son corps.

On fit un triomphe à Poeas le berger. Celui-ci, aussi modeste qu'à son habitude, accueillit les acclamations de ses amis avec calme. Il n'avait pas l'impression, quant à lui, d'avoir accompli un acte héroïque. Il n'avait eu qu'à tirer une flèche. Et, comme il le dit, elle n'aurait eu aucun effet si Médée n'avait pas fabriqué son poison.

Après avoir fêté la mort de Talos avec les Crétois, soulagés d'être débarrassés de lui, les Argonautes reprirent enfin la mer. Après cette nouvelle victoire, ils étaient sûrs que plus rien ne les empêcherait désormais de gagner Iolcos sans encombre.

Ce en quoi ils se trompaient.

57

La traversée du Néant

Ils avaient dépassé la Crète et naviguaient en direction de l'archipel des Sporades du sud lorsque le phénomène se produisit. Une bonne brise gonflait la nouvelle voile que les Argonautes avaient fait fabriquer à Kato Zakros. L'*Argo* filait à bonne allure, fendant les flots d'une mer bleue dominée par un ciel dégagé, pratiquement sans nuages.

Tout à coup, alors que l'on était au beau milieu de la journée, la lumière décrut rapidement. Dans un silence absolu, et sans aucune raison, le jour disparut pour laisser la place aux ténèbres.

— Par les dieux, que nous arrive-t-il? s'écria Jason.

Puis il porta la main à sa bouche, sa voix était curieusement déformée, étouffée, comme s'il n'avait plus de souffle. Autour d'eux, les vagues s'étaient subitement calmées. La brise fraîche avait disparu. Saisis par l'angoisse, les Argonautes avaient cessé de ramer. On alluma les fanaux de l'*Argo*, qui diffusèrent une lueur fumeuse et jaunâtre.

— Ce n'est pas possible, gémit Caenée le Lapithe. Serait-ce la fin du monde? Sommes-nous morts sans nous en rendre compte?

Jason saisit l'une des lampes et se pencha par-dessus bord. Il distinguait à peine l'eau, aussi lisse qu'un miroir noir. Comment la nuit pouvait-elle tomber d'un coup en plein jour? Si c'était bien la nuit…

— Il n'y a pas d'étoiles, murmura la voix d'Orphée à ses côtés.

Jason leva les yeux... et douta de ce qu'il découvrit. Le ciel était totalement vide. Un ciel d'un noir complet, un ciel sans âme. Une angoisse totale s'empara de lui.

Il faisait tellement sombre qu'ils parvenaient à peine à se voir. De la proue où il se trouvait, Jason ne distinguait pas l'arrière du navire. De même, les conversations, les exclamations d'incrédulité ou de terreur de ses compagnons lui parvenaient comme au travers d'une tenture épaisse. Le monde, la mer, le soleil, les étoiles, tout avait disparu, comme s'ils se retrouvaient plongés au cœur du néant.

Désemparé, Jason gagna la poupe où se tenaient les femmes et les enfants. Le visage d'Atalante trahissait la détresse. Elle était prête à se battre contre n'importe quel ennemi, mais comment lutter contre une telle chose? Médée était livide. Autour d'elle, ses esclaves se serraient les unes contre les autres, le visage marqué par une panique sans nom.

— Je ne sais pas ce qui se passe, Jason, souffla Médée d'une voix à peine audible, comme si elle craignait d'être entendue. Ma magie est impuissante contre ça. Jamais je n'ai entendu parler d'un tel phénomène.

Elle se mit à pleurer. Jason la prit dans ses bras et l'embrassa pour la rassurer. Puis il serra ses enfants contre lui. Pour la première fois, Médéios l'intrépide s'était mis à trembler.

Pendant plusieurs minutes, ils redoutèrent de voir des cohortes de démons surgir autour du navire, mais il ne se passa rien. Rien qu'un silence effrayant, absolu. Plusieurs heures s'écoulèrent ainsi, si tant est qu'ils pouvaient encore évaluer la course du temps. Les ténèbres enveloppaient l'*Argo* tel un linceul noir à la dimension du monde. Les rameurs avaient replongé leurs avirons dans l'eau. Ils avaient constaté qu'ils pouvaient naviguer. Mais vers où se diriger? Il n'existait plus aucun repère. Ils finirent par abandonner.

Livrés au désœuvrement, leurs peurs les plus secrètes, enfouies au plus profond de leur mémoire, remontèrent à la surface. Malgré leur courage, leur volonté, une terreur irrationnelle s'empara d'eux peu à peu, comme si leurs plus épouvantables cauchemars allaient prendre forme. Tout à coup, Jason éprouva la sensation d'une présence, une entité invisible qui enveloppait le navire. Un hurlement effrayant déchira le silence oppressant. Jason, qui était revenu à la proue, se rendit compte que le cri avait été poussé par Médée. Il courut la rejoindre. Elle paraissait en proie à une terreur sans nom.

— Hécate! J'ai senti sa présence, Jason, gémit-elle d'une voix transie par l'angoisse. J'ai eu l'impression qu'elle pénétrait en moi. C'était effrayant, comme une onde glacée qui m'imprégnait. Le souffle de la mort.

Elle tremblait comme une feuille. Jason la reprit contre lui et rugit :

— Mais enfin, où sommes-nous?

Admète apparut près de lui.

— Nous devons implorer l'aide d'Apollon. Il est le dieu de la lumière. Il nous aidera.

L'instant d'après, tous adressaient de ferventes prières au dieu du soleil. Mais il ne se passa rien pendant un temps qui leur parut interminable. Puis, peut-être après des heures, alors qu'ils commençaient à perdre tout espoir, une lueur brillante apparut au loin, sur la droite du navire.

— Apollon a entendu notre appel, s'exclama Admète.

Ils se mirent à ramer avec ardeur en direction de la lumière. Peu à peu, celle-ci se rapprocha. Et soudain, en quelques instants, le monde se déploya de nouveau autour de l'*Argo* comme une draperie étincelante. Ils retrouvèrent la mer telle qu'elle était avant la tombée de ces ténèbres angoissantes.

— Regardez le soleil! s'exclama Orphée. Il n'a pas changé de place.

Cela voulait dire que ce qui leur avait semblé des heures n'avait duré en réalité que quelques secondes.

— Mais que s'est-il passé? répétait Jason, abasourdi.

La brise du sud soufflait de nouveau, les vagues s'étaient reformées, et les flots avaient retrouvé leur teinte d'un bleu profond, frangée d'écume. Des lames puissantes et chargées d'embruns venaient exploser sur l'étrave de l'*Argo,* les éclaboussant de fines gouttelettes d'eau salée et iodée. Les Argonautes poussèrent de grands cris de soulagement et adressèrent de vifs remerciements à Apollon.

Devant eux s'étalait le rivage d'une île magnifique, vers laquelle le dieu du soleil les avait guidés. Ils échouèrent en fin d'après-midi sur une plage accueillante. À peu de distance se dressait une petite ville dont les habitants, après un moment d'inquiétude, les reçurent avec chaleur.

— Vous êtes ici dans l'île d'Anaphé, déclara le roi, Dexaménos, qui leur offrit l'hospitalité.

Leur premier soin fut d'élever un autel à la gloire d'Apollon et de lui faire des sacrifices. Mais ils n'avaient aucun animal à offrir, la dernière de leurs chèvres étant morte peu après leur départ de Crète. Ils durent se contenter de verser l'eau d'une source sur les tisons. Ce qui déclencha les rires des servantes de Médée. Menées par Hélicé, celles-ci entamèrent une danse suggestive et sensuelle autour du foyer pour honorer le dieu. Les Argonautes, amusés, se mirent à rire et à danser avec elles, puis engagèrent une joute amoureuse qui ravit les habitants de l'île. Pour célébrer le passage des Argonautes dans son île, Dexaménos décida que cette pratique charmante deviendrait une coutume des fêtes d'automne d'Anaphé.

Lorsque les Argonautes quittèrent l'île, la bonne humeur régnait sur le navire. Les habitants leur avaient offert un nouveau troupeau de chèvres, ainsi que des fruits et des jarres de vin.

Après Anaphé, l'*Argo* se dirigea vers la Thessalie sans encombre. Le premier jour, Jason et ses compagnons redoutèrent un peu que les ténèbres ne s'abattissent de nouveau sur eux. Mais il ne se passa rien.

La perspective d'être bientôt de retour donnait des forces supplémentaires aux Argonautes, qui ramaient avec vigueur.

Seul Jason affichait un visage préoccupé. L'attitude de Médée avait changé depuis leur plongée dans les ténèbres. Il la sentait différente, plus froide avec les autres. Elle manquait de patience avec ses deux enfants, et, le plus souvent, c'était Atalante qui s'occupait d'eux. Jason avait l'impression de retrouver la Médée insaisissable qui avait tué son frère Apsyrtos dans un moment de folie. Elle lui avait dit, lorsque la nuit s'était abattue sur eux en plein jour, qu'elle avait ressenti la présence d'Hécate. Il vivait depuis dans la crainte qu'un nouvel accès de folie ne la frappât.

Cependant, à mesure qu'ils approchaient d'Iolcos, Médée parut se calmer, et elle finit par retrouver un comportement plus normal. Mais quelque chose s'était brisé dans le cœur et l'esprit de Jason. Malgré la passion qu'elle apportait à leurs relations, il n'éprouvait plus pour elle cet amour ardent qui l'avait brûlé dès le premier instant où il l'avait aperçue, à Aea. Il détestait sa réaction. Mais comment nier l'évolution de ses sentiments? Parfois, il éprouvait le sentiment d'être face à une étrangère.

Sur la route de la Thessalie, l'*Argo* fit différentes escales afin de débarquer les Argonautes dans leurs cités respectives. Chaque départ était l'occasion de festivités et de serments d'amitié, de promesses, d'autres voyages, d'autres aventures. Les souverains des villes concernées accueillaient les Argonautes en héros dans leur palais et se faisaient raconter leurs exploits. Ainsi l'*Argo* visita-t-il Égine, Nauplie, Mycènes, Éleusis, la ville de la déesse Déméter, Athènes, où régnait le grand Thésée, puis ce fut Chalcis et enfin Thèbes, où le roi Créon leur réserva un accueil des plus chaleureux. Il organisa de somptueuses réceptions pour célébrer leur victoire. En tant que voisin d'Iolcos, il connaissait l'enjeu de l'exploit accompli par les Argonautes. Jason rapportait la mystérieuse Toison d'or, symbole de la puissance des rois d'Iolcos. Il était donc, dans l'esprit de Créon, le futur souverain de la cité, et il était important de nouer avec lui des relations d'amitié et une alliance solide. Ce qui ne fut pas difficile pour les deux hommes. Tous deux s'appréciaient. Créon avait la réputation d'un monarque épris de sagesse, qui aimait aussi les plaisirs de la vie. Son caractère heureux et son amour de la justice en faisaient un souverain aimé et respecté de ses sujets.

À ses côtés vivait encore sa plus jeune fille, Danaé, qui était âgée de dix-sept ans. D'une beauté fraîche et empreinte de sensualité, la jeune Danaé attirait le regard des hommes. Jason lui-même ne pouvait s'empêcher de l'admirer, malgré la présence de Médée à ses côtés.

Un soir, il dut essuyer une terrible scène de jalousie de la part de son épouse, qui assimilait les regards discrets qu'il avait adressés à Danaé à une impardonnable trahison. Il aurait voulu lui dire qu'elle se trompait, qu'elle seule comptait pour lui, mais il détestait le mensonge et il ne put qu'opposer un silence glacial aux reproches de Médée.

La nuit suivante, pour échapper à une nouvelle dispute, il quitta la chambre et s'en fut marcher dans les jardins du palais. De violents remords le taraudaient. Il ne comprenait pas ce qui se passait. Sa mémoire cultivait toujours d'innombrables souvenirs lui rappelant l'amour et la tendresse qu'il avait éprouvés pour Médée : leur bataille commune contre le Gardien de la Toison, leurs combats, leurs étreintes fougueuses, la naissance de leurs enfants, les trois années de bonheur tranquille partagées à Drépane, leur traversée de Charybde et Scylla, leur expédition involontaire au cœur du désert de Libye. Et leur lutte contre le terrible Talos. Ils s'étaient soutenus, leurs mains s'étaient soudées, et il passait alors dans ce contact une chaleur, une tendresse, une complicité fabuleuse.

Mais tout cela avait disparu. S'il voulait être honnête avec lui-même, il devait accepter l'incompréhensible vérité : il n'aimait plus Médée. Plus exactement, il aimait encore celle qu'elle avait été au cours de ce voyage extraordinaire. Mais il n'aimait pas celle qu'elle était devenue depuis quelque temps. En vérité, depuis que les ténèbres les avaient enveloppés de leur chape de néant. Elle avait subi à ce moment-là une épreuve effroyable. Il aurait dû la soutenir, l'aimer encore davantage pour l'aider à chasser les démons qui la hantaient. Mais il s'en sentait incapable.

Il devait reconnaître qu'il éprouvait une attirance irrésistible pour la beauté fraîche de la jeune Danaé.

L'*Argo* quitta Thèbes deux jours plus tard. La plupart des Argonautes avaient regagné leur cité, et de nouveaux marins les avaient remplacés pour le retour à Iolcos. Aux côtés de Jason restaient son inséparable Atalante, dont le ventre commençait sérieusement à s'arrondir, Argos, les fils de Borée, Calaïs et Zétès, les Myrmidons Pélée et Télamon, Échéion le héraut, Amphiaros le devin et, bien sûr, Admète de Phères et son épouse, la douce et courageuse Alceste, heureuse à la perspective de revoir sa famille.

Un matin, l'*Argo* pénétra dans la baie d'Iolcos. Il ne restait plus que deux ou trois jours de navigation avant d'atteindre la capitale de Thessalie. Cependant, Jason ne ressentait pas la satisfaction à laquelle il s'attendait. Un malaise s'était emparé de lui, qui s'amplifiait à mesure qu'il approchait de la cité. Il mit cette inquiétude sur le compte de son attitude vis-à-vis de Médée. Lorsqu'Amphiaros vint le trouver, il comprit qu'il y avait autre chose.

— J'ai interrogé les oracles d'Athènes, d'Éleusis et de Thèbes, Jason. Je ne voulais pas t'en parler avant parce que je ne voulais pas croire ce que j'ai appris. Mais je dois t'en faire part avant que nous n'arrivions à Iolcos : de grands bouleversements se préparent, qui t'apporteront de nouvelles épreuves, plus terribles encore que celles que tu as traversées. Je crois... qu'il serait prudent de ne pas débarquer dans la capitale, mais dans une baie un peu éloignée.

— J'y ai pensé également. Il est possible que Pélias refuse, malgré notre victoire, de me rendre mon trône.

— Il n'en a jamais eu l'intention. Et son attitude aura des conséquences funestes.

58

Le parjure de Pélias

Jason suivit les conseils d'Amphiaros. À présent qu'il détenait la Toison d'or, rien, pas même la crainte de la colère d'Héra, n'empêcherait Pélias de s'en emparer sitôt qu'il aurait pénétré dans l'enceinte du palais. Il valait mieux se montrer prudent et, dans un premier temps, se rendre à Iolcos sans elle.

L'*Argo* accosta donc dans une petite baie située à l'ouest de la capitale, près d'un village de pêcheurs dont les habitants restèrent pétrifiés en reconnaissant Jason et ses compagnons. Depuis cinq années qu'ils avaient quitté la Thessalie, on les croyait morts, comme les autres héros partis bien avant eux pour la Colchide. Le chef du village s'approcha, tremblant de tous ses membres, à la fois de joie et de peur. Il redoutait d'avoir affaire à des spectres.

— Est-ce bien toi, seigneur? demanda-t-il.

— Bien sûr, nous ne sommes pas des fantômes, répondit Jason avec un grand rire. Vous aurez bientôt un nouveau roi. Je rapporte la Toison d'or, et l'âme de Phryxos a enfin trouvé le repos. J'ai hâte de revoir mes parents. Dis-moi comment vont toutes choses à Iolcos?

Le visage du vieil homme s'assombrit.

— Hélas, seigneur. Je n'ai pas que de bonnes nouvelles. Tes parents… sont morts il y a deux ans, ainsi que ton jeune frère Promachos.

Le cœur de Jason se serra.

— Comment est-ce arrivé?

— On dit qu'ils ont été victimes d'un accident. Un incendie s'est déclaré dans leurs appartements. Ils ont péri. Le roi leur a fait de magnifiques funérailles. Mais certains murmurent que cet incendie ne s'est pas allumé seul, et que Pélias pourrait en être à l'origine. Bien sûr, il n'y a aucune preuve, mais, après ton départ, il s'est vanté à plusieurs reprises d'être débarrassé de toi pour toujours. Il était sûr que tu ne reviendrais jamais.

— En cela, il se trompait, gronda Jason, les poings serrés.

Le vieux pêcheur se lamenta :

— Jamais la vie n'a été aussi dure à Iolcos, seigneur. Les récoltes sont de plus en plus mauvaises et la famine menace sans cesse. Cela n'empêche pas Pélias de conserver la nourriture pour ses guerriers et de nous écraser d'impôts et de taxes. Nous avions placé un grand espoir en toi. Hélas, avec le temps, nous avions fini par croire que tu avais péri. Mais aujourd'hui, tout est différent, puisque tu es là.

Pour un peu, le vieil homme se serait mis à pleurer. À travers ses paroles, Jason comprit que la population se rangerait derrière lui. Il lui semblait évident à présent que Pélias ne tiendrait pas ses engagements. Afin d'en avoir le cœur net, Jason se rendit dans la capitale dès le lendemain, en compagnie d'Atalante, Amphiaros, Pélée, Télamon, Admète et Alceste.

Dès qu'ils arrivèrent aux portes de la cité, un attroupement se forma, comme la veille dans le village de pêcheurs. L'attroupement devint bientôt une foule compacte. On les avait reconnus, et l'on voulait connaître leurs aventures. Ils répondirent tant bien que mal tout en se frayant un chemin en direction du palais. Les Iolciens apprirent ainsi que les Argonautes avaient rapporté la fameuse Toison d'or, qui faisait de Jason le roi légitime de la cité. On se mit à l'acclamer, à hurler son nom. Le jeune homme écarta les bras pour calmer les esprits et déclara qu'il devait avant tout rencontrer Pélias.

Face à une telle émeute, l'armée se porta au-devant de Jason et de ses compagnons, et les escorta jusqu'à la salle du trône où

Pélias les attendait, le visage fermé. Cependant, son regard s'éclaira lorsqu'il aperçut Alceste. Près du roi se tenait Acaste, qui les toisa avec une moue dédaigneuse.

— Ainsi, tu es revenu, Jason, dit Pélias d'une voix où transparaissait sa rancœur. On dit que tu as rapporté la Toison d'or. Pourtant, je ne la vois pas. Où est-elle?

— En sécurité, seigneur. Je me doutais de l'accueil que nous recevrions de la part des Iolciens et je craignais qu'elle ne fût abîmée. C'est pourquoi je l'ai laissée sous la garde de mes amis.

Jason respira profondément, puis demanda :

— Où sont mes parents?

Pélias eut un air embarrassé.

— Je… j'ai une mauvaise nouvelle à t'annoncer, Jason. Tes parents sont morts.

Le jeune homme pâlit.

— On me l'a dit, mais je voulais l'entendre de ta bouche.

Pélias secoua lentement la tête.

— Ce fut un accident. Jamais je n'aurais tué mon frère. D'ailleurs, les dieux ne m'ont pas frappé de leur vengeance. Les Furies ne se sont pas acharnées contre moi pour me punir. Crois-moi, Jason, je n'y suis pour rien.

Jason observa longuement le roi. Sans doute disait-il la vérité. Mais il subsistait un doute dans son esprit. Une chape de plomb s'était abattue sur la salle du trône. La tension était presque palpable. Enfin, Jason parla :

— Tiendras-tu ta promesse, Pélias? En tant que possesseur de la Toison d'or, je suis l'héritier légitime du royaume d'Iolcos. Me céderas-tu ce trône, comme tu t'y étais engagé lorsque tu m'as laissé partir en Colchide?

Un nouveau silence s'installa. Pélias s'agitait sur son siège, en proie à une colère grandissante. Jamais il n'avait cru à un retour possible de son neveu. Mais celui-ci l'avait pris en défaut en triomphant de toutes les épreuves. Et, comme son père, il bénéficiait déjà de l'amour du peuple. Cet amour dont lui-même n'avait jamais été l'objet. D'une voix chargée de défi et de haine, il répondit :

— Non! Je ne te le céderai pas. Ce trône est à moi depuis bientôt vingt-cinq ans. Crois-tu que j'accepterais de l'abandonner aussi facilement? Si tu veux le prendre, il faudra me tuer d'abord.

Il se leva brusquement de son siège, pointa le doigt sur Jason, et ajouta :

— Mais ne pense pas que ce sera facile. L'armée que je commande est autrement plus puissante que ta petite assemblée de héros.

— Père! intervint Alceste. Tu avais donné ta parole…

Il se tourna vers elle, furieux.

— Silence, ma fille! Il est de ton devoir de m'obéir et de me soutenir. N'oublie pas que j'ai le droit, en tant que père, de briser ton mariage et d'exiger que tu reviennes vivre auprès de moi!

Admète blêmit. Alceste lui prit la main, atterrée.

— Quant à toi, Jason, je t'ordonne de m'apporter la Toison d'or. Je suis toujours le roi de cette cité et chacun doit m'y obéir, toi y compris.

— Et si je refuse?

— Alors, je la reprendrai moi-même.

— Je doute que tu y parviennes, répliqua Jason. Mes compagnons ont ordre de brûler la Toison s'il m'arrive quoi que ce soit. Il n'y aura ainsi plus jamais de roi légitime à Iolcos. Quant à toi, tu devras expliquer à ton peuple pour quelles raisons tu t'es parjuré. Si j'en juge par l'accueil qu'il m'a réservé tout à l'heure, je ne pense pas qu'il acceptera tes justifications sans réagir.

— Je saurai bien lui faire comprendre qui est le maître d'Iolcos! rugit Pélias.

Jason comprit qu'il ne servait à rien de tenter de négocier. Son oncle ne céderait pas. Il fallait avant tout éviter une émeute qui aurait provoqué la mort de nombreux innocents.

— C'est bien, répondit Jason. Je vais regagner l'*Argo*.

— Hâte-toi de rapporter la Toison d'or. Elle appartient à Iolcos. Sinon, crains ma vengeance. Je te ferai traquer comme un chien.

Deux heures plus tard, Jason et ses compagnons étaient de retour au navire. Découragé, il expliqua aux autres l'accueil hostile de Pélias.

— Je ne veux pas provoquer un soulèvement de la population, soupira-t-il. Après tout, les dieux le veulent peut-être ainsi.

Médée s'insurgea :

— Et tu vas renoncer au trône sans te battre?

— Je ne veux pas voir mes compagnons mourir pour satisfaire mes ambitions. Je vais repartir et patienter. Pélias est âgé. Lorsqu'il mourra, un nouveau roi sera choisi. Je reviendrai à ce moment-là.

— Mais Iolcos t'appartient! insista la jeune femme. Tu dois la prendre, par la force s'il le faut.

— Iolcos appartient à ses habitants.

— Les Iolciens t'ont choisi pour roi. Tu ne dois pas les décevoir.

— Je ne veux pas commencer mon règne par un bain de sang, riposta-t-il. De plus, que puis-je faire contre une armée entière?

Médée ne répondit pas immédiatement. Puis elle releva la tête d'un air de défi. Jamais son regard n'avait été aussi brûlant, aussi intense. La volonté qui s'en dégageait impressionna Jason. Pourtant, il ne ressentait plus en lui la petite flamme joyeuse qui brûlait avant. Et il y avait dans la démarche de Médée une sorte de désespoir. Il savait qu'elle ressentait son indifférence.

— Écoute-moi bien, Jason. Je sais comment convaincre Pélias de te céder le trône. Je vais me rendre à Iolcos et je lui parlerai. Lorsque je reviendrai, tu seras roi de cette cité.

— Je ne peux pas te laisser aller là-bas, Médée. C'est beaucoup trop dangereux.

— Souviens-toi que je dispose d'une arme très puissante : la magie.

Elle lui adressa un sourire inquiétant et ajouta :

— Fais-moi confiance, Jason! Tu me devras ton règne!

59

Le stratagème de Médée

Jason aurait voulu interdire à Médée de partir. Il savait que son initiative allait engendrer le malheur et la destruction. Mais une force supérieure l'empêcha de parler. Une angoisse insidieuse s'empara de lui. Médée n'était plus celle qu'il avait connue et aimée. Ce n'était pas non plus la jeune femme apeurée qui avait tué son frère dans un accès de folie. Au cours de cette traversée des ténèbres, quelque chose l'avait métamorphosée. Ou bien révélait-elle son vrai visage? Alors, avait-il été aveugle? Se pouvait-il qu'elle lui ait joué une comédie pendant toutes ces années?

La puissance de sa volonté était telle qu'il ne se sentait pas la force de s'opposer à elle. Curieusement, ce n'était pas pour elle qu'il s'inquiétait, mais bien pour la ville elle-même, et, paradoxalement, pour Pélias. Il aurait dû le haïr, se réjouir à l'idée qu'il allait devoir affronter les pouvoirs de Médée, mais cette perspective, au contraire, l'angoissait. Il savait, au fond de lui, que le roi n'était pas responsable de la mort de ses parents.

Impuissant, Jason vit Médée et ses douze esclaves s'éloigner vers l'intérieur des terres. Il aurait voulu les suivre, mais encore une fois, une force supérieure le retint.

— Médée a usé de magie sur nous, dit Atalante. Nous ne pouvons plus bouger.

Alceste, qui était revenue vers l'*Argo* avec son mari, se serra contre lui.

— J'ai peur! murmura-t-elle.

Suivie de ses servantes, Médée avait pénétré dans la vaste forêt qui bordait Iolcos à l'ouest. Là, dans une clairière, elle sélectionna un chêne magnifique et usa de sa magie pour le transformer en une statue à l'effigie de la déesse Artémis. Pour cela, Médée se dressa face à l'arbre, leva les bras, et prononça des incantations dans une langue immémoriale. L'arbre perdit tout d'abord ses feuilles, puis les branches tombèrent, l'écorce se décolla, laissant le tronc nu. Ensuite, sous l'effet de nouvelles formules magiques, la sculpture prit forme, comme si des dizaines de petits ciseaux invisibles s'activaient. En moins d'une heure, la statue était achevée.

Médée ordonna alors à ses esclaves de revêtir les longues robes noires qu'elles avaient emportées de Colchide. Puis, sous leurs yeux, elle se métamorphosa en une très vieille femme, au visage ridé, à la peau desséchée et à la maigreur squelettique. Les filles échangèrent des regards impressionnés. Une grande inquiétude s'empara d'Hélicé. Elle ne reconnaissait plus sa maîtresse. Jamais elle n'avait usé de sortilèges aussi puissants.

Lorsque les filles furent prêtes, Médée leur ordonna d'installer la statue sur un socle et de la transporter jusqu'à Iolcos.

À la fin de la journée, l'étrange équipage arriva en vue de la porte nord de la cité. Le capitaine commandant la garde lui barra le passage, mais la vieille femme qui marchait en tête lui dit simplement :

— Conduis-moi à ton roi.

Toute volonté abandonna le soldat. Il ne put s'opposer à sa demande et l'invita à entrer en ville. La procession gagna le palais, à pas lents, suivie par une foule intriguée et de plus en plus nombreuse. Jamais on n'avait admiré de plus belle effigie d'Artémis. Une force inconnue se dégageait de la statue. Peu à peu, une sorte de langueur s'empara des habitants, qui se mirent à se dévêtir, puis à danser au son d'une musique imaginaire.

Des guirlandes de citadins habités par une sorte de folie se répandirent par les ruelles et les places, jusqu'à l'agora, sur les remparts. Certains allumèrent des feux de joie et firent des rondes en hurlant et en chantant des paroles sans aucun sens.

Pendant ce temps, la procession pénétrait dans l'enceinte du palais. Pélias, averti par le général Nysos, se porta au-devant de Médée. Il vit une vieille femme décharnée, au regard perçant, s'avancer vers lui.

— Que les dieux te protègent, roi Pélias, dit la vieille.

— Qui es-tu? demanda le souverain, partagé entre l'inquiétude et la colère.

— Seulement une vieille femme, disciple de la très belle déesse Artémis. Celle-ci a voyagé depuis le lointain pays d'Hyperborée, où elle réside habituellement, pour visiter Iolcos sous la forme de cette statue. Artémis est très satisfaite de ta piété envers elle et elle désire t'offrir un présent.

— Quel présent? demanda Pélias, méfiant.

— Celui-là même qu'elle m'a donné : la jeunesse.

Pélias faillit éclater de rire, mais, tout à coup, une épaisse brume verdâtre, jaillie de nulle part, environna la vieillarde. Lorsqu'elle se dissipa, une femme à la beauté resplendissante, aux longs cheveux noirs, se tenait devant lui. Ses traits rappelaient indéniablement ceux de l'autre.

— C'est… c'est de la magie, balbutia Pélias, abasourdi.

Médée le toisa.

— On ne refuse pas le cadeau d'une déesse, Pélias. Mène-moi jusqu'à une salle où je pourrai pratiquer le rituel qui te redonnera l'aspect de tes vingt ans.

Après un instant d'hésitation, Pélias, suivi de la cour, introduisit Médée dans une salle inoccupée, où les esclaves installèrent la statue d'Artémis.

— À présent, fais amener un chaudron assez grand pour contenir un homme, dit la magicienne.

— Un homme?

— Je dois d'abord pratiquer le rituel avec un mouton. Que l'on en fasse venir un.

On s'empressa de lui obéir. Lorsque Médée fut en possession de son mouton, elle ordonna aux membres de la cour de quitter les lieux.

— Seules tes filles Évadné et Amphinomé doivent rester près de toi. Ce sont elles qui officieront. Dès à présent, plus personne ne doit pénétrer dans cette pièce jusqu'à demain matin. Donne tes ordres en conséquence, sinon, le rituel échouera.

Embarrassé, Pélias invita la cour à se retirer en donnant à Nysos la consigne de ne laisser entrer personne. Lorsque tout le monde fut parti, Médée ordonna à ses esclaves d'allumer le feu sous le chaudron. Puis elle s'approcha du mouton et posa la main sur sa tête. Aussitôt, l'animal ferma les yeux et s'écroula, gagné par un sommeil irrépressible.

— Ainsi, il ne souffrira pas pour la seconde partie du rituel, dit Médée d'une voix grave.

Elle demanda ensuite aux deux princesses de s'approcher, puis saisit un grand couteau bien aiguisé.

— Regardez bien, car vous devrez reproduire chacun de mes gestes.

Intimidées, elles acquiescèrent. Médée saisit la tête du mouton endormi et la trancha d'un mouvement vif et précis. Du sang gicla, inondant la robe noire de la magicienne. Évadné et Amphinomé eurent un mouvement de recul. Puis, en quatre autres gestes déterminés, Médée sépara chacun des membres de l'animal. Pélias était devenu blême.

— Je refuse d'être traité ainsi, s'insurgea-t-il.

Médée darda sur lui un regard intense.

— Avant de prendre une décision, vois d'abord ce qui va se passer.

Elle ordonna à ses servantes de plonger les morceaux du mouton dans le chaudron. Le cœur broyé par l'angoisse, Pélias s'était reculé jusqu'au mur et n'osait plus faire un geste. Le bon sens lui hurlait d'appeler sa garde et de chasser cette abominable sorcière. Mais il n'en avait pas la volonté, comme si un esprit supérieur se jouait de lui. En revanche, Évadné et

Amphinomé contemplaient, fascinées, le chaudron, où les morceaux du mouton commençaient à blanchir sous l'effet de l'eau bouillante.

Peu à peu, une épaisse vapeur emplit la salle, qui enveloppa le chaudron. Pétrifié, le roi vit la magicienne ordonner à ses deux filles de sortir les morceaux de mouton et de les disposer de manière à reconstituer grossièrement son corps. Une puanteur écœurante s'était répandue autour des officiants. Pélias osait à peine respirer. Tandis qu'Évadné et Amphinomé s'écartaient, sur l'ordre de Médée, la vapeur s'épaissit encore autour du chaudron, prenant une teinte verte et brune qui fit tousser le roi et ses filles. On ne distinguait plus que la haute statue d'Artémis, et son regard brillant.

Pélias n'aurait su dire combien de temps dura la magie. Soudain, il crut entendre un faible bêlement. Puis, en quelques secondes, la brume se dissipa. Sous ses yeux, à la place du mouton débité se tenait un agneau qui tentait maladroitement de se mettre sur ses pattes.

— Par les dieux! murmura-t-il.

— Vois ce dont la magie d'Artémis est capable, dit Médée. Elle possède, comme son divin jumeau Apollon, le pouvoir de guérir de tout, même de la vieillesse. Demain, tu auras recouvré toutes les forces de ta jeunesse.

Pélias hésita, puis, considérant le traitement subi par le mouton, secoua négativement la tête.

— Non, je ne veux pas, dit-il.

Amphinomé et Évadné se tournèrent vers lui.

Il les regarda tour à tour et resta pétrifié par l'éclat de leur regard. Il comprit qu'elles étaient envoûtées. Luttant désespérément contre la torpeur incompréhensible qui l'envahissait, il eut un mouvement pour s'enfuir. Mais il ne s'était pas aperçu que Médée s'était approchée par derrière. Il se retourna d'un bloc, croisa le regard intense de la magicienne. Celle-ci avança la main dans sa direction.

— Nooon, souffla-t-il d'une voix à peine audible.

Il sentit les doigts de Médée se poser délicatement sur sa tête. Puis il sombra dans un sommeil profond et s'écroula sur le sol. Médée s'adressa aux deux princesses.

— À présent, accomplissez le rituel.

Elle tendit le couteau encore taché du sang du mouton à Amphinomé. Celle-ci, le regard halluciné, s'en saisit, puis, d'un geste lent, sans une once d'hésitation, trancha la tête de son père.

Une heure plus tard, elles ressortaient les morceaux de Pélias du chaudron bouillant et les disposaient sur le sol, sous le regard impénétrable de Médée. Lorsqu'elles eurent terminé, la brume verdâtre se répandit une nouvelle fois dans la salle. Les princesses reculèrent, s'attendant d'un instant à l'autre à voir leur père, redevenu un jeune homme, se dresser devant elles.

Un long moment s'écoula ainsi. Peu à peu, la vapeur se dissipa. Alors, au travers des brumes résiduelles, Évadné et Amphinomé s'aperçurent avec horreur qu'il ne s'était rien passé : les morceaux du corps bouilli de Pélias gisaient toujours sur les dalles de la salle, sous le regard sans vie de la statue d'Artémis. Affolées, elles cherchèrent des yeux Médée et ses esclaves. Mais elles avaient toutes disparu.

Peu à peu, elles recouvrèrent leur lucidité et comprirent que la magicienne s'était jouée d'elle et qu'elles avaient assassiné leur père. Saisies d'épouvante, elles se mirent à hurler.

60

Le masque tombe

Sur le chemin du retour, Hélicé éprouvait une intense envie de vomir. Elle marchait la dernière de peur que ses pensées ne fussent surprises par la magicienne. Elle n'avait pas compris comment elles étaient sorties de la salle. Elle avait seulement eu la sensation d'un grand froid, puis elle s'était retrouvée dans les jardins du palais, en compagnie de ses camarades et de Médée, dont les lèvres s'étiraient sur un rictus de satisfaction. Une onde d'horreur absolue avait alors parcouru la jeune esclave. Une nuit entière s'était écoulée et une aube grise et glaciale se levait. Dans un ciel tourmenté, des nuages noirs s'effilochaient, tandis que des bourrasques violentes bousculaient la petite troupe. Seule Médée ne semblait pas pâtir de la tempête qui s'était emparée du monde.

Dotée d'une personnalité plus forte que ses camarades, Hélicé n'avait pas entièrement succombé à la volonté de la magicienne. Comme dans un état second, elle avait vu les deux princesses envoûtées découper leur père en morceaux et le plonger dans le chaudron bouillant. Elle avait eu envie de hurler de terreur, mais aucun son n'était sorti de sa bouche. Elle avait regardé Médée et ce qu'elle avait surpris l'avait terrifiée. Celle qui célébrait l'épouvantable rituel n'avait plus rien à voir avec la femme généreuse et attentive pour qui elle aurait donné sa vie. Il y avait désormais en elle quelque chose de monstrueux.

Que s'était-il passé? Sa maîtresse était-elle retombée dans la folie qui l'avait saisie en Thrace, lorsqu'elle avait tué son frère? Mais elle ne possédait pas alors une puissance magique aussi extraordinaire. Et surtout, Médée, la Médée qu'elle connaissait, n'aurait jamais été capable d'accomplir un aussi funeste dessein. Alors, qui était la femme qui marchait à pas rapides devant elle?

Médée rejoignit Jason le lendemain matin. Elle se jeta dans les bras de son mari et déclara avec fierté :

— Le royaume d'Iolcos d'appartient, Jason. Pélias est mort.

— Mort? Mais…

Il s'écarta d'elle presque avec répulsion.

— Comment as-tu fait? Que s'est-il passé!

— Peu importe, éluda Médée. Désormais, plus rien ne s'oppose à ce que tu exiges le trône de ta cité!

— Je veux savoir! riposta Jason, sur la défensive. Pélias était mon adversaire, mais il était aussi mon oncle. Dis-moi! Quel crime as-tu encore commis?

Les yeux de Médée se firent implorants.

— Mais pourquoi tiens-tu tellement à connaître la vérité?

— Je ne veux pas obtenir ce trône grâce à un crime, hurla Jason. Qu'as-tu fait, Médée?

— Tu ne le sauras pas! répliqua-t-elle sur le même ton.

À ce moment, Hélicé, qui bouillait d'impatience, s'avança, posant sur sa maîtresse des yeux déformés par l'horreur.

— Elle n'a pas tué le roi Pélias elle-même, Jason. Ce qu'elle a fait est effroyable.

Médée se tourna d'un bloc vers la jeune esclave, qu'elle foudroya du regard. Puis ses yeux prirent une expression amusée. Comme un chat contemplant sa proie, elle adressa un sourire à sa servante.

— Eh bien, raconte ce qui s'est passé, puisque tu y tiens tant.

Après une courte hésitation, Hélicé fit un récit détaillé de ce qu'elle avait vu. À mesure qu'elle parlait, les Argonautes pâlirent de dégoût et d'écœurement. Alceste, pétrifiée par l'horreur, s'était mise à trembler.

Lorsque la jeune esclave eut terminé, Jason explosa :

— Mais pourquoi? Pourquoi as-tu commis un crime aussi épouvantable? Pélias faisait partie de ma famille. Quant à ces deux filles, elles sont les sœurs d'Alceste, et mes cousines.

— Elles ne sont rien! tonna Médée. Qu'elles périssent ou qu'elles deviennent folles! Toi seul compte, Jason.

Il eut un moment l'impression qu'elle avait sombré de nouveau dans la folie, mais c'était autre chose. Elle était devenue froide, impitoyable, calculatrice. Il fut totalement certain, à ce moment-là, qu'il ne l'aimait plus.

— Tu as fait tout cela pour rien, Médée! Je refuse de m'emparer du trône d'Iolcos grâce à un assassinat aussi sordide.

— Tu feras ce que je t'ordonne, Jason.

Il éprouva, pendant quelques secondes, une sensation étrange, comme si une volonté supérieure tentait de prendre le contrôle de son esprit. Mais elle s'évanouit très vite. Médée marqua un instant de surprise.

— Non, Médée. Ta magie n'agira pas sur moi. Je n'ai plus d'amour pour toi. Je vais quitter Iolcos pour Thèbes, où je demanderai l'hospitalité au roi Créon.

— Jamais! explosa Médée, le visage soudain défiguré par la haine la plus pure.

— Tu ne m'en empêcheras pas, riposta-t-il.

Les traits de Médée parurent se déformer, passer de la jeunesse à la vieillesse. Jason frémit. Il ne comprenait plus ce qui se passait. Comment avait-il pu partager la vie de cette femme épouvantable?

Soudain, il la vit tendre la main vers Hélicé et clamer :

— Maudite sois-tu, toi qui as osé me trahir! Reçois ton châtiment!

L'instant d'après, sous les pieds de la jeune esclave, le sol se transforma en sables mouvants. En quelques fractions de seconde, des tentacules visqueux s'enroulèrent autour de ses jambes. Hélicé hurla de terreur. Jason bondit, saisit sa main, mais il ne put lutter contre la force irrésistible qui attirait la jeune femme sous la terre. Impuissant, il dut la lâcher sous peine d'être emporté avec elle, et la vit s'enfoncer dans le sol, le visage déformé par l'horreur.

Il se tourna vers Médée :

— Tu es devenue complètement folle! hurla-t-il. Folle et criminelle. Je te renie! Nous allons partir, mais tu resteras ici, et tu t'expliqueras avec le successeur de Pélias.

D'un signe, il indiqua à ses compagnons de regagner le navire. Mais une onde d'angoisse lui parcourut l'échine quand il se rendit compte que Médéios et Ériopis étaient encore à terre. Leur mère marcha vers eux. Aussitôt deux marins s'emparèrent des enfants. Médée leva la main pour leur jeter un sort, mais Atalante s'interposa, le glaive en main. Médée la foudroya du regard, tendit le poing vers elle et prononça une formule magique. Atalante gémit et s'écroula sur le sol. Puis elle se redressa à quatre pattes et poussa un cri rauque. Peu à peu, son visage et son corps se couvrirent d'une fourrure épaisse et jaune. Ses ongles se transformèrent en griffes, ses mains et ses pieds en pattes. Jason hurla de rage. Atalante s'était métamorphosée en lionne.

Profitant de la stupéfaction des Argonautes, Médée bondit sur l'un des marins et le frappa avec sauvagerie. La puissance du coup était telle que le crâne de l'homme éclata sous le choc. Triomphante, elle s'empara de Médéios et le serra contre elle. Terrorisé par l'attitude démente de sa mère, l'enfant hurla et se débattit. En vain. Le bras de Médée semblait un cercle de métal qui lui broyait la poitrine. Jason dégaina son épée et voulut bondir sur elle, mais une barrière de feu surgie de nulle part se dressa entre eux. Un rire sardonique éclata. Puis la magicienne gronda d'une voix marquée par la folie :

— Tu m'as reniée, Jason! Je sais pourquoi tu veux retourner à Thèbes. Tu es tombé amoureux de cette petite sotte de Danaé. Alors tu vas payer pour toutes ces trahisons. Je pourrais te tuer, mais je ne le ferai pas. Car la blessure que je vais t'infliger est de celles dont on ne guérit jamais. Ouvre les yeux et regarde bien! Tu vas voir mourir ton fils!

Impuissants, les Argonautes la virent brandir le couteau de sacrifice qui avait servi à tuer Pélias.

— Nooon! implora Jason. Médée, je t'en supplie! Médéios est aussi ton enfant! Ne l'oublie pas!

Le rire cynique éclata de nouveau.

— Cet avorton, mon fils? hurla une voix déformée, plus grave, plus rauque.

Pétrifié, Jason vit le visage de Médée se métamorphoser. À la place apparut celui d'une vieille femme desséchée par les ans. Puis le rire résonna de nouveau, un rire cassé, tranchant, effrayant de cruauté.

— Hécate! murmura Jason.

— Tu ne t'es rendu compte de rien, pauvre imbécile, dit la vieille. Ta Médée est morte depuis longtemps. Exactement depuis le jour où j'ai enfin retrouvé l'*Argo* et où j'ai abattu les ténèbres sur lui. J'ai voulu vous enfermer dans le néant, mais Apollon vous a apporté son aide. Lorsque j'ai compris que je ne parviendrais pas à vous empêcher de regagner le monde, j'ai envoyé l'âme de Médée aux Enfers et j'ai pris sa place.

— Mais pourquoi?

— Tu n'as donc pas compris? Médée m'a trahie. Elle m'a volé la Toison d'or. Elle a renoncé à son rang de grande prêtresse pour te suivre. Mais elle m'appartenait! Je l'ai frappée de folie une première fois, en Thrace lorsque je l'ai poussée à tuer son frère. Zeus a exigé qu'elle soit purifiée. Je vous ai suivis pendant tout ce temps. Et j'ai vu l'amour qui vous unissait. Je lui aurais peut-être pardonné si elle avait accepté de revenir près de moi. Elle était encore vierge.

— Son père l'aurait tuée! répliqua Jason.

— Quelle importance? Elle aurait ainsi racheté sa faute envers moi.

Le regard d'Hécate jeta des éclairs fulgurants.

— Mais au lieu de ça, elle m'a trahie une seconde fois! Elle t'a épousé, elle s'est offerte à toi et elle t'a donné des enfants.

Pendant trois ans, vous avez été heureux. Vous pensiez être débarrassés de moi, mais je suis patiente. Je voulais vous faire croire que j'avais renoncé à me venger. Lorsque vous avez quitté Calydon, je vous ai envoyé ce courant qui vous a entraînés vers Charybde et Scylla. Malheureusement, grâce à l'aide de Poséidon, vous avez survécu une fois de plus. J'ai perdu votre trace. Ce stupide Hélios a refusé de me dire où vous étiez. J'en ai éprouvé une colère terrible, mais j'ai ressenti aussi une grande douleur. Car il s'est produit une chose à laquelle je ne m'attendais pas. Pendant tout ce temps où je vous avais traqués, je suis tombée amoureuse de toi Jason. Tu m'entends? C'est pour cette raison que j'ai pris la place de Médée. J'ai tout fait pour que tu m'aimes. Tout!

Maintenant toujours le petit Médéios contre elle, elle se mit à marcher de long en large sur la grève, ruminant sa fureur. Puis elle pointa un doigt accusateur sur Jason.

— Mais le charme de l'amour ne jouait plus. Inconsciemment, tu t'étais rendu compte que je n'étais plus la Médée que tu aimais. Et tu t'es détourné de moi! De moi, la plus ancienne et la plus puissante des déesses!

Son regard reflétait à présent la plus intense folie. Elle se mit à vociférer, d'une voix qui éveilla les échos des montagnes lointaines.

— À présent, tu vas le payer!

Elle leva le couteau au-dessus de Médéios, qui poussa un cri de terreur. Jason hurla. L'instant d'après, une flèche imparable siffla et se planta dans la main d'Hécate. Surprise par la douleur, elle lâcha le petit garçon. Jason se tourna vers les Argonautes, mais ceux-ci lui adressèrent un regard d'incompréhension. La flèche avait surgi du néant. Sans chercher à comprendre, Jason bondit à travers le rideau de flammes et s'empara de son fils avant que la déesse ne reprît ses esprits. Puis il revint auprès de ses compagnons.

Un grondement de rage retentit, qui fit trembler le cœur des Argonautes. Jason, tenant Médéios serré contre lui, recula, imité par ses compagnons. Il comprit qu'Hécate allait déchaîner sa fureur sur eux. Il regretta l'absence d'Héraclès, qui aurait peut-être pu lutter contre elle. Pourtant, il ne se passa rien. Au contraire, la déesse leva les yeux en direction de l'*Argo* et poussa un cri de fureur. Intrigué, Jason se retourna et une onde de joie le baigna. Une silhouette lumineuse se tenait à bord du navire. Artémis. Elle tenait encore en main l'arc avec lequel elle avait frappé Hécate.

— Tu as osé te servir d'une effigie à mon image pour commettre un crime abominable, Hécate, clama la déesse des forêts. Sache que si tu persécutes encore les Argonautes, tu me trouveras à leurs côtés pour te combattre.

Puis elle arma une seconde flèche. L'instant d'après, la silhouette de vieille femme d'Hécate se métamorphosa une nouvelle fois. Elle s'enfla, atteignant rapidement la hauteur de quatre hommes, tandis que sa tête décharnée se divisait en trois autres, l'une de chien, l'autre de jument et la troisième de lion. Toutes trois poussèrent des cris épouvantables, puis l'être monstrueux disparut dans une explosion de flammes vertes. Les Argonautes, pétrifiés, mirent un moment avant de réagir. Sans la présence d'Artémis, la divinité de la nuit les aurait sans doute massacrés.

Jason s'avança vers elle, mit un genou en terre, imité par ses compagnons et par les esclaves survivantes, abandonnées par la Magicienne.

— Sois remerciée de ton aide, ô radieuse Artémis.

La jumelle d'Apollon sauta à terre, visiblement ravie du bon tour qu'elle venait de jouer à Hécate. D'un geste de la main, elle releva les Argonautes.

— Vous la méritez, répondit-elle. Mais prenez garde, elle n'en restera pas là. Elle n'a pas osé m'affronter, parce qu'elle ne tient pas à déclencher la colère de mon père, Zeus, mais elle va chercher à se venger par tous les moyens. Et vous savez à présent de quoi elle est capable.

61

La blessure de Jason

Si Hécate avait disparu, les traces de ses méfaits demeuraient. Jason se pencha sur le marin courageux qui avait tenté de sauver Médéios. Mais il n'y avait plus rien à faire pour lui. Il se tourna ensuite vers la lionne, qui poussa un rugissement lorsque les Argonautes tentèrent de l'approcher. Artémis leur conseilla de reculer.

— Atalante ne sait plus qui elle est. Et si elle tue un seul d'entre vous, jamais plus elle ne pourra reprendre sa vraie forme. Seul l'amour peut lui rendre sa véritable apparence.

— Malheureusement, Méléagre est mort, répondit Jason.

Artémis lui sourit.

— L'amour ne se limite pas aux sentiments qui unissent un homme et une femme, Jason. Atalante t'aime, toi aussi, et depuis toujours. Même si dans vos veines ne coule pas le même sang, vous êtes liés par une fraternité plus puissante encore que celle qui existe entre un frère et une sœur véritables.

Une bouffée d'espoir emplit Jason.

— Que dois-je faire?

— Approche-toi d'elle. Au plus profond de son cœur, ses sentiments se réveilleront, et elle redeviendra ce qu'elle est. Mais attention : la bestialité peut étouffer cette affection enfouie en elle, et elle risque de te tuer.

Jason s'avança lentement vers la lionne. Celle-ci, qui avait trouvé refuge sur un promontoire, se mit à grogner. Afin qu'elle ne sentît pas menacée, Jason saisit ses armes et les jeta ostensiblement sur le sol. Un rugissement féroce lui répondit. Il continua de marcher vers le fauve. La lionne leva la patte, battit l'air de ses griffes acérées. À l'arrière, l'angoisse serrait le cœur des Argonautes. Le fauve allait attaquer, mais ils ne pouvaient intervenir sans risquer de blesser Atalante.

Soudain, la lionne bondit sur Jason. Tous deux roulèrent sur le sol rocailleux. L'homme saisit la gorge du fauve pour l'empêcher de mordre. Puis il la fixa dans les yeux.

— Atalante! murmura-t-il. C'est moi, Jason.

La lionne avait posé une patte sur sa poitrine. D'un seul coup de griffe, elle pouvait lui arracher le cœur. Mais elle s'arrêta de rugir et resta immobile. Ses yeux sombres se plantèrent dans ceux de l'homme. Ils restèrent un long moment à s'observer. Les Argonautes n'osaient plus faire un geste. Puis la lionne ouvrit la gueule et se mit à lécher le visage de Jason. Il sut alors qu'il avait réussi. Lentement, le fauve se coucha sur lui et poussa un gémissement quasiment humain. Puis la métamorphose s'inversa, les griffes se rétractèrent, disparurent, la fourrure s'évanouit, laissant de nouveau apparaître la peau d'Atalante.

Haletante de douleur, couverte de poussière, Atalante, dont les vêtements avaient disparu, se redressa. Elle éclata en sanglots et se jeta dans les bras de Jason.

— J'ai failli te tuer, sanglota-t-elle.

— Mais tu ne l'as pas fait.

Les Argonautes, heureux de retrouver leur compagne, vinrent l'entourer, l'embrasser. Alceste, les yeux rougis par les larmes, lui apporta une nouvelle chlamyde. Artémis s'avança, caressa le visage d'Atalante et dit avec un sourire amusé :

— Tu faisais pourtant une très belle lionne!

Puis elle s'évanouit dans la lumière avec un dernier rire.

Ainsi qu'il l'avait dit, Jason retourna à Thèbes. Le roi Créon l'accueillit avec son hospitalité coutumière. La mort horrible de Pélias l'affecta.

— Je n'appréciais guère cet homme, car c'était un tyran. Mais jamais nous n'avons été ouvertement en conflit. Jason, mon ami, peut-être devrais-tu malgré tout réclamer le trône d'Iolcos. La Toison d'or fait de toi son roi légitime. Et tu n'es pas responsable des actes d'Hécate.

Jason secoua la tête.

— C'est au peuple de choisir son roi, non à lui de choisir son peuple.

— Tes paroles sont sages, mais les Iolciens savent que tu es en possession de la Toison. À présent que Pélias a rejoint le Royaume des Ombres, ils vont t'attendre.

— Acaste s'est sans doute imposé comme souverain. Il avait l'appui de l'armée.

Créon n'insista pas. En vérité, il connaissait les véritables raisons de son ami. Jason souffrait de la perte de Médée, et il n'était pas prêt à livrer une nouvelle bataille avant d'avoir accepté cette disparition. Il se reprochait de s'être laisser tromper à ce point, d'avoir partagé ses nuits avec la déesse usurpatrice. Il avait l'impression, au fond de lui, d'avoir trahi la mémoire de son épouse.

Dans les semaines qui suivirent, les derniers Argonautes regagnèrent leurs cités respectives. Admète, accompagné d'Alceste et de leurs trois enfants, retrouva son trône de Phères après une absence de cinq années. Argos s'installa à Athènes pour construire de nouveaux navires. Lyncée et Idas, Calaïs et Zétès s'en furent également, de même que le pilote Erginos.

Seule Atalante resta près de Jason. Elle avait pris le relais de Médée auprès d'Ériopis et de Médéios. Son ventre s'arrondissait de plus en plus. Le fils de Méléagre naîtrait bientôt. Sa grossesse l'intriguait et l'indisposait, car il lui interdisait nombre de ses activités préférées comme la chasse, le tir à l'arc ou la course. Malgré son état, nombre d'hommes tentaient de la séduire. Sa personnalité hors du commun les fascinait. Elle ne leur laissait cependant aucun espoir.

Elle faisait souvent de longues promenades silencieuses en compagnie de Jason. Tous deux avaient vécu le même drame et ils n'avaient pas besoin de parler pour se comprendre.

Des voyageurs en provenance d'Iolcos avaient apporté des nouvelles de la cité. Comme Jason l'avait pressenti, Acaste était devenu roi. Il s'était empressé de faire exécuter ses deux sœurs, coupables d'avoir tué Pélias. Elles avaient été égorgées en place publique, ce qui avait permis au nouveau souverain d'asseoir son autorité par la terreur. À la différence de Pélias, qui avait su se contenter de sa ville, on disait dans les tavernes qu'Acaste était dévoré par l'ambition et qu'il rêvait de mener une guerre de conquête pour rétablir la puissance passée d'Iolcos. Il avait commencé à recruter de nouveaux mercenaires, qui exerçaient sur le peuple une domination odieuse. Mais cette emprise rencontrait une résistance de la part de certains habitants qui attendaient le retour de Jason, qu'ils considéraient comme leur vrai roi.

Toutefois, ces nouvelles ne modifiaient pas la position de Jason. Lorsque Créon lui en parlait, il répondait :

— Et avec quelle armée pourrais-je faire valoir mes droits? Pélias m'a épargné il y a cinq ans parce qu'il redoutait Héra. Mais Acaste ne craint pas les dieux. Il ne croit qu'à la force et à la violence.

Créon n'insistait pas. Sans l'avouer ouvertement, il était ravi d'avoir accueilli Jason, car il avait deviné que sa fille Danaé était tombée amoureuse de lui. Il l'encourageait à passer du temps avec l'Argonaute. Jason prenait plaisir à sa compagnie. Elle savait se taire lorsqu'il n'avait pas envie de parler, mais il apprit à aimer sa gaieté, sa spontanéité. Elle était comme un baume sur ses blessures.

Atalante aimait beaucoup la jeune princesse, et, avec son franc-parler habituel, encouragea Jason à l'épouser.

— Il faut te faire une raison. Médée ne reviendra plus jamais. Tes enfants sont très jeunes. Il leur faut une mère. Danaé est belle, intelligente, et elle t'aime.

— Je n'ai guère envie de me remarier.

— Tu ne vas tout de même pas rester seul toute te vie. Tu n'as que vingt-quatre ans.

— Et toi?

— Les hommes ne me manquent pas, Jason. Mais toi, tu as besoin d'une épouse. Non seulement pour tes enfants, mais aussi parce que je sais qu'un jour ou l'autre, tu deviendras roi d'Iolcos. Il te faudra une reine.

Il haussa les épaules.

— Je n'ai pas l'intention de réclamer ce trône.

— Ce n'est pas toi qui décideras. Si tu es le roi légitime, tu peux faire confiance au Destin pour qu'il t'amène là où il veut.

— Je ne vois pas comment.

Jason devait cependant admettre qu'Atalante avait raison. Les enfants réclamaient une mère, et ils aimaient Danaé. Intelligente, la jeune fille savait que rien ne pourrait guérir la blessure de Jason. Jamais il ne l'aimerait comme il avait aimé Médée. Trop d'aventures, trop de dangers, trop de souvenirs les avaient réunis. Mais Médée ne reviendrait pas. Il fallait seulement lui laisser le temps d'accepter cette idée, et rester elle-même. Danaé était gaie, spontanée et généreuse. Peu à peu, elle sut montrer à Jason que la vie continuait, qu'il devait offrir à ses enfants le visage d'un père fort et aimant.

Deux mois après son arrivée, il finit par succomber à son charme et se résolut à l'épouser. Ravi, Créon lui accorda sa main et des invitations furent lancées pour le mariage.

Mais un jour, on annonça la visite d'Admète de Phères et de son épouse Alceste, qui apportaient des nouvelles inquiétantes d'Iolcos.

62

L'ultime menace

— Alceste et moi nous sommes rendus discrètement à Iolcos, raconta Admète. Elle voulait rendre une dernière fois hommage à son père dans le temple de Zeus. Mais nous ne nous sommes pas fait connaître. Nous savions par des marchands que le roi Acaste avait proclamé qu'il ferait abattre n'importe lequel des Argonautes qui viendrait à Iolcos. Le fait qu'Alceste soit sa sœur ne l'aurait pas arrêté. On sait quel sort funeste il a réservé à Évadné et à Amphinomé.

— Alceste n'avait pourtant rien à voir avec la mort de son père! objecta Jason.

— Acaste prétend que ce sont les Argonautes qui ont envoyé la magicienne pour tuer Pélias. Mais ce n'est pas le plus grave.

Le jeune souverain hésita une seconde, puis ajouta, en regardant Jason.

— Médée est réapparue.

Jason pâlit.

— Médée est morte! murmura-t-il. Hécate a pris son apparence.

— Les Argonautes le savent. Mais les Iolciens l'ignorent. Elle a débarqué à Iolcos il y a deux mois et a demandé à rencontrer le nouveau roi. Personne n'a reconnu en elle la magicienne qui a tué Pélias. Elle lui a dit s'appeler Médée, princesse de la lointaine Colchide, et grande prêtresse d'Hécate. Elle lui a raconté que tu l'avais séduite pour pouvoir t'emparer de la Toison d'or, que tu l'avais enlevée, puis abandonnée, seule sur une île déserte, après avoir obtenu ce que tu désirais.

— C'est faux! s'écria Atalante.

— Mais Acaste a cru aussitôt à son histoire, qui allait dans son sens. C'est pourquoi il a édicté cette loi contre les Argonautes et contre tous ceux qui leur porteraient assistance. Médée — enfin, Hécate — n'a eu aucun mal à l'asservir. Elle fait de lui ce qu'elle veut.

Les traits de Jason se creusèrent.

— Si elle est revenue, ce n'est pas pour régner sur Iolcos. Elle compte assouvir sa vengeance.

— J'en ai peur. Elle pousse Acaste à la guerre et elle sait que tu es réfugié ici, à Thèbes. Il se forme là-bas une armée puissante et nombreuse. Acaste, qui nourrissait déjà des ambitions de conquête, a trouvé en elle un écho à sa volonté de domination.

Admète se tourna vers Créon.

— Je crains qu'il ne faille s'attendre à des jours sombres. Car ce n'est pas la magicienne Médée qui sera derrière les troupes d'Iolcos, mais la terrible déesse Hécate. Nous avons vu de quoi elle est capable. Et elle aura à cœur de vouloir reprendre la Toison d'or.

Créon soupira.

— Mes propres troupes sont trop peu nombreuses pour lui résister.

— Mon peuple combattra à tes côtés.

En raison de la menace qui planait sur la cité, la date du mariage fut avancée. Créon désirait que Jason devînt son héritier, au cas où lui-même serait tué au cours de la bataille. Il n'avait pas de fils, et souhaitait que Jason lui succédât sur le trône de Thèbes. Admète et Alceste décidèrent de rester jusqu'aux festivités.

Tandis que Créon envoyait des éclaireurs et des espions pour surveiller les Iolciens, on prépara les réjouissances.

Plusieurs jours avant le mariage, les invités et les présents affluèrent à Thèbes. La ville avait pavoisé pour célébrer les noces. Les habitants connaissaient chacun des exploits accomplis par les Argonautes et ils étaient très fiers que leur princesse devînt l'épouse de leur capitaine.

Vint le jour de la cérémonie. Selon la coutume, Jason n'avait pas encore vu sa future épouse, que les femmes préparaient dans le gynécée du palais.

Soudain, Créon, le visage livide, fit irruption dans la chambre où Jason revêtait ses habits d'apparat.

— Jason, Jason. Viens vite! Danaé se meurt! Elle est dévorée par des flammes surgies de nulle part!

63

La fin de la Toison d'or

Jamais Jason n'avait couru aussi vite. Suivi par Créon, hors d'haleine, il se rua dans le gynécée, pourtant interdit aux hommes. Là, il resta pétrifié devant le spectacle horrible qui s'offrait à lui. Environnée par les flammes, Danaé hurlait de terreur et de douleur. Les femmes tentaient de l'envelopper dans des couvertures, l'aspergeaient d'eau. Rien n'y faisait. Le feu renaissait sans cesse.

En proie à la panique, une servante en larmes expliqua qu'au moment où Danaé avait passé sa robe de mariée, celle-ci s'était embrasée sans aucune raison.

— La Toison d'or! hurla Jason. Apportez immédiatement la Toison d'or.

Atalante, qui avait accouru elle aussi, se lança dans une course aussi rapide que le lui permettait son état, et revint quelques instants plus tard avec la Toison sacrée. Jason s'en empara, adressa une fervente prière à Zeus et à Apollon, puis recouvrit le corps de Danaé, qui avait cessé de se débattre et de crier.

— Elle est morte, sanglota sa nourrice.

Créon était livide. L'odeur de chair brûlée qui planait dans la salle était insoutenable. Jason s'aperçut qu'il tremblait de tous ses membres. Il ferma les yeux et renouvela ses prières, invoquant également Héra, Artémis, Aphrodite, et même

Perséphone. Pétrifiés, le roi, les femmes et quelques courtisans alertés par les cris n'osaient plus parler.

Peu à peu, une lumière d'or naquit de la fourrure du bélier divin et baigna les lieux, inondant les visages. Jason recula. Alors commença une attente interminable. On ne voyait pas Danaé, totalement dissimulée sous la fourrure sacrée. Tout à coup, l'éclat de la lumière diminua, puis, sous le regard impuissant de l'assistance, la magnifique Toison ternit, et se transforma en poussière.

Jason sentit son estomac se nouer. Tout était perdu. Il n'osa regarder le corps carbonisé de Danaé. Mais un gémissement le tira de son angoisse, et il vit la jeune fille remuer faiblement. Il s'agenouilla aussitôt près d'elle. Stupéfait, il constata qu'il ne restait aucune trace des affreuses brûlures provoquées par la robe. Celle-ci avait disparu, Danaé était nue. Créon, la nourrice, les servantes s'approchèrent, abasourdis. La peau de la jeune fille était parfaitement intacte, malgré les flammes qui l'avaient rongée quelques instants auparavant. Il ne restait plus, sur le sol, qu'une poussière impalpable aux reflets dorés.

— La Toison d'or a sauvé ma fille! souffla Créon, les yeux ruisselant de larmes.

— Mais les brûlures étaient tellement profondes qu'elle s'est consumée pour la guérir, ajouta Jason.

Il se pencha sur la jeune fille, lui caressa le visage, puis la serra très fort contre lui. La peur de la perdre lui avait fait prendre conscience qu'il tenait profondément à elle. Hécate lui avait déjà volé Médée, il refusait de voir disparaître celle qui devait devenir sa seconde épouse.

— Comment te sens-tu?

Danaé fit un effort sur elle-même pour ne pas éclater en sanglots.

— Jamais je n'ai eu si peur et si mal. J'ai bien cru que tout était fini. Les flammes me dévoraient et, malgré tous les efforts de mes servantes, elles refusaient de s'éteindre. Et puis, lorsque tu as posé la Toison sur moi, toute souffrance a disparu comme par enchantement. Je ne me suis jamais sentie aussi bien. Le bien-être que je ressentais était aussi fort que la douleur qui l'avait précédé. Je sentais que plus rien de mal ne pouvait m'arriver, comme si j'étais dans la main de Zeus lui-même.

— J'ai éprouvé la même chose lorsque la Toison d'or m'a sauvé de la mort, en Colchide, confirma Atalante.

— Malheureusement, dit Jason, elle ne servira plus jamais.

Une violente colère s'empara de lui et il se tourna vers les femmes.

— D'où venait cette robe maudite?

— Elle a été commandée chez le meilleur artisan de Thèbes, répondit la nourrice. Il l'a livrée ce matin même. Il y avait aussi un bijou.

Elle désigna, sur une console, une bague en or ornée d'un serpent ailé. Jason se figea.

— La bague de Médée! s'exclama-t-il.

On fit venir l'artisan, qui roula des yeux emplis de terreur lorsque le roi l'accusa d'avoir voulu tuer sa fille.

— Pardonne-moi, seigneur! Je n'y suis pour rien. J'ai confectionné cette robe avec le plus grand soin.

— Mais le tissu ne t'a pas brûlé les doigts, rugit Créon.

— Non, seigneur.

Jason posa la main sur le bras du roi.

— N'accuse pas cet homme, dit-il. Il n'est pas responsable. La bague prouve que cette robe était envoyée par Hécate. Elle voulait que je sache qu'elle était responsable de la mort de Danaé.

— Comment a-t-il pu fabriquer la robe avec le tissu sans se brûler?

— La magie de la déesse de la nuit. Elle voulait me frapper en faisant périr ma future épouse dans d'atroces souffrances.

— Mais elle a échoué! se réjouit Créon.

Jason fit une moue sceptique.

— Les dieux nous ont aidés, une fois de plus. Malheureusement, sa malédiction me poursuivra encore et toujours. Aucun des miens ne sera jamais en sécurité. Et quand elle saura que son piège horrible et lâche n'a pas fonctionné, elle va déclencher la guerre contre Thèbes. Nous devons nous préparer au combat.

Comme pour jeter un défi à la face de la déesse maudite, le mariage fut célébré le jour même. Avant la nuit de noces, Jason offrit des libations et des sacrifices à tous les dieux qui lui avaient apporté leur soutien au cours de son expédition. À tous il adressa des suppliques pour qu'ils intercèdent auprès d'Hécate afin qu'elle renonce à sa vengeance. Mais il ne se faisait aucune illusion. Après avoir détruit Médée, elle s'acharnerait sur lui et prendrait même un malin plaisir à s'opposer aux autres dieux.

Il eut confirmation de ce pressentiment quelques jours plus tard, lorsqu'un guerrier se présenta dans la salle du trône où Créon et Jason organisaient la défense de la ville.
— Seigneur, dit-il. L'armée d'Iolcos marche sur Thèbes.

64

La colère de Zeus

— Quelle est sa position? demanda-t-il.

— Des éclaireurs ont repérés des troupes avant Phères, poursuivit le soldat. Ils seront à Thèbes d'ici deux ou trois jours.

— Combien d'hommes cela représente-t-il? s'inquiéta Créon.

— Ils sont très nombreux, seigneur. D'après ce que nous avons vu, il y a dans leur rang des Lapithes montés sur des chevaux de grande taille, et des mercenaires venus du Nord. Leur armée est trois à quatre fois plus nombreuse que la nôtre. Il y a aussi une cinquantaine de centaures.

Le roi pâlit. Les murailles de Thèbes étaient solides, mais pourraient-elles résister à un assaut d'une telle envergure?

Admète de Phères s'écria :

— Ils vont d'abord s'en prendre à ma cité! Je dois aller là-bas.

— Non! intervint Alceste. Acaste est mon frère. Il n'osera pas détruire Phères.

Jason secoua la tête.

— Je crains que tu ne sois trop optimiste, Alceste. Rien n'arrêtera Acaste.

— Jason a raison, confirma Admète. Nous devons nous réfugier ici et joindre nos forces à celles de Thèbes. Ainsi, nous aurons plus de chances de les repousser. Je vais rassembler mes hommes. Nous combattrons à vos côtés.

— Mais Phères sera détruite, gémit la jeune femme.

— Nous la reconstruirons, soupira-t-il.

Après avoir ordonné à son épouse de demeurer sur place pour protéger leurs enfants, il quitta la salle du trône, suivi par sa garde.

On se hâta de mettre les paysans des petits villages dépendant de la cité à l'abri des murailles. Puis Créon ordonna que chaque homme valide prenne les armes et rejoigne la caserne où des capitaines les répartirent en phalanges. Jason lui-même parcourut la ville, revêtu de son armure, sachant que la vue de celle-ci galvaniserait les troupes. Il garda pour lui l'angoisse qui le taraudait. Les murailles de Thèbes seraient peut-être assez solides pour résister à l'assaut d'une armée trois fois plus nombreuse et composée de guerriers habitués au combat. Mais elles ne tiendraient pas longtemps devant la magie d'Hécate.

Dans la soirée, il rendit visite à Atalante. La jeune femme rageait. Deux jours plus tôt, elle avait accouché de son fils, baptisé Parthénos.

— Pourquoi faut-il que ce soit juste au moment où nous sommes attaqués? grogna-t-elle tandis que le bébé tirait vigoureusement sur le sein maternel. Mon arc aurait pu faire des ravages.

Une atmosphère lourde s'était installée sur la cité, génératrice d'angoisse et de peur. Les mères avaient mis les enfants à l'abri dans les caves et les galeries souterraines où l'on entreposait le vin, leur recommandant de ne sortir sous aucun prétexte. Elles savaient trop que l'ennemi n'hésiterait pas à massacrer jusqu'aux nouveau-nés pour assouvir sa soif de sang. Certaines femmes prirent les armes pour se joindre aux hommes.

Le surlendemain, après une nuit où personne n'avait dormi, les guetteurs postés sur les murailles donnèrent l'alerte dès l'aube. À mesure qu'il approchait, on reconnut le cheval d'Admète qui galopait en direction de l'entrée principale. Sitôt entré, il bondit à terre. Jason le rejoignit. Le jeune roi avait les yeux rougis par la fatigue et la douleur.

— J'ai rassemblé mon peuple. Il marche sur Thèbes. Nous avons emporté toutes les armes que nous avons pu trouver ainsi que les troupeaux et des vivres. Acaste est sur nos talons, mais il va perdre du temps avec le pillage de ma cité. De loin, j'ai vu les lueurs des premiers incendies.

Le jeune roi serra les dents pour ne pas céder au chagrin qui le rongeait. Jason le prit dans ses bras et l'étreignit longuement.

— Nous ferons payer ses crimes à Acaste. Je t'en fais le serment.

La population de Phères fut accueillie à bras ouverts par les Thébains. Les deux cités avaient toujours entretenu de bonnes relations. L'ennemi commun ne faisait que renforcer ces liens. Les guerriers d'Admète se joignirent à ceux de Créon sur les chemins de ronde. Le plus gros des forces était concentré vers le nord, d'où allait arriver l'armée d'Iolcos.

Jason regrettait la présence d'Atalante près de lui. Ils avaient toujours combattu côte à côte, mais, pour la première fois, la jeune femme ne pouvait le seconder. Il en éprouvait un sentiment de vulnérabilité. Autour de lui, les hommes observaient le silence. Hormis les gardes royaux, la plupart d'entre eux ignoraient tout de l'art du combat. Parmi eux, beaucoup allaient mourir. Sa haine envers Hécate et Acaste s'en trouva accrue.

Lorsque le soir tomba, le ciel se teinta de sang, tandis qu'un vent froid se levait, soulevant des tourbillons de poussière dans la cité et sur la plaine environnante.

Le lendemain, la lumière rose de l'aube découpait à peine les ombres des murailles et des grands arbres lorsque les sentinelles sonnèrent l'alarme. À l'horizon, les collines étaient couvertes d'une myriade de silhouettes féroces, dont une bonne centaine étaient à cheval. On distinguait des centaures parmi elles. Ceux-ci n'étaient jamais loin lorsque s'annonçait quelque pillage. Le vent de la veille avait soufflé toute la nuit et ne s'était pas calmé. Des bourrasques soudaines bousculaient les défenseurs postés sur les remparts.

L'armée ennemie s'avança dans la plaine, puis s'arrêta à bonne distance. Chacun distingua alors avec horreur les têtes humaines exsangues que certains guerriers portaient, plantées au bout de leur lance.

— Ces chiens ont dû massacrer les habitants de Phères qui n'ont pas eu le temps de fuir, s'exclama Admète, rouge de colère.

Tout à coup, un petit groupe d'ennemis se dirigea vers la ville. Jason reconnut, à la tête de la délégation, Acaste et Hécate, sous les traits de Médée. Une vive émotion s'empara de lui. Il éprouvait pour cette femme un mélange paradoxal d'amour et de haine, reflet de la passion qu'il avait éprouvé pour sa princesse de Colchide et de sa haine envers la déesse maudite qui avait volé ses traits. La rage et l'impuissance lui nouaient les entrailles. Il aurait aimé anéantir cette divinité funeste et impitoyable. Mais un mortel ne pouvait vaincre une telle créature.

Parvenu à bonne distance, un héraut d'armes clama d'une voix de stentor :

— Roi Créon! Mon seigneur, le roi Acaste d'Iolcos, sait que tu caches en tes murs l'ancien mari de notre reine Médée, Jason l'Argonaute, ainsi que leurs deux enfants, Médéios et Ériopis. Il te somme de les lui remettre immédiatement. En cas de refus, il considérera qu'il existe un état de guerre entre nos deux cités. Notre armée anéantira Thèbes et massacrera tous ses habitants jusqu'au dernier.

Jason regarda Créon, qui l'avait rejoint sur le chemin de ronde. S'il avait su que son sacrifice suffirait à sauver Thèbes, il n'aurait pas hésité un seul instant à se rendre. Mais il ne pouvait accepter de livrer ses enfants, sachant qu'ils seraient aussitôt mis à mort par Hécate.

Le roi le rassura d'une brève inclinaison de la tête. Il ne fallait pas céder à l'intimidation.

— Nous combattrons côte à côte, dit-il à Jason.

Puis il se tourna vers Acaste et déclara :

— Acaste, la paix a toujours régné entre nos deux cités. Pourquoi viens-tu la rompre aujourd'hui en me demandant de trahir les lois sacrées de l'hospitalité? Jason est mon invité et mon fils, puisqu'il a épousé ma fille Danaé. Il est donc hors de question de te le livrer. Mais avant de combattre, sache faire preuve de sagesse, et considère combien d'innocents vont payer ta volonté de leur vie, aussi bien dans les rangs d'Iolcos que dans ceux de Thèbes. Ne crains-tu pas que les juges des morts, Minos, Éaque et Rhadamante, t'en demandent des comptes lorsque le temps sera venu pour toi de rejoindre le Tartare?

Acaste éclata de rire.

— Tu les salueras bien avant moi, Créon, si tu ne te plies pas à mes exigences!

— Ne sois pas si présomptueux. On ne vend pas la peau d'un ours encore vivant.

Pour toute réponse, Acaste lui tourna le dos et se dirigea vers son armée.

— Acaste! tonna la voix de Jason.

L'autre fit volte-face. Jason poursuivit :

— Si tu en as le courage, je te propose un marché : que le sort de cette guerre soit décidé par un combat qui nous opposera l'un à l'autre. Si je vaincs, ton armée se retirera sans dommage. Si tu vaincs, je serai ton prisonnier. Et…

Il avala sa salive. Ce qu'il allait proposer lui coûtait, mais il se savait bien plus puissant que son adversaire.

— Et je te livrerai également mes enfants.

Un sourire mauvais étira la face d'Acaste.

— À une condition, précisa Jason. Que cette sorcière jure sur le Styx de ne pas utiliser sa magie!

Le rictus d'Acaste se figea. Il savait que la femme qui s'était présentée à lui sous les traits de Médée, ancienne épouse de Jason, n'était autre que la déesse Hécate. Une déesse qui partageait ses nuits. Une déesse qui lui avait aussi promis un destin hors du commun. Elle mettait sa puissance à sa disposition pour conquérir la Grèce, à condition qu'il commence par anéantir la cité de Thèbes et qu'il tue Jason, sa jeune épouse, et les enfants qu'il avait eus de Médée. Elle n'avait eu aucun mal à le convaincre. Ambitieux et avide de gloire, Acaste se voyait déjà roi suprême de toutes les grandes cités grecques, unifiées sous sa bannière.

Mais la proposition de ce maudit Jason le prenait de court. Il n'avait aucune chance de le vaincre en combat singulier et loyal. Et si Hécate jurait sur le Styx de ne pas user de ses pouvoirs, elle ne pourrait le doter de la puissance surnaturelle indispensable. Il hésita un instant, puis répondit d'une voix haineuse :

— Je refuse.

— Serais-tu lâche? riposta Jason.

Malgré la distance, il ressentit la réaction de haine absolue d'Acaste sous l'insulte. L'autre répliqua d'une voix marquée par la fureur :

— Je ne veux pas priver mes braves guerriers du pillage que je leur ai promis. Préparez-vous tous à mourir!

Au loin, une clameur de triomphe monta de l'armée ennemie pour saluer sa décision. Satisfait, Acaste rejoignit ses troupes d'un pas rapide. Cependant, Hécate, sous les traits de Médée, resta sur place, seule, à découvert. Près de Créon, un capitaine déclara :

— Seigneur! Nous pouvons nous emparer d'elle. Elle nous servira d'otage.

— Ne te risque surtout pas à faire cela, répondit Jason. Tu serais mort avant d'avoir compris. Cette femme n'est pas mon ancienne épouse, mais la déesse Hécate.

Soudain, les lourdes portes de la cité s'entrouvrirent, livrant passage à une demi-douzaine de jeunes cavaliers qui galopèrent en direction de la femme, espérant sans doute accomplir un coup d'éclat.

— Les malheureux! s'écria Jason. Ils n'ont pas compris que c'était un piège.

Il se mit à hurler pour les rappeler, mais les guerriers inconscients ne l'entendirent pas. Impuissants, Jason et les Thébains les virent foncer vers la déesse en hurlant, croyant avoir affaire à une simple mortelle. Tout à coup, une clameur d'horreur s'éleva sur les remparts. On vit Hécate lever les bras. Puis une onde de chaleur intense frappa instantanément les cavaliers, parvenus presque à sa hauteur. Des hurlements de douleur déchirèrent l'air glacé du matin. En quelques secondes, sans qu'aucune flamme ne les ait touchés, hommes et chevaux se couvrirent de sang, comme si vêtements, peau et pelage s'étaient embrasés. Une infecte puanteur de chair calcinée se répandit, tandis que les corps se carbonisaient inexorablement. Bientôt, les hurlements s'éteignirent et il ne resta plus que des cendres. Un silence de mort tomba sur les remparts, qui fut soudain rompu par un éclat de rire strident poussé par la déesse.

L'instant d'après, Hécate leva les bras de nouveau. Dans ses mains, elle tenait des bâtons qu'elle abaissa brusquement vers le sol. Rapidement, des failles apparurent, qui se dirigèrent vers les murailles comme des griffures menaçantes. Sous les pieds des défenseurs, le chemin de ronde se mit à vibrer.

— Elle tente de faire crouler les remparts, s'écria Jason. Si elle y parvient, l'ennemi n'aura plus qu'à s'engouffrer par les brèches.

Des cris angoissés jaillirent un peu partout. Déjà, certains murs commençaient à se lézarder. Une brume de poussière s'élevait du sol autour de l'endroit où se tenait Hécate. Jason saisit son arc et décocha une flèche, sachant que la déesse avait pris soin de se placer hors de portée des archers. La flèche retomba loin devant Hécate, qui éclata à nouveau de son rire terrible.

Pendant ce temps, Acaste avait rejoint ses troupes. Bientôt, celles-ci se mirent en branle. Ses guerriers frappaient leur lance contre leur bouclier selon un rythme soutenu et angoissant, produisant un vacarme assourdissant, qu'ils accentuaient avec des vociférations de triomphe anticipé.

— Nous sommes perdus, gémit la voix d'un jeune guerrier près de Jason.

Soudain, une flèche rapide jaillit des remparts de Thèbes, décrivit une superbe parabole et vint se planter dans la poitrine de la magicienne. Des exclamations d'étonnement fusèrent des rangs thébains. Qui possédait un arc suffisamment puissant pour atteindre une telle distance?

Les vibrations cessèrent aussitôt. Puis Jason vit la belle Artémis le rejoindre, un sourire ravi aux lèvres. Derrière elle suivait Apollon, qui lui adressa un signe d'amitié. Les dieux se rangeaient à leurs côtés. Tout n'était donc pas perdu. Du haut des murailles de Thèbes, Artémis apostropha la déesse ennemie :

— Je t'avais ordonné de ne plus t'attaquer aux Argonautes, Hécate. Je combattrai dans leurs rangs, tout comme mon frère Apollon.

D'un geste rageur, Hécate arracha la flèche et la jeta au sol. Puis, sans daigner répondre, elle reprit ses incantations avec une fureur accrue. Artémis s'apprêtait à tirer une nouvelle flèche lorsqu'un éclair aveuglant se planta dans le sol entre les remparts de Thèbes et la déesse. Une nouvelle clameur de surprise jaillit des rangs des Thébains. L'armée d'Iolcos, qui l'avait presque rejointe, se figea d'un coup. Chacun leva les yeux vers le ciel. En quelques instants, il se couvrit d'une masse menaçante de nuages noirs. Une lueur éblouissante apparut alors au milieu des nuées sombres, tandis qu'une voix énorme tonnait :

— Aucun dieu ne combattra au cours de cette guerre. C'est une affaire que les hommes doivent régler entre eux. Artémis et Apollon, je vous ordonne de regagner l'Olympe. Quant à toi, Hécate, tu n'as rien à faire en Grèce. Regagne ta Colchide et restes-y. J'exige que tu renonces à te venger de Jason. Si tu refuses de m'obéir, c'est moi que tu devras combattre. Et prends garde de ne pas connaître à ton tour le sort des Titans!

Un roulement de tonnerre fit trembler ensuite les murailles de Thèbes. Zeus avait rendu son jugement. Les jumeaux divins posèrent chacun une main sur l'épaule de Jason, et Apollon déclara :

— Dommage, nous aurions aimé combattre près de toi, mon ami. Mais nous devons obéir à notre père. Garde courage. Tu seras un grand roi.

Ils disparurent dans un éclat de lumière. Devant les murailles, Hécate brandit un poing rageur en direction du ciel. Pendant un instant, on crut qu'elle allait lancer un défi au roi des dieux. Mais la Magicienne n'avait rien à gagner d'un conflit ouvert avec Zeus. Elle prit sa forme tricéphale et s'enfla pour atteindre la hauteur de quatre hommes. Puis les trois têtes poussèrent un épouvantable hurlement de rage qui glaça le sang dans les veines des Thébains. Enfin, la terrible créature disparut dans un embrasement de flammes vertes. À l'endroit où elle se tenait ne subsistèrent plus que les cendres de ses victimes.

Après son départ, l'amoncellement de nuages noirs se dissipa en quelques instants, comme s'il n'avait jamais existé, et le ciel retrouva sa clarté. Zeus s'était retiré dans l'Olympe. Jason poussa un soupir de soulagement. Il se savait désormais à l'abri de la vengeance d'Hécate.

Mais Thèbes n'était pas sauvée pour autant. L'armée d'Acaste, privée des pouvoirs magiques de leur reine divine, n'en restait pas moins nombreuse et agressive. Et Zeus l'avait précisé : ce conflit était une affaire humaine. Il n'avait donc pas interdit à Acaste de se livrer à sa guerre de conquête. Il y eut un instant de flottement, puis une clameur monta des poitrines ennemies.

L'assaut fut donné.

65

La tenue du serment du Pont-Euxin

Une marée humaine hurlante déferla en direction des remparts. Certains portaient des échelles qui vinrent prendre appui sur les murailles et se chargèrent de grappes d'hommes en fureur brandissant massues, épées et lances. En réponse, des essaims de flèches jaillirent des remparts, abattant les assaillants par dizaines. Mais il en surgissait toujours de nouveaux. À certains endroits, ils parvinrent à prendre pied sur le chemin de ronde. Jason et les soldats de la garde royale eurent toutes les peines du monde à les repousser.

Acaste s'était retiré vers l'arrière et surveillait les opérations. Il était inutile de priver Iolcos de son nouveau roi en prenant des risques inconsidérés. Il avait d'autres atouts en réserve.

Au début, Jason redouta que le manque d'expérience ne fût fatal aux Thébains. Mais ils défendaient leurs vies et leurs familles, aussi puisèrent-ils dans leur courage la science des armes qui leur manquait. Partout où les Iolciens avaient pris pied, des groupes galvanisés les repoussaient avec détermination. Les corps des mercenaires basculaient par-dessus les remparts. À d'autres endroits, les femmes de Thèbes avaient fait bouillir de l'huile et en déversaient de pleins chaudrons sur les guerriers qui grimpaient aux échelles. Ils dégringolaient en hurlant de douleur. Des archers enflammaient alors des flèches et les ajustaient. Ceux qu'ils parvenaient à atteindre se transformaient en torches vivantes.

Cependant, il fallait se méfier des centaures. Ceux-ci, restés au loin, décochaient des nuages de flèches qui retombaient sur les défenseurs. Plus d'un tomba, foudroyé par des traits mortels. En riposte, Jason constitua un groupe d'archers qui prit place sur l'une des tours qui encadraient la porte de la ville. Leur position en surplomb leur offrait un avantage. Lorsque les premiers tirs atteignirent les hommes-chevaux, ceux-ci, pris de panique, se désorganisèrent.

Les combats se poursuivirent ainsi toute la journée, moissonnant leurs sinistres récoltes de morts et de blessés, sans qu'aucune action ne se révélât décisive dans un camp ou dans l'autre. Malgré leur infériorité numérique, les Thébains résistèrent et parvinrent à rejeter hors des murailles les groupes d'assaillants qui avaient un moment pris pied sur le chemin de ronde. Même les enfants s'étaient mis de la partie à l'aide de frondes et de bâtons.

Au soir de la bataille, constatant qu'il ne parviendrait pas à faire plier les défenseurs dès la première journée, Acaste ordonna à ses troupes de se retirer. Plusieurs centaines de corps jonchaient le champ de bataille, que les Iolciens laissèrent sur place.

La nuit amena un répit, au cours duquel on pansa les blessures et l'on emporta les morts dans une salle où ils attendraient leurs funérailles.

Danaé apporta de la nourriture et de l'eau à Jason, demeuré sur le chemin de ronde. Il redoutait une attaque nocturne sournoise. La jeune femme se blottit contre lui. À présent qu'il était libéré de la menace qu'Hécate faisait peser sur lui, il se sentait mieux. Elle ne risquait plus de revenir le hanter sous les traits de Médée. Cependant, il ne pouvait s'empêcher de ressentir une perte irréparable, que l'épuisement rendait encore plus douloureuse. Mais la chaleur du corps de sa jeune épouse irradiait en lui comme un baume apaisant. Il savait qu'elle aurait aimé lutter à ses côtés, mais elle ne savait pas se battre. Elle prenait soin de ses enfants, retranchés dans le palais royal.

Ce fut une nuit longue et chargée d'angoisse. Au loin, vers le nord, la plaine était couverte des taches lumineuses des feux de camp ennemis. Il y en avait tellement que le ciel rougeoyait.

Pourtant, le lendemain, il n'y eut pas de nouvel assaut. Lorsque l'aube se leva, les guetteurs se rendirent compte que les Iolciens avaient disparu.

— Ils n'ont pas pu abandonner après une seule journée de bataille! s'étonna Créon.

On aurait pu le croire. Au nord, l'horizon sur lequel flottaient des écharpes de brume, était désert. Seuls restaient les traces des feux et quelques piques plantées dans le sol, sur lesquels étaient empalées les têtes des malheureux tombés entre les griffes de l'agresseur. Un temps gris avait remplacé le soleil triomphant de la veille. Jason décida d'effectuer une sortie de reconnaissance avec un petit groupe de cavaliers. Ils n'eurent pas à aller loin. Un grondement sourd les informa que les Iolciens avaient établi leur campement plus loin, dans la vaste forêt qui bordait le royaume de Thèbes. Jason et ses compagnons laissèrent leurs chevaux à la garde d'un guerrier et s'aventurèrent au plus près du bivouac, tout en restant à couvert des buissons.

— Mais... que font-ils? demanda un jeune soldat en désignant des hommes qui abattaient de grands arbres.

— Je n'aime pas ça, grommela Jason. J'ai l'impression qu'ils fabriquent des machines de guerre.

Il n'y eut pas de combats pendant six jours. Les Thébains et leurs alliés de Phères eurent le temps de mieux organiser la défense de la cité. Au calme qui régnait dans les rues, on aurait pu croire que la guerre avait pris fin. Mais la tension des défenseurs démentait cette impression. Il ne régnait aucune animation joyeuse dans les rues ni sur l'agora, où l'on avait parqué les troupeaux. Les femmes restaient cloîtrées dans les maisons avec les enfants, tandis que des hommes armés parcouraient la ville en tous sens, prêts à se rendre à n'importe quel endroit menacé.

Au matin du septième jour, l'armée ennemie fut de retour. Elle ne livra pas l'assaut brutal et aveugle qui lui avait coûté tant de guerriers le premier jour. Au contraire, elle avançait lentement. Au milieu de la marée humaine se dressait une machine lourde et imposante, poussée par une cinquantaine d'esclaves. Jason vit qu'il s'agissait d'un bélier gigantesque, dont la tête était constituée par un cône de métal creux rempli de braises. L'appareil, déjà chauffé au rouge à la pointe, devait permettre de défoncer la lourde porte de la cité.

Jason comprit le danger. Mais avant qu'il ait pu organiser une défense, les hordes d'Acaste déferlaient sur Thèbes. Une nouvelle fois, les échelles se dressèrent le long des murailles et des grappes humaines se lancèrent à l'assaut, empêchant les défenseurs de concentrer leurs tirs sur le bélier géant.

Les premiers coups de boutoir du bélier retentirent sur la porte. Celle-ci résista, mais il était visible qu'elle ne tiendrait pas longtemps. Si elle cédait, rien n'empêcherait les meutes de guerriers iolciens d'investir Thèbes.

Tout à coup, des nuées de flèches enflammées tombèrent des deux hautes tours encadrant la porte de la ville, prenant les servants de la machine en cisaille. Stupéfait, Jason vit la silhouette d'Atalante se dresser au milieu des archers. Il faillit éclater de rire. Elle avait été plus prompte que lui à réagir. Elle lui adressa un signe joyeux. Il grimpa la rejoindre.

— Que fais-tu? Tu es folle, ton bébé vient à peine de naître.

— Cela fait presque dix jours à présent. Crois-tu que j'allais te laisser lutter seul contre ces brutes? Et puis, Alceste est, elle aussi, sur les remparts. J'aurais l'air de quoi à rester en arrière. C'est moi qui lui ai appris à se battre!

Évidemment! Il faillit lui rétorquer qu'elle allaitait un nourrisson, autant convaincre un taureau en train de charger de faire demi-tour. Mais, malgré tout, il était heureux de sa présence. L'intervention d'Atalante et de ses archers se révéla efficace. Les flèches enflammées qu'ils lançaient sur la machine finirent par l'embraser. Hélas, cela n'empêchait pas les assaillants de poursuivre leurs coups de boutoir contre la porte double de la cité. Celle-ci craquait chaque fois un peu plus. Enfin la lourde tête de métal se brisa et s'effondra sur les servants, des cris de terreur et de souffrance montèrent des rangs ennemis. Les Thébains crurent pendant quelques instants qu'ils avaient réussi à repousser l'attaque de la machine infernale. Mais des hordes de guerriers s'attaquèrent à ce qui restait des lourds vantaux à la hache.

La porte résista toute la matinée. Mais, au début de l'après-midi, le feu et les coups de hache finirent par l'abattre. Des hordes furieuses se ruèrent alors à l'intérieur de la ville en vociférant. Les premiers furent systématiquement transpercés par des volées de flèches précises et meurtrières. Mais bientôt, les archers durent céder le pas et Jason envoya ses lanciers dans la bataille. Malheureusement, le nombre parlait en faveur des assaillants et un hurlement de victoire anticipée jaillit des poumons d'Acaste quand il se rendit compte que ses troupes avaient réussi à investir la ville.

À l'intérieur régnait la confusion la plus totale. Jason avait réussi à contenir les premiers assaillants en plaçant des archers sur les toits. Des nuées de flèches tombaient sur l'ennemi. Mais d'autres les remplaçaient. Les Thébains, peu habitués au combat, se défendaient avec l'énergie du désespoir.

Soudain, il y eut un moment de flottement dans les rangs ennemis. Pour une raison incompréhensible, Jason, dont le torse et les bras étaient couverts de sang, les vit reculer, puis refluer vers la porte détruite. Des clameurs joyeuses fusaient des soldats thébains qui tenaient le chemin de ronde. L'incertitude de Jason ne dura guère. Il comprit ce qui se passait quand il vit surgir, au milieu des décombres de la porte, la silhouette gigantesque d'Héraclès, dont la massue faisait des ravages dans les rangs ennemis. Mais il n'était pas seul. Jason reconnut Hylas, Castor et Pollux, Idas et Lyncée, Calaïs et Zétès, Erginos, Orphée, Argos, Pélée et Télamon, Périclyménos,

Échéion, Amphiaros le devin, qui tous avaient amené leurs troupes.

Galvanisés par ce renfort inattendu, les Thébains combattirent avec une ardeur redoublée et bientôt, les assaillants se virent repoussés à l'extérieur où la bataille se poursuivit. Cette fois, les forces s'équilibraient. Mais les Iolciens ne pouvaient rivaliser avec la fougue des Thébains et de leurs alliés. Peu à peu, la débandade s'installa dans leurs rangs. Acaste tenta de rameuter ses troupes, en vain. En compagnie des Argonautes, Jason lança une offensive contre son adversaire. Celui-ci tenta de s'enfuir, mais il fut très vite rattrapé. Fou de rage, Acaste se rua l'arme haute sur Jason, qui attendait sa riposte. Un terrible combat s'engagea entre les deux hommes. Acaste, qui n'avait plus rien à perdre, multipliait les feintes et frappait de toutes ses forces. Hélas pour lui, il ne pouvait lutter contre la science des armes de Jason. Celui-ci avait à l'esprit tous les Thébains morts par la faute de cet individu ambitieux et cruel. Soudain, il se fendit, ploya le genou, puis porta une fulgurante attaque de bas en haut. Sous la violence du coup, son épée pénétra dans le ventre d'Acaste, sous le plexus, et ressortit derrière la nuque. Le corps du roi en décolla de terre. Il ouvrit de grands yeux, vomit un flot de sang, puis retomba lourdement sur le sol. Voyant leur chef mort, les Iolciens jetèrent les armes.

La victoire était complète. Tandis que l'on rassemblait les prisonniers, Jason tomba dans les bras de ses compagnons argonautes.

— Mais comment se fait-il…

— Que nous soyons là? termina Orphée.

Il eut un petit sourire en coin et poursuivit :

— Zeus n'a pas apprécié l'intervention d'Hécate. Après avoir interdit aux dieux de se mêler d'une bataille humaine, il a tout de même envoyé son messager vers chacun de nous, dans nos cités respectives. Hermès nous a rappelé notre serment du Pont-Euxin : nos soutenir mutuellement et ne pas nous séparer en cas de danger. Nous nous sommes mis en route immédiatement. Et nous voilà!

Centaures et mercenaires furent réduits à l'esclavage. Cependant, Jason se montra clément envers les soldats iolciens. Le général Nysos, qui avait survécu à une vilaine blessure au bras, implora son pardon.

— Le devoir me commandait d'obéir à mon roi, se justifia-t-il.

— Mais il n'y a plus de roi à Iolcos, répliqua Jason.

— Si, il y en a un, intervint Héraclès. Tu as rapporté la Toison d'or, Jason. Cela fait de toi le roi légitime d'Iolcos.

— La Toison a été détruite, objecta le jeune homme.

— Mais c'est toi qui l'as reconquise. Tous les Argonautes peuvent en témoigner.

Nysos renchérit :

— Héraclès dit la vérité, seigneur. Puisses-tu nous pardonner d'avoir porté les armes contre toi.

Puis il posa un genou en terre devant Jason. L'instant d'après, la totalité des Iolciens l'imitaient. L'ennemi était redevenu ce qu'il n'aurait jamais dû cesser d'être : un allié. Une immense clameur salua l'accession de Jason au trône d'Iolcos.

La fête qui suivit resta dans toutes les mémoires. Artémis et Apollon y participèrent : leur père leur avait interdit de se mêler à la bataille, mais pas au banquet qui suivrait! Athéna elle-même se montra, ainsi qu'Aphrodite, qui apparut en compagnie d'un Boutès métamorphosé par son aventure avec la déesse de l'amour.

Plusieurs jours plus tard, après des adieux déchirants, Jason et Danaé, suivis par Atalante, les enfants, et les troupes iolciennes rangées désormais sous sa bannière, quittaient Thèbes pour prendre la direction d'Iolcos. Héraclès et les Argonautes avaient décidé de les accompagner, pour parer à une éventuelle révolte des partisans d'Acaste. Mais celle-ci, très hypothétique, n'était qu'un prétexte. En vérité, ils comptaient bien poursuivre à Iolcos les festivités qui avaient si bien commencé à Thèbes.

Ce fut ainsi que Jason devint roi de Thessalie. Bien sûr, il ne ramenait pas la Toison d'or, détruite à jamais, mais il avait prouvé, par sa valeur et son courage qu'il était bien digne de succéder aux grands rois d'antan. Par ailleurs, dans le troupeau offert à Jason par Artémis pour célébrer son accession au trône, chacun avait remarqué qu'il se trouvait un petit agneau à la fourrure curieusement dorée…

Atalante décida de rester près de Jason. Nombreux furent les hommes qui lui proposèrent de l'épouser. Mais elle les refusa tous. Jamais elle ne remplaça Méléagre. Elle resta la chasseresse solitaire et consacra tout son amour à l'éducation du fils qu'elle avait eu de lui, Parthénos. Tout comme sa mère, il devint un fameux chasseur.

Admète de Phères et Alceste retournèrent vivre dans leur cité de Phères. Ils eurent d'autres enfants, et on les voyait souvent en visite à Iolcos, de même que tous les Argonautes, et aussi le vénérable centaure Chiron.

Jason sut s'entourer de sages conseillers et redonna confiance à un peuple trop longtemps dominé par la tyrannie. En quelques années, Iolcos redevint la cité puissante et prospère qu'elle était autrefois. Le palais fut remis en état et nombreux furent les souverains qui rendirent visite au nouveau roi thessalien. Parmi eux, Thésée d'Athènes, Priam de Troie, Pélée, roi des Myrmidons. L'épopée des Argonautes entra très vite dans la légende, colportée par les poètes conteurs, et on ne se lassait pas de l'écouter, au soir, à la veillée.

Jason vécut longtemps et heureux en compagnie de Danaé, qui lui donna d'autres enfants, lesquels eurent des enfants à leur tour.

EPILOGUE

Iolcos, au cours de l'avènement du roi Jason...

Lors des festivités qui célébrèrent le retour d'un souverain légitime à Iolcos, une foule nombreuse envahit la fastueuse cité, venue des quatre coins de la Grèce. Elle était composée de guerriers et de chasseurs célèbres, de souverains, mais aussi de marchands, d'ouvriers et de mendiants. Ces derniers profitaient de l'abondance de victuailles et de vins offerts généreusement par les habitants.

Parmi ces pauvres hères, personne ne prêta attention à une silhouette de femme qui erra, pendant toute la durée des réjouissances, non loin du palais, et partout où le nouveau roi et son épouse se rendaient. Elle gardait constamment un large capuchon rabattu sur le visage, et personne ne pouvait discerner ses traits. Contrairement aux autres, elle ne mangeait pas, ne buvait pas, sinon quelques fruits secs et un peu d'eau.

Mais si quelqu'un avait eu la curiosité de regarder son visage de plus près, il aurait découvert une femme d'une grande beauté, dont les traits reflétaient une grande tristesse et une immense douleur.

Car contrairement à ce qu'Hécate avait dit à Jason, Médée avait survécu lorsque la déesse avait pris possession de son être, peu avant l'escale dans l'île d'Anaphé. Mais son esprit s'était entièrement effacé derrière celui de la Magicienne. Elle avait tenté d'avertir Jason, mais celui-ci ne s'était pas rendu compte tout de suite de la substitution.

Le phénomène s'était déjà produit quelques années plus tôt, lorsque, sous un coup de folie inspiré par la déesse, Médée avait assassiné son frère Apsyrtos contre sa propre volonté. Hécate s'était retirée quelques jours plus tard, la laissant désemparée.

Cette fois, elle avait totalement investi son corps et son esprit, pour essayer de prendre la place de Médée dans le cœur de Jason. Mais celui-ci n'avait pas répondu à cette flamme dévastatrice et perverse. Médée s'était rendu compte que son mari n'était pas tombé dans le piège. Elle avait vu l'amour s'effacer dans ses yeux lorsqu'il regardait cet être hybride et monstrueux qu'elle était devenue. Hécate en avait conçu une fureur noire et s'était vengée.

Prisonnière muette de son propre corps, Médée avait assisté, impuissante, aux crimes commis par la Magicienne. Elle avait voulu hurler d'horreur lorsqu'elle avait failli tuer son propre fils, Médéios, mais la puissance d'Hécate était telle qu'aucun mot n'avait franchi sa gorge. Elle avait ressenti la douleur de la flèche d'Artémis dans sa main, celle de la perte de sa fidèle Hélicé, la souffrance de la dématérialisation quand Hécate avait fui devant Jason et la Vierge chasseresse. Plus tard, devant les murs de Thèbes, elle avait aperçu Jason sur les remparts, sans pouvoir le prévenir, sans pouvoir lui hurler son amour. Puis il y avait eu cette nouvelle flèche dans sa poitrine, tirée encore une fois par Artémis. Elle avait cru périr tant la douleur était insoutenable. Mais la volonté de la Magicienne avait repoussé la mort et la blessure s'était guérie instantanément.

Lorsque Zeus avait chassé Hécate, elle avait senti son corps se diluer dans les limbes, puis se dissocier lentement de l'esprit de la Magicienne.

Elle avait repris conscience bien plus tard, sur une plage inconnue. Son esprit était libéré. Toute trace de la présence d'Hécate avait disparu. Elle avait retrouvé avec étonnement l'usage de la parole, la liberté de ses mouvements. Mais elle était en haillons et tout son corps la faisait souffrir. Hécate l'avait jetée comme l'on se débarrasse d'un vêtement usé.

Cependant, elle était redevenue elle-même, et cela seul comptait. Elle s'était traînée jusqu'à un village de pêcheurs où on l'avait soignée.

Puis elle avait pris la route de Thèbes. Elle espérait... elle ne savait quoi. Jason était remarié. À Thèbes, elle apprit que son mari était reparti à Iolcos pour en devenir le roi. Elle avait suivi les mendiants qui se rendaient sur place pour profiter de l'abondance qui accompagnerait immanquablement les festivités.

Elle avait revu Jason, elle l'avait approché, et elle avait eu l'impression que son cœur se déchirait sous la douleur.

Cependant, avait-elle le droit de se faire connaître?

Jason ne l'avait pas oubliée. Elle pouvait le lire sur son visage, dans son regard où se reflétait, malgré son sourire, une part de tristesse.

Mais il la croyait morte. Que se passerait-il si elle resurgissait tout à coup devant lui? Penserait-il que sa princesse de Colchide était revenue? Ou bien s'imaginerait-il qu'Hécate lui tendait un nouveau piège? Et quand bien même Jason comprendrait qu'elle était redevenue elle-même, et qu'Hécate avait complètement disparu en elle, il resterait toujours entre eux l'image terrible de son bras, armé d'un poignard, levé sur Médéios. Comment son fils la regarderait-il à présent? Sans la flèche providentielle d'Artémis, elle aurait égorgé son petit garçon sans pouvoir rien faire. Alors, pourquoi faire resurgir ce passé maudit?

Médée avait pu constater que la nouvelle épouse de Jason prenait grand soin de leurs deux enfants, Médéios et Ériopis. Elle avait cru s'évanouir de douleur quand elle les avait revus, richement vêtus, paradant derrière leur père. Mais avait-elle le droit de bouleverser la nouvelle vie de son mari et de son épouse? Danaé avait terriblement souffert, elle aussi, de la vindicte d'Hécate.

Le peuple d'Iolcos également la rejetterait, car, même si on lui disait la vérité, il ne verrait en elle que la sinistre magicienne qui avait causé tant de malheurs à la ville.

Et puis, en admettant qu'elle reprenne sa place, son retour d'entre les morts viendrait inévitablement aux oreilles d'Hécate. La terrible déesse ne reviendrait-elle pas les hanter à nouveau…

La mort dans l'âme, Médée prit sa décision. Elle ne se ferait pas connaître. Elle n'avait plus sa place dans la vie de Jason. Son retour n'apporterait que le malheur.

Alors que les derniers feux du soleil mourant illuminaient le ciel, et qu'à l'intérieur de la cité retentissaient les échos des réjouissances saluant l'avènement du roi légitime d'Iolcos, la silhouette d'une mendiante anonyme s'éloigna sur la route, puis se fondit dans le crépuscule…

FIN

ANNEXES

Les dieux de la mythologie Grecque

Les dieux de l'Olympe :
Zeus (Jupiter) : roi des dieux, fils de Cronos et de Rhéa. Maître de la foudre

Héra (Junon) : sœur et épouse de Zeus

Athéna (Minerve) : fille de Zeus. Déesse de la sagesse

Apollon (Apollon) : dieu de la lumière et dieu guérisseur

Artémis (Diane) : déesse des forêts et de la chasse. Sœur jumelle d'Apollon

Aphrodite (Vénus) : déesse de l'amour et du rire. Epouse d'Héphaïstos.

Hermès (Mercure) : Messager des dieux

Héphaïstos (Vulcain) : forgeron des dieux, et époux d'Aphrodite

Hestia (Vesta) : Déesse de la famille

Eros (Cupidon) : dieu de l'amour, fils d'Aphrodite

Dieux de la terre :
Demeter (Cérès) : Déesse des moissons. Mère de Coré/Perséphone

Dyonisos (Bacchus) : dieu du vin. Fils de Zeus et de la princesse Sémélé. Il est le seul dieu issu d'un dieu et d'une mortelle.

Pan : dieu de la fertilité

Eole : dieu des vents

Borée : le vent du nord

Zéphyr : le vent d'ouest

Notos : le vent du sud

Euros : le vent d'est

Cybèle : déesse de la terre, liée à la titanide Rhéa

Dieux de la mer et des eaux :
Poséidon (Neptune) : roi de la mer. Frère de Zeus

Nérée : Dieu des vagues. Les Néréides, ses filles symbolisaient le mouvement des vagues.

Amphitrite : Néréide, épouse de Poséidon

Triton : fils de Poséidon et d'Amphitrite

Protée : dieu qui dévoile l'avenir et qui change de forme à volonté

Les Naïades : divinités des eaux

Dieux du monde souterrain :

Hadès : Dieu des Enfers

Perséphone : fille de Déméter sous le nom de Coré. Epouse d'Hadès sous le nom de Perséphone.

Cerbère : le chien à trois têtes, gardien des Enfers

Hécate : Déesse de la magie

Les Erynnies (Furies) : divinités qui poursuivaient les criminels

Hypnos : dieu du sommeil

Thanatos : la mort

Charon : le vieux nocher immortel. Il transportait les morts sur sa barque

Autres divinités :

Les Silènes : gros hommes ventrus

Les Satyres : divinités des bois, qui pourchassaient les nymphes

Les Oréades : nymphes des montagnes

Les Dryades et hamadryades: nymphes des arbres

Les centaures : hommes-chevaux

Les Gorgones : Créatures démoniaques. Une seule, Méduse, était mortelle. Elle fut tuée par Persée

Les Grées : Sorcières anthropophages. Elles ne possédaient qu'un seul œil pour elles trois et possédaient un don de divination

Les Sirènes : oiseaux à tête de femme.

Les Moires (Les Parques) : divinités du Destin.

BIBLIOGRAPHIE

Les Mythes grecs — Robert Graves
Le livre de poche — collection Encyclopédies d'aujourd'hui

La Mythologie grecque — Edith Hamilton
Marabout

La vie en Grèce aux temps antiques — Paul Werner
Minerva

L'encyclopaedia universalis

Atlas historique : le Monde grec
Casterman

QUELQUES MOTS SUR L'AUTEUR

Né en 1951 à Paris, Bernard SIMONAY consacre sa vie à l'écriture depuis bientôt trente ans. Il a écrit dans des styles aussi différents que le roman fantastique, la fresque historique ou encore le roman policier ou l'aventure exotique.

Son trente-cinquième roman, L'OR DU SOLOGNOT, est paru le 7 mai 2014 chez Calmann-Lévy.

Bernard Simonay est l'un des rares auteurs français à vivre exclusivement de sa plume. Au fil des années, il s'est constitué un public fidèle qui le suit d'un genre à l'autre.

Des thèmes particuliers reviennent régulièrement dans ses romans, comme la lutte contre l'intégrisme et le racisme, ou encore la défense de la cause des femmes.

D'autres infos sur le site :
www.bernardsimonay.fr

Printed in France by Amazon
Brétigny-sur-Orge, FR

16400877R00241